日本統治下台湾の教育認識――書房・公学校を中心に　目次

はじめに

本書は、これまでに書いた日本統治下台湾の教育認識に関する一一本の論文からなる。副題は「書房・公学校を中心に」であるが、大学院博士課程以来、日本統治下台湾の伝統的な初等教育および、公的な初等教育機関である公学校を研究主題としてきたので、このようにした。

本書の構成は大きく四つに分かれる。第一は、第一章から第四章までで、書房と公学校を対象にしている。第二は、第五章での帝国議会の植民地における教育議論、第八章の『台湾協会会報』などの雑誌に現れた日本人の側からみた台湾認識を考察したものからなる。第三は、第六章の台湾における最初の日本人教員および、日本人教員が組織した台湾教育会について論じているもの。そして第四は、第九章の台湾人保護者からみた教育要求と、第七章の台湾人による民族運動に関わった人たちの教育意見について、台湾人の側からみた教育認識として取り上げたものからなる。最後の第一一章は伊沢修二と視話法に関する論考で、日本統治下台湾の教育と直接的には関係がないかもしれない。しかし、伊沢修二は日本統治下台湾の日本による教育の基礎を築いた人物で、また初期の日本人教師に対し、台湾語の講習にあたって「視話法」を意識して用いたと言われている。伊沢修二が行った吃音矯正事業の根底にある視話法を考察したのがこの論文であることから、ぜひとも本書に収録したいと考えた。

私は京都大学大学院教育学研究科、日本教育史担当の本山幸彦先生に直接指導をしていただいたことが、研究者生活において大きな財産となっている。大学院生時代にゼミで発表したこと、日本教育史学会で発表したこと、本山先生の研究会でまとめた論文など、それらの大半は先生と大学院の先輩、研究会のメンバーから受けた指導と刺激が源泉となっている。また、京都大学人文科学研究所の古屋哲夫先生の研究会に参加できたこと、国語研究所の阿部洋先生の研究会に招いていただいたことも本書をまとめるにあたって大きな原動力となった。

今後も、日本統治下台湾の教育に関する研究に取り組んでいく所存だが、本書が若い世代および多くの人々の参考になれば幸いである。

なお本書に収められた各章はそれぞれが異なる時期に書かれたため、いくつかの重複がある。読者のご寛容を願う次第である。

第1章　台湾における書房教育

——その実態と変遷

台湾は日清講和条約締結によって、一八九五（明治二八）年四月に日本最初の植民地となるが、以後五〇年間にわたって台湾人に対しておこなわれた日本語教育が及ぼした影響は極めて大きい。台湾人の公学校就学率は、一九四三（昭和一八）年で七一・三パーセントに達し[1]、また台湾人の日本語普及率は五七パーセントに及んでいる[2]。つまり、日本語による同化教育政策が徹底していたのである。しかし、日本語による同化教育が推し進められるなかで、台湾固有の教育制度および教育機関は、日本統治下の台湾においてどのような変遷をとげていたのであろうか。台湾人による台湾人独自の文化および言語を伝える教育機関はどのような形で存続していったのであろうか。

「台湾人」といっても、複数民族から構成されており、日本統治下初期の頃の台湾の人口は、約三〇〇万人で、先住民族の高山族は約一一万人、残りは漢民族で、この二民族のうち多数をしめる漢民族系児童のための初等教育機関として書房があった。

日本が台湾を領土とする以前には、科挙考試を受けるための準備教育機関である府県儒学と書院があり、またこの他に社学、義塾、書房があった。府県儒学および書院などは台湾が日本の領土になった時点ですべて廃止されたが、民間によって設立維持された台湾における初等教育機関である書房は、日本統治下においても根強く存続する。

しかし、従来の台湾教育史研究では、台湾人に日本語教育を普及・拡大する同化教育の徹底、または公学校を中心とする台湾総督府の教育制度といったことを主たる考察の対象としてきた。また、書房教育に関しても、その実態と変遷がまとまった形で明らかにされていない[3]。そのため書房教育がどういうものであったかを本章でまとめておきたい。

本章の第一節では、もともと清統治下の書房はどのようなものであったのかを知るために、成立過程およびその教育内容についてふれる。第二節では、台湾教育に関係してきた教育官僚および『台湾教育会雑誌』や『教育時論』にみられる日本人の書房に対する意見がどのようなものであったのかを見、これらの意見がどのように台湾総督府の対書房政策に関連していったのかを検討したい。第三節では、台湾総督府の書房政策を三つの時期に分けて、書房教育がたどった変遷を追ってみたい。

第一節　書房の成立および教育内容

書房の成立以前の教育

台湾における学校教育の起源はオランダ人（一六二四年）、スペイン人（一六二六年）の渡来以降に始まる。教育の対象は台湾の先住民の高山族に対してであったが、教育は布教のための手段でしかなかった。オランダ人はプロテスタンティズム、スペイン人はカトリックを布教し、教会を建て、学校を創設した。オランダ人の記録によると、高山族の教化活動は一六二七年に始まり、台湾南部の新港附近に住む高山族の言葉を高山族全体の標準語として設定し、それをローマ字で表わして、その標準語をもって教化活動をおこなった。就学児童はしだいに増え、一六三九年には新港およびその附近において、約四四〇人に達しており、キリスト教受洗者も二千人を超えている。教学内容は主としてローマ字の書き方、ペン習字、祈禱文、十戒、キリスト教要項、聖歌合唱であった。一六三九年には教員養成所設立の計画が進められ、また教会の建物内から分離した教育機関がはじめて新港につくられ、この学校には一〇才から一四才までの児童八六人が学んでいた。[4] オランダ人による教育は台南附近の高山族を対象にしたもので、漢民族系の台湾人を対象としたものではなかった。

一六六一年に鄭成功《ていせいこう》がオランダ人を台湾から追放するが、彼の兵とその家族を中心とする人々が福建省から移住し始める。鄭成功の死後、息子の鄭経《ていけい》が跡を継いだが、鄭経の大臣である諮議参軍陳永《ちんえい》華《か》が聖廟を建て学校を設立する建議をした。これに対し、鄭経は「地は荒れ民は少ない」ので、もう少し待てと言ったが、陳永華は一〇万の民を抱え、豊かな土地と広い海岸をもつ台湾は三〇年経つと中国本部に対抗する力を養うことができるので、今から人材を養成するために廟を建て、学校を設立しなければならないと説いた。[5] つまり、いつの日か清を滅ぼし、明を復興したいという鄭成功の遺志を実現するために、陳永華は学校設立の必要性を重視したのであった。

結局、鄭経は陳永華の建議を採用し、一六六六年には台湾に孔子廟を建て、その傍に明倫堂を設置したのである。また同年、学院をその他の地に建て、各村には広く学校を設立し、八才以上の児童を入学させた。しかし、この初等教育機関の教育内容および概要に関して詳しいことは明らかではない。

書房の成立

清代になって書房は普及するが、清代の教育制度は明代のそれをほぼ受け継ぎ、まず一府・三県にそれぞれ儒学が設立され、儒学が存在しないところには書院が設置された。清の台湾統治下（一六八三～一八九五年）には、一三の府県儒学、三七の書院が設置されている。これら官立系の科挙考試の準備機関のほかに民間系の書房が清代に広まるが、「書房」は「官学」に対する「民学」の通称で、私塾、学堂、または書館とも呼ばれた。地方によっては呼び名が異なり、たとえば、台北では書房（supăng）と呼ばれたが、台南では「書学仔」（suq'oq'á）といった名称が用いられていた。[6]

清代に普及した庶民教育機関である社学、義塾、書房の区別は明確ではないが、設立の違いから見ると次のように捉えることができる。社学は明代の大祖《たいそ》洪武《こうぶ》八（一三七八）年に初めて設けられ、中国で庶民教育として制度化された最も古いものである。[7]社学は地方行政官によって農村や山間の各村に設置された「官設簡易学校」であった。[8]台湾においては、清が鄭成功の一族を滅ぼした康熙《こうき》二二（一六八三）年に社学が知府《ちふ》蔣毓英《しょういくえい》によって二ヵ所設立されている。[9]

義塾は義捐《ぎえん》によって設立された無料の学校の総称で清代に入ってから設立された。設立者は、地方の行政官、特に知県と地域内の有志によるものが多い。[10]清の統治下において、台湾では「三年小反五年大反」[11]といったことわざに象徴されるような清朝に対する移住民の反乱が相次ぎ、社学も設立困難になった。雍正《ようせい》一（一七二三）年に、義塾設立の奨励が始まり、社学の名称を持ちながらも実質的には義塾となる。[12]

書房の起源は明らかでないが、設立主体は三種類ある。第一は読書人、つまり科挙考試を目指している者が自分で開設するもの、第二は村の有志が何人か寄り合い、教師を招くもの、第三は紳士、富人が教師を招き、自分の子弟およびその一族を教えさせるものである。書房の大半は、第一の種類であり、教師は生徒の親からもらう束修《そくしゅう》（束ねた乾肉の意味で入学時に教師に持参する礼物、転じて入学時に納める金銭）や物品で生計を立てていた。台湾において、個人が開設する私塾で最も古いものは、鄭成功の時代に挙人（学校試に合格すると生員すなわち秀才、科挙考試の省レベルで合格すると挙人、中央の殿試に合格すると進士となる）の徐孚遠《じょふえん》が台湾に流れ着き、台南附近で自ら耕し、児童を教えたことに始まる。台湾北部では読書人鄭崇和《ていすうわ》（一九才、金門出身）が、乾隆《けんりゅう》四八（一七八五）年に淡水にて私塾を開き、かなりの門下生を集めたといわれる。[13]

結局のところ、社学と義塾とはその設立維持が地方行政官および地域の有志によってなされ、官立及び共同体立的要素が強い。しかし、書房はその教育内容は社学、義塾とほぼ同じものであるにもかかわらず民間の設立によってできたもので、私塾的要素を持ち、教師の給料および書房の維持は生徒の授業料および民間設立者の運営によってまかなわれたのである。

書房の設立目的

書房では『三字経』、四書五経などをはじめとする読書を主とし、その他習字、作文などを学ぶ。書房の目的は二つあり、第一は生活に必要な台湾語（福建語）の読み書きの能力を養うことにある。第二の目的は科挙考試の準備ということである。はじめの二、三年で基本的な読み書きの能力を学ぶ時にも、科挙考試に出てくる内容と関連したことが教えられる。日本統治下において現存した書房を紹介する場合、「書房とは内地の所謂寺子屋に酷似せるものにて、台湾に於ては重要なる初等教育の機関たりしものなり」（『教育時論』、明治三五・五・一五）とあるように、書房と寺子屋がまず比較の対象となる。書房では寺子屋と同様に読み書き、手紙の書き方、また非常に稀であるがそろばんを教える。しかし、寺子屋との最大の違いは、書房では希望する児童のために、長時間かけて科挙考試の準備をすることである。

就学年限・入学年令・入学の儀式

書房の就学年限は一定していない。基礎的な読み書きを必要とする農民、商人の子供たちは二、三年または四、五年、長くとも七、八年でやめるし、科挙考試の準備をするものは一〇年以上学ぶ。普通教育を受けるもの（初入学から一五〜一六才）を「小学生」といい、科挙考試の準備教育を受ける

(二〇～三〇才にいたる)ものを「大学生」と呼ぶ。[14]『台湾省通志』によれば、家庭の経済状況によって就学年限の違いはあるが、「貧者」は三、四年、「小康者」は六、七年、「富者」は一〇余年となっている。[15]

入学年令に関していえば七才入学が多いが、書房に関する詳しい統計は台湾総督府の調査に頼るしかない。それによると一八九七（明治三〇）年には一、一二七箇所の書房があり、生徒数は一七、〇六六人であった。生徒の入学年令の割合を見ると六才は五四人、七才は二一八人、八才は二三七人、九才は一〇九人となっている。[16]

興味深いのは、六才、八才などの偶数入学の場合、台湾の慣習では偶数の年に入学するのを縁起が悪いとして嫌うので、硯と筆を二つずつそろえて厄ばらいをすることである。つまり、六才入学の場合は五才と一才の二人が入学することを仮定し、前もって硯と筆を二つずつそろえるのである。[17]

書房に入学するには色々な儀式がともなう。初入学の日には、葱（ねぎ）、茗紫（松柏の木片）、芹菜（セロリ）、砂糖豆、鶏卵、米羔（赤飯のようなもの）などを持って、書房の先生のところへ保護者同伴で行く。「葱」は台湾語で「聡」という字と同じ発音で、また「茗」は「明」、「芹」は「勤」に通じ、子供が聡明になるように、そして勤勉に学ぶようにといった願いがこめられており、こういったものが祭壇の孔子、魁星爺《かいせいや》、文昌公《ぶんしょうこう》にそなえられる。ちなみに魁星爺と文昌公は共に星（魁星は北斗七星の第一星、文昌は北斗七星の第六星）で、台湾では文芸の神として読書人に尊奉されている。

まず砂糖豆が生徒たちに配られ、それから生徒たちは、先生に手を引かれて席《むしろ》の上で卵を転がすが、卵が真っ直ぐに転がるほどその生徒は優秀な成績を上げるという言い伝えがある。[18] しかし、こういった儀式がいつまで続いたのか、また書房に学ぶ生徒全員が行ったのかは定かでない。

書房の教育施設

書房は教師の自宅か廟下においてその授業が行われた。机とか椅子は生徒自らが持って来た。[19] 次の図[20]は典型的と思われる教師の自宅の間取りを表わしたものである。

雑誌『教育時論』には、書房に関する記事がいくつかあるが、台湾総督府国語学校長の町田則文の「創業時代の台湾教育」は、書房教育がどのような施設で行われていたかを次のように説明している。

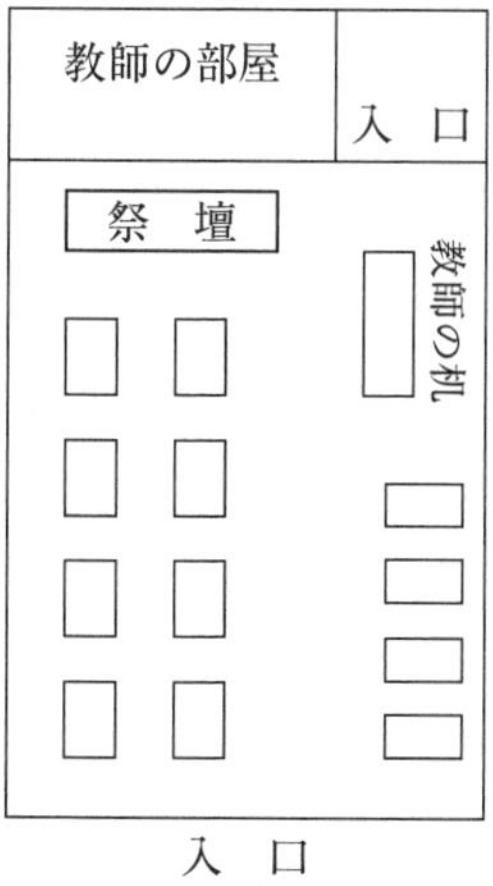

「奥行四間に間口二間位の長方形の構造にして、一室を有するのみ。床は煉瓦敷の土間にて、入口を除く外は皆壁なり、光線は、寧ろ穴ともいふへき小窓よりなり、幽かに採るものにて、雨天などに際しては甚だ暗黒なり、教室は総て生徒自ら掃除し、整頓する」[21]。

台湾は、気温も高く、光線が強いが、日陰にいると涼しいので、家は煉瓦か土の壁で作られたものが多く、窓も小さい。これは気候に応じた建築様式であろう。

教師について

書房の教師の資格は一定していないが、大半が科挙考試の前段階である学校試の受験生である童生からなる。伊能嘉矩『台湾文化志』によれば、たとえば宜蘭県(台湾の北部)の場合は清代後期において、童生以上だけを私塾の教師として限ったところもあった。[22] 台湾総督府の書房調査を見ると、書房の教師資格は左記のごとくである。[23]

資格	教師数
(1) 挙人	1
(2) 監生	2
(3) 廩生	7
(4) 貢生	5
(5) 増廩生	1
(6) 生員(秀才)	147
(7) 佾生	3
(8) 童生	758
(9) 儒生	2
(10) 無資格	494
計	1,420

上の表の書房教師の資格について簡単な説明をしておこう。

(1) 挙人——省レベルの科挙考試に合格したもの。中央の試験を受ける資格がある。

(2) 監生《かんせい》——大学にあたる北京の国子監の学生。

(3) 廩生《りんせい》——生員の一種。生員が三年に一回学政使の試験(歳試)を受け、その成績が一番優秀なものを言う。

(4) 貢生《こうせい》——生員の一種。廩生の六年間の期限が満ちて禄を受けていないものを言う。

（5）増廩生《ぞうりんせい》――廩生の成績に次ぐものである。

（6）生員《せいいん》――中等教育機関である、府学・州学・県学の学生のこと。生員は俗称を秀才と言い、科挙考試を受ける有資格者。生員となるには、学校試（県試・府試・院試の三段階）に合格しなければならない。

（7）佾生《いっせい》――童生の一種。一般の童生と異なり、学校試のうち最初の二段階が免除されたものを言う。

（8）童生――学校試に応ずる受験生。受験生であれば年令を問わず、すべて童生と呼ばれる。

（9）儒生――儒学を学ぶもの。

書房教師の資格に関する調査は台湾が日本の植民地となってから三年後、つまり一八九八年（明治三一）年に行われたものであるが、書房数は一七〇七、教師は書房数と同じ一七〇七で普通は書房一箇所につき教師が一人で運営されていたことが分かる。前出の表と教師数が合致しないのは、新竹県（台湾北部）の教師の資格に関する統計が含まれていないからである。この表に見られる書房教師の資格は無資格以外はすべて科挙考試と関連している。

ところで、教師の質はまちまちで、「蒙師間有品学兼優者、然多水準低下」[24]（『宜蘭縣志』）と述べられているように学問、人格とも優れた教師もいたけれども、その水準がかなり低かったことがうかがえる。

書房の教育内容

書房では一体何が教えられていたのであろうか。書房の教科には一定の基準はなかったが、生徒たちは、概して『三字経』、四書をはじめとする中国の古典の素読を中心とし、習字、作文、尺牘（手紙文の書き方の例文集）を学んだ。伊能嘉矩『台湾文化志』[25]には、書房の各生徒が学ぶ教科内容が掲げられている。これは科挙考試を目的とする生徒を対象とした教科内容であって、普通教育を受ける者の教科ではなかった。しかし、一応その表を載せておきたい。

学年	学令	教科書（経学）	教科書（芸文）
一学年	七才	三字経 大学白文 中庸白文 論語白文（上論）	王堂對類
二学年	八才	論語白文（下論） 孟子白文（上孟）	王堂對類 千家詩
三学年	九才	孟子白文（下孟） 大学朱熹章句	聲律啓蒙 唐詩合解

		中庸朱熹章句 論語朱熹集註	
四学年	一〇才	論語朱熹集註 孟子朱熹集註 詩経白文 幼学群芳	唐詩合解 起講八式 童子問路
五学年	一一才	孟子朱熹集註 詩経白文 幼学群芳 書協白文	唐詩合解 童子問路 初学引機 寄嶽雲斎
六学年	一二才	書経白文 易経白文 孝経白文	童子問路 初学引機 寄嶽雲斎 十歳能文
七学年	一三才	易経白文 春秋左氏傳	初学引機 寄嶽雲斎 能與集 小題別體

八学年	一四才	春秋左氏傳 體記精華	能與集 小題別體 七家詩 訓蒙覺路
九学年	一五才	體記精華	小題別體 七家詩 青雲集 塔題易讀
一〇学年	一六才		青雲集 塔題易讀 啓悟集 小塔清真

この教科内容は、書房でも、もっとも設備の整ったものの一例であると伊能嘉矩は言うが、彼の調査及び整理は日本の西洋式教育のカリキュラムに沿って体系的に整備されている。しかし、書房においては個々の生徒の学習意欲に応じて個人指導がなされ、またテキストも個人の学習意欲に応じてより高度のものへと進められていった。

地方、または書房のレベルによって差異はあるが、『三字経』からはじめる書房が多い。たとえば、『台北市志稿』には書房の教科書は一定していないと述べながらも、たいてい『三字経』を先ず読むとある。その理由として、「取其容易上口、以培養其讀書之興趣」[26]と、読む時の調子がよいから児童が退屈しないで学べることをあげている。また、『三字経』と合わせて『千字文』を使用する書房も多かった。[27]『台中市志』によると、『三字経』の次には論語を読み、そして大学、中庸、孟子、千家詩、聲律啓蒙を学ぶのが一般的であると記されている。生徒たちは、約三年から四年間は以上の教科を学び、さらに詩経、書経、易経、左傳、礼記を書房で学んだ。

書房における教授法としては四種類ある。第一は、教師と生徒が一対一で行う読書であり、テキストを教師が読む通りに生徒が読んでいくものである。その具体的な方法としては「點読」、「背読」、「默写」というものがある。「點読」とは、生徒の教科書に書房教師が朱筆を使って句点を書き入れて、文章の区切を示し、教師自らが声を上げて読み、その後から生徒に読ませるものである。そして、生徒が教科書を教師の机に置き、それを背にして前日読んだ箇所を読むのが「背読」と言われる暗記の仕方である。「默写」は学んだ箇所を教師が読んで生徒が書くものである。[28]

第二の教授法として習字があげられるが、書房教育において大事な科目の一つである。すべてが楷書で書かれるが、これは科挙考試の回答がすべて楷書を用いなければならないからである。まず入学したての生徒は紅字を印刷した手本兼習字帳に筆でつづる。このテキストは「上大人」と呼ぶが、二八字からなるもので、「上大人孔乙己化三千七十士爾小生八九子佳作仁可知禮也習字呈」の最初の三字をとったものである。[29]このほか、教師の手本の上に白紙を置いて字を写すこともある。
第三の教授法は「開講」で、教科書の説明を教師が台湾語で行うが、普通教育を受ける者は文字の意味の説明を受ける。また科挙考試を受ける生徒は、教科書の文章の意味についての説明を受ける。[30]
このほかに、第四の教授法として「課功《かこう》」つまり作文がある。まず生徒は「做對《さくたい》」、つまり対句を作る練習をさせられるが、これは「對策《たいさく》」とも呼ばれ、作文の一種で、対の言葉を作ることである。たとえば「天」と教師が筆で一隅に書くと、生徒はその対隅に「地」と筆で書く。こうしてしだいに文字を増やして対の文章を作っていく。[31]科挙考試をめざす生徒はさらに、受験対策としての作文および作詩を学ぶのである。教師による個人指導が主体であるが、生徒数の多い場合は、学力の高い者が、入学したばかりの生徒を教えることもあった。[32]
書房では読書、習字、作文が中心に教えられていたが、『教育時論』には、「珠算を合せ課する所も少からず」とあり、『指明算法』（上・下二巻）が、現にそろばんの教科書として書房で使用されていた。[33]ちなみに、台湾で使われていたそろばんは玉が七つあり、上段が二つ、下段が五つのものである。
書房の一日の授業はどのようなものであったかが『台中市志』に次のように記載されている。[34]

時間	科目	内容
午前6	上学	前日学んだ章句を背誦する。家に帰って食事をし、また書房に戻って来る。
8・30～10	読書	新しい章句を学ぶ。
10～正午	習字および做對《さくたい》	黙写して、前日にならったことを教師が読み、それを書く。また、対句を生徒が習字の練習をかねて作る。
正午～1・30	休息	家に帰って食事をし、また書房に戻ってくる。
午後1・30～3	習字	字を書き、提出。
3～4	読書	新しい章句を学ぶ。
4	放学	授業が終わり、家に帰る。

ここに見られる書房の一日の時間割は、時間がはっきりと分かれているが、実際には授業時間はまちまちで、また『台湾教育沿革誌』によると、「教師は業を授くる傍ら煙管を口にし、生徒も亦或は喫煙し或は食物を喫し、此処に笑ふあれば彼処に戯るるあり[35]」とある。

書房の教授方法とこの時間割の関連を見ると、午前中には読書を中心に、新しい箇所を「點読」で学び、前日習ったことを「背読」「黙写」でおさらいする。それから、習字および対句作りを主とした作文をさせられる。午後になると習字をしたり、教師から読み方を教わり新しい章句を学ぶ。その時に「開講」つまりこの場合字義の説明が行われるのである。[36]

学費および書房の経営

書房の維持は、まず大きく分けて三つの収入から成り立つ。第一は束修《そくしゅう》で、これは生徒の家庭状況によって異なる。入学の際の一年間の謝金は一元から三元、それ以降は半額である。第二の収入は贄儀で、これは教師に初めて会う場合の礼金で、通常は一元を「紅包」つまり紅紙に包んで渡す。第三の収入は節儀（節銭ともいう）で、端午、七夕、中秋、重陽、清明、冬至などの節句に生徒の親が出すもので、贄儀と同じ額である。金銭で束修などを渡さない場合、米、炭、菜種油、魚、菓子、野菜などの物品で贈られる場合もあるが、これは供膳と呼ばれる。

書房の生徒数は多いところで三〇〜四〇名、少ないところで十数名といったのが一般的である。したがって一書房の収入は多いところでは年間二〇〇〜三〇〇元、少ないところでは数十元といったところであった。[37]

もっと具体的な例を見ると、総督府時代であるが、まだ日本統治下の影響を被っていないと思われる一八九七（明治三〇）年の台湾総督府の調査では、書房数一一二七、生徒数一七、〇六六人で平均一箇所の書房生徒は一五人あまりで、平均一箇所の収入高は六〇円八八銭とある。（生徒一人の謝金額に含まれている贈り物は、米一升八銭、油一斤四銭、薪一斤五厘、炭一斤一銭といったような現金に換算されている)[38]。普通、教師は自分の家を持っているので、それほど収入がなくとも、何とかやっていくことができたのである。

書房の特色

前述したように書房は、日常生活に必要な基本的な読み書きおよびそろばんを主とした庶民教育機関であると同時に科挙考試のための準備教育機関でもあった。たとえ、二、三年だけ学ぶ児童に対しても、その教科は『三字経』や四書等を中心とした読書を重視し、また習字も速く書ける草書ではなく、科挙考試の回答に楷書が用いられていたことから楷書のみが教えられた。

書房では教科を学ぶだけでなく、躾も行い、例えば掃除、教師の来客への応対なども行った。教授法は、すでに見たように学級編成による一斉授業ではなく生徒のペースに合わせる個人指導が行われていた。教師だけでなく上級の生徒も勉強を始めたばかりの生徒を教えていた。

台湾においては、授業は、漢民族系の台湾人は多く福建省から移住して来ており、福建語で行われた。テキストを読む時は、福建語の発音が用いられた。漢字の発音には日常生活で話される「白話音」と、文語上の発音である「文言音」があり、書房の先生が教えたのは、この福建語の文言音である[39]。しかし、子供たちは、漢字の文言音を教わる時、同時にその漢字の白話文をも学習した。例えば、「山」は文言音では"san"白話音では"soan"と発音するが、子供たちは、山="san"と教わったとき、同時に山＝"soan"であると自然に学んだのである。それゆえ、台湾人が話し言葉を漢字を媒介にして伝承、保持するさいに書房教育の果たした役割は大きいといえるだろう。

第二節　日本人行政官、教育関係者の書房観

台湾における書房教育がどのような変遷をたどっていくのかをみる前に、日本人行政官、教育関係者がどのような書房観を持っていたかを検討したい。つまり、日本人の書房に対する捉え方を追っていくことによって、書房がどのような変遷をたどらざるを得ないか、その基本的な方向性を把握することができるのではないだろうか。

伊沢修二の書房観

台湾における日本語教育は台湾人を対象とした初等教育機関である公学校において行われたが、その基本構想を築いたのが台湾総督府初代学務部長の伊沢修二である。伊沢は一八九五（明治二八）年に台湾に渡るが、台湾の教育について「大概町村には秀才が居て子供を教へて居らぬ所は無い[40]」と、予想以上に教育レベルが高いことに驚く。

しかし、その教育内容が、四書五経を中心としたいわゆる「唯々教育が我々の維新前に受けたと同じ教育に止まるのである。今日から文明的の教育を之に加ふると云ふ事が出きたならば、そう其の根本から必要を説いて行かねばならぬと云ふ事が無くして、此の先き進んで行く事が出来ると思ふ[41]」と、伊沢は台湾における教育の普及度は一応進んでいながらも、日本でいえば明治以前の教育段階とし、「文明」的な日本の西洋化された教育を台湾で行うとした。したがって、彼は次のような具体的な教育方針を考えたのだった。

「第一には、此公学模範学校といふものを設けて、それから段々各地に公学を設置して行くことが、是が一の仕方で、それから第二には従来の書房に日本語の一科を加へさせる。是を先づ大体の方針と見て宜しからうと信じます[42]」。

伊沢は、日本語および日本史、地理、算術、理科、体育、唱歌等の教科を中心とした公学校設立は、一朝一夕にできないので、従来の書房に日本語の一科を加え、それから従来の教科書の中を訂正していくことが現況に適切な対応策であると考えた。

伊沢の考える公学校の教育法とは書房教育とどの点で違っているのであろうか。彼は、「旧来の書房の教育法といふものは、経書の読書に加ふるに、進士及第に要する作詩作文を以てしたものであります。改正の公学校教育法は、経書の読書は大要旧に依るも、修身の基礎は、教育勅語に則らしめ、又進士及第に要したる無用の文学に代へるに、有用なる日本語、地理、歴史、算術、理科等の学問を以てする[43]」と述べる。

書房の教育目的は科挙考試を目指す教科内容を教えることにあったが､伊沢は書房を「無用の学問」を教える所とし、これを否定している。ただ、「旧来の教育の形体を存して之に一新の精神を注入し、無用の文学を廃して有用の学術を加ふ[44]」という原則に立って、書房を残しながらしだいに公学校の教育方法を残したままその内容を変えていくというのが、彼の書房に対する考えであった。

書房の存廃をめぐって

伊沢の意見と同様、従来から存続する庶民教育機関である書房を急激に廃止するのではなく、内容を「改良」しようとする意見は、台湾総督府の教育行政官に多い。たとえば、総督府学務部から台北県下に学事視察を命じられた木下邦昌は「書房視察報告書」（明治二九年一〇月）において、次のような視点から書房を位置づけている。

「本島書房は其由来する所久しく、教育上功績甚大なるものあり、今遽に之を廃する時は教師は糊口に窮し、必ずや本島施政上の妨害となるべく、一方之に代る教育所を設立せざるべからず、然れども到底この費用に堪へざるを如何せん、他日本島に学制を布かるるも、書房は旧に依り之を存し、唯之を改良するの方策を期せられんことを希望す[45]」。

木下は書房を急激に廃止すべきでないという理由として、書房教師の仕事をなくすことによって抵抗運動につながる恐れがあること、また新しく学校を設立するには費用がかかることをあげている。

また、日本国内の教育雑誌『教育時論』にも書房についての評価が論じられている。「書房の数多く、且つ教師と生徒の父兄との関係密接にして、士人の感情上容易に根本的改革を為す能はず、若し又之をして廃止せんか、二万余の子弟をして修学の途を失はしむるに至るべし、故に公学校の増設を待ちて、漸次之を廃止するも亦遅きにあらず[46]」とある。つまり、教師と父兄の関係が密接な書房はそう簡単には廃止できないし、公学校が普及するまでは書房で学ぶ二万人の児童をそこで学ばせるべきだという。

実際に見た書房と改革案

台湾が日本の植民地となってから、書房に関する調査および観察が行われているが、日本人の眼に映った書房はどのようなものであったのだろうか。

台湾総督府国語学校長でもあった町田則文の書房観察記をみると、まず第一に驚いているのは書房の教室が暗いことである。これは前節で述べたので省略するが、次に驚いていることは、「対山樓書屋」、「蝸牛書盧」、「登高書房」などの雅名《がめい》と反対に、書房内部が「汚穢不潔不整頓」であることだ。「其の名頗る雅なり、然れども其の内部の汚穢不潔不整頓に至りては、其の名称の美と反比例を為すが如く、一たび室内に入るときは一見実に嘔吐を催す者あり[47]」とある。

書房教師に関しては、町田は「要するに書房は読書人の営業にして、彼等の糊口の一方便たり[48]」と捉えている。また町田は、次のようにも書房教師を見ている。

「教師は生徒が登校して家に帰るまで、常に仝一教室に居れども、用事ある時は、サッサト外出することもあり、自室に退くこともあり、来客ある時は、食酒を出して饗應などすることもありて、その時は無論教室に在らず、故に絶えず生徒を管理することは決してなし」[49]。

書房に学ぶ生徒の学習態度に関して町田は、「生徒は、毎日朝八時頃より、日暮に至るまでは書房に於て学ぶを通例とす、然れども、其の時間を悉く学習に費すにはあらずして、多くは徒費するなり、されば日々学んで帰るも、僅に二三行の文字と、二三枚の習字對策とを、学習し得るに過ぎず」[50]と述べている。

町田の観察にも見られるように、台湾の書房に対する評価は総じて否定的なものが多く、その比較の基準は日本の西洋式教育に基づいている。したがって、日本人にとって書房は改良すべき対象であって、その教育内容および施設などを公学校のそれに近づけることが望まれた。台湾における日本人、台湾人教員に広く読まれた『台湾教育会雑誌』には、書房改良意見が明治三〇年代にしばしば登場する。たとえば、明治三五・三・二五の『台湾教育会雑誌』の中村浩「書房改良の意見」では、費用をなるべくかけないで書房の教室を改良すべきだと次のように述べる。

「出来得る丈けの改良例へば光線及空気流通の不足を告げざる様窓口を増設し教場を炊事場又は小便所とを兼用せしむるか如き不都合なからしめ設備品に於ても教授上必要欠くべからざる大算盤（略）教科書生徒名簿出席簿日誌等を備ふる位の制限を付せざるべからず」[51]と、具体的な施設、備品およよび教科書に及んで改良すべき点をあげている。

さらに中村は書房の改良意見に関してもう三点加えている。まず、書房教師の学力が低いことから、教師の学力向上のため、古典の意味を解釈できるかどうかの試験と算術の試験を課すことを提案する。もう一つの改良意見は、模範書房の設置で、書房をだんだんと公学校に近づけるために書房の施設を改良し、モデル書房を各学校区域内に二、三ヵ所設けるべきだということである。さらに、最後の意見として、書房教師にはなるべく師範学校の卒業生を送り、また公学校の教員に、毎土曜日書房を巡視させるかたわら「文明的談話」をさせることを主張した[52]。

以上見てきた日本人の書房に対する考え方は、最初は教育施設の不足から、また費用がかかりすぎることから急激に廃止せずにそれを残しながらも内容を変え、しだいに公学校の普及を待って廃止していこうというものであった。日本統治下の台湾において、これはまさに書房がたどる運命であるが、次節では実際に書房がどう変遷していったかを検討したい。

第三節　日本統治下の台湾における書房の変遷

台湾が日本の植民地となった一八九五年から二年後の一八九七（明治三〇）年に最初の書房に関する調査が台湾総督府によって行われたが、書房は一時期増加の傾向をたどりながらも、書房全廃が決定した一九三九（昭和四）年にはわずか一八校しか存在しておらず、生徒も一〇〇八人しかいなかった。日本統治下の台湾における書房の変遷をたどる場合、本節では三つの時期に分けて考えてみたい。

第一時期（一八九八〜一九一八年）
——公学校設立から台湾教育令発布に至るまで

公学校が設立された一八九八（明治三一）年の調査によると一七〇〇の書房があった。しかし、一九一九（大正八）年一月公布の台湾教育令によって、台湾における学校体系が整理されるころには書房数も三〇二に減少している。しかし総じて、この時期には書房を急激に廃止しない方策がとられた。この第一時期には、台湾人児童を対象とする日本語による初等教育機関設立に関する「公学校令」が一八九八（明治三一）年七月に公布され、同年一〇月に五五校舎が全島に設置された。台湾の人口は当時三〇〇万といわれ、就学児童は六〇万人と推定されているが、[53]開設時の公学校の生徒はわずか二三九六人であった。[54]しかしこれに対し、書房に学ぶ児童は二九、九四一人（内女子は六五人）と三万人近くいた。[55]台湾人の親たちは、日常生活に支障をきたすので、自然に書房を重んじ、公学校、あるいは公学校の前身である国語伝習所へは子供たちを通わせなかった。

台湾総督府は一八九五（明治二八）年六月一七日に施政式を行うが、翌日から伊沢修二を中心として学務部の事務が始められた。当初の教育方針として台湾人には日本語を、日本人職員、教師には台

書房と公学校

	年度	書房		公学校	
		学校数	生徒数	学校数	生徒数
第一時期	1898（明治 31）年	1,707	29,941	76	6,136
	1899（〃 32）年	1,421	25,215	94	9,817
	1900（〃 33）年	1,473	26,186	117	12,363
	1901（〃 34）年	1,554	28,064	121	16,315
	1902（〃 35）年	1,623	29,742	139	18,845
	1903（〃 36）年	1,365	25,710	146	21,406
	1904（〃 37）年	1,080	21,661	153	23,178
	1905（〃 38）年	1,055	19,255	165	27,464
	1906（〃 39）年	914	19,915	180	31,823
	1907（〃 40）年	873	18,612	190	34,382
	1908（〃 41）年	630	14,782	203	35,898
	1909（〃 42）年	655	17,101	214	38,974
	1910（〃 43）年	567	15,811	223	41,400
	1911（〃 44）年	548	15,759	236	44,670
	1912（大正 1）年	541	16,302	248	49,554
	1913（〃 2）年	576	17,284	260	54,712
	1914（〃 3）年	638	19,257	270	60,404
	1915（〃 4）年	599	18,000	284	66,078
	1916（〃 5）年	584	19,320	305	75,545
	1917（〃 6）年	533	17,641	327	88,099
	1918（〃 7）年	385	13,314	394	107,659
第二時期	1919（〃 8）年	302	10,936	438	125,135
	1920（〃 9）年	225	7,636	495	151,093
	1921（〃 10）年	197	6,962	531	173,795
	1922（〃 11）年	94	3,664	592	195,783
	1923（〃 12）年	122	5,283	715	209,946
	1924（〃 13）年	126	5,165	725	214,737
	1925（〃 14）年	129	5,137	728	213,948
	1926（昭和 1）年	136	5,486	735	210,047
	1927（〃 2）年	137	5,312	744	211,679
	1928（〃 3）年	139	5,597	749	223,679
	1929（〃 4）年	160	5,700	754	231,993
	1930（〃 5）年	164	5,968	758	248,693
	1931（〃 6）年	157	5,378	761	265,788
	1932（〃 7）年	142	4,700	762	283,976
第三時期	1933（〃 8）年	129	4,494	769	309,768
	1934（〃 9）年	114	3,916	775	351,691
	1935（〃 10）年	104	3,857	781	380,999
	1936（〃 11）年	84	3,404	783	414,695
	1937（〃 12）年	33	1,808	789	457,165
	1938（〃 13）年	23	1,459	796	512,777
	1939（〃 14）年	18	1,008	812	564,682
	1940（〃 15）年	17	996	824	632,782
	1941（〃 16）年	7	254	849	690,670

出典：1）1898 年（明治 31 年）～ 1933 年（昭和 8 年）『台湾教育沿革誌』昭和 14 年。
2）1934 年（昭和 9 年）～ 1941 年（昭和 16 年）『台湾の学校教育』昭和 16 年度。

湾語を学ばせる学校を作った。一八九六（明治二九）年に設立された国語伝習所の甲科は一五才から三〇才までの台湾人に日本語の読み方、作文を教え、修学年限は半年間で通訳を養成するのが主であったが、乙科は台湾人児童を対象に日本語の読み方、作文、習字、算術を教えた。甲科生には食費一日一〇銭および手当一日五銭が支給されたのに対し、乙科生は無支給で募集が困難であった。[56] 国語伝習所乙科は事実上存立不可能になり、一八九七（明治三〇）年一〇月の「国語伝習所規則中改正」で、漢文を教科に加え、書房で使用されている『三字経』、論語などの教科書を用い、また尺牘《せきとく》（手紙の書き方）も教えることになった。そして、これらの科目を担当するのに書房教師が採用された。

すでに公学校設立にあたっても、「内地に於て寺子屋より小学校に進むにあたり必ずしも寺子屋の師匠を排斥せざりき」[57]という理由から、書房教師を採用し、半分は書房の教育内容を教え、後の半分は日本語による教育を行うべきであるといった提案が、台湾総督府学事調査係から出されていたが、結局採用されずに終っていたのである。

「公学校令」の主旨を見ると「公学校ハ本島人ノ子弟ニ徳教ヲ施シ実学ヲ授ケ以テ国民タルノ性格ヲ養成シ同時ニ国語ニ精通セシムルヲ以テ本旨トス」[58]とある。つまり、公学校教育の主たる目的は台湾人児童に日本語と「実学」を教えることにあった。書房においても、もちろん中国の古典を学ぶだけでなく、手紙の書き方など日常生活に役立ついわゆる「実学」も学んでいた。しかし、公学校では、書房が重視してきた科挙考試を目指す教科を退け、日本語の会話および作文と算術を重視しようとした。

この公学校令の主旨を徹底するために、公学校設立後間もなく、一八九八（明治三一）年に「書房、義塾[59]に関する想定」が出された。この規定の目的は「書房義塾ヲ改良シ漸次公学校ノ教科ニ準セシメ併テ風儀ヲ矯正スル[60]」ことにあった。この規定の具体的な内容は次のような点にある。

（1）書房の教科目は日本語と算術を主とする。

（2）従来の教科書のほか、台湾総督府が必要とする教科書を使う。

（3）書房の塾生は毎年三月三一日までに弁務所に生徒の入退及年令、父兄の職業を届けなければならない。

（4）授業管理および衛生など、とくに優秀な書房には補助費を支弁するというものであった。[61]

また、漢文に翻訳された、『大日本史略』、『教育勅語術義』、小幡篤四郎編『天変地異』、福沢諭吉編『訓蒙窮理図解』などが、総督府指定の参考図書として各書房に配布された。しかし、実際にはほとんど利用されなかったのが実状であった。また優秀な書房、義塾には補助費を支給すると「規定」にあるが、その後「国語」・算術を加設する書房もなく、したがって補助金支弁も用意はされていたが実現を見るには至らなかった。[62]

「書房・義塾に関する規定」は、従来の書房の形は残しながら、内容を公学校で教えるものに準じていくことによって、公学校を実質的に拡大していこうとするものであった。だが逆に、公学校の就学率を高めていくには、公学校においても書房教育の教育内容および教育形態を無視することはできなかった。つまり公学校は多くの事を書房から吸収しつつ、台湾人児童を公学校へ一人でも多く入学させようとしたのである。

たとえば、公学校の学期のはじめを二月一日としたのは、書房が旧正月を児童の入学期としたからであった。また、正午の休憩を二時間としたのは、台湾では生徒が弁当のような冷たい食事をとらないことからである、というふうに台湾の風俗習慣、気候を十分考慮に入れている。学科に関しても、国語伝習所時代からの漢文の授業が週五時間もあった。

しかし、一九一三（大正二）年になると漢文の時間が週二時間に短縮されたり、また学期に関しても、一九〇二（明治三五）年に、予算編成上不便を生じることから四月に変更されたりしていくこととなる。

第一時期の書房設計を見ると、書房生徒数は公学校設立当時、圧倒的に多いが、一九〇四（明治三七）年に公学校生徒数が逆転する。この年を機に書房の数が減少の一途をたどるが、逆に公学校の増設が目立つ。公学校の就学率が高まってきたのは、台湾総督府の独立財政の確立が一九〇四（明治三七）年に行われ、財政基盤が整ってきたからであろう。

第二時期（一九一九〜一九三二年）
——台湾教育令発布から書房開設禁止まで

この時期の書房統計を見ると、書房数は台湾教育令発布の年には約三〇〇あり、生徒数は一万人ほどであるが一九三二（昭和七）年一一月一八日に書房の新規開設が禁止される時には、半数の一四二に減少している。公学校は逆に四三八から七六二と倍近くに、そして生徒数も三倍近くに増加している。しかし、新台湾教育令が一九二二年（大正一一）年に出される時、書房数は九四と一番落ちこむが、それを機にして、また再び増加しだすという現象が見られる。書房は一九二三（大正一二）年から一九三〇（昭和五）年まで少しずつ増加の傾向を示す。そこで、総督府はこのことについて注意を払うようになるが、『台湾総督府学事年報』（大正一四年度）では、次のように述べられている。「旧来の書房は公学校教育の普及発達に伴ひ逐年減少の傾向を辿りしも大正十三年度より少しく増加の傾向を示せり　而して近年其の内容を改良して特別の場合の外国語及算術を課するを本体とし事実上公学校教育の補助施設たる観を呈するものを生するに至れり[63]」。

第一期では、書房の形を残しながら内容を変えようとしたものの、さしたる成果はなかった。ようやく大正末年になってはじめて「学事年報」に書房が事実上公学校教育の補助教育機関となったことが明記される。昭和初年になると国語、算術のほかに修身が書房の教科に加えられることが「学事年報」に報告されている。先にみた一九二三（大正一二）年から一九三〇（昭和五）年までの書房の一時的な増加傾向は、書房が公学校の補助教育機関化したために、総督府の書房撲滅政策が一時的に緩んだ結果であるとも理解できるかもしれない。

第一時期に出された「書房、義塾に関する規定」は、この第二時期に一応廃止され、一九二二（大正一一）年六月に発布された「私立学校規則」に書房に関する規定は組み入れられる。私立学校としての適用を受ける書房の設置者は、次の必要事項を総督府へ届出することが義務づけられた。

書房教師の教育背景

	年　代	漢学系教育	日本語教育	計
第1時期	1904（明治37）	1.073（99%）	10（ 1%）	1,083
	1912（大正 1）	463（83%）	92（17%）	555
第2時期	1919（大正 8）	266（76%）	84（24%）	350
	1925（大正14）	112（59%）	78（41%）	190
第3時期	1932（昭和 7）	106（53%）	93（47%）	199
	1937（昭和12）	29（48%）	31（52%）	60

（『台湾総督府学事年報』より作成）

（1）修学年限、学年、学期、休日に関する事項
（2）学科課程、授業に関する事項
（3）試験
（4）入学退学
（5）授業料、入学金
（6）その他の必要事項

それから教員と設立者の欠格条項として、性行不良者、禁固以上の刑に処せられたものなどを定めている。欠格条項該当の設立者に対しては設立認可を取り消すことを定め、教員が欠格条項に該当した場合には、その教員の勤めている書房の設立者に対してその教員の解雇を命令することがありうると規定されていた。そして閉鎖を命ぜられてもなお継続する書房は五円以上百円以下の罰金を払わなければならなかったのである。[64]

さて、書房教師が日本統治下でどのように変っていったのかを見てみたい。書房教師の資格を見ると、第一時期では比較的科挙考試に応じるために学んだ教師が多いが、第二時期になると、台湾総督府の関連教育機関である公学校、師範学校で学んだものや、書房教師を対象

に開設された講習会受講者が増えている。書房教師の受けてきた教育背景を大別してみると、次の表にあるような変遷を見ることができる。

第一時期の教師は、漢文を主とした教育を受けているものが多いが、しだいに日本語教育を受けた教師の比率が、第二、三時期になると高まってくることがこの表から分かる。

第二時期では、書房の公学校教育化が進められるが、一九三二（昭和七）年になると、書房の新規開設が禁止されることになり、これより第三時期がはじまる。第三時期は基本的には第二時期の書房政策の延長線上にあった。

第三時期（一九三二～一九四三年）
――書房開設禁止から書房廃止まで

一九三九（昭和一四）年一〇月に初等教育六年間の義務教育制度について一九四三（昭和一八）年を期して実施するという方針が決定し、それにともなってその年度から書房を全廃することになった。書房の新規開設が禁止になった一九三二年にはまだ一四二の書房が存在したが、廃止の方向が決定した一九三九年には、わずか一八だけしか残っていない。生徒も千人足らずである。そして、一九四一（昭和一六）年には七箇所、二五四人の生徒しかいなくなる。第三時期の終わりには、書房は台湾総督府の統計からは抹消されるが、実際に完全になくなったのであろうか。

台湾総督府の書房に関する統計は認可のあったものだけで、未認可の書房が日本統治下には存在し、台湾語による漢文の授業が行われたと考えられる。公学校設立は地方税によって維持設立されており、地方の情勢によって公学校に入学できない者もおり、また教師生活をしなければ生計を立てられない書房教師もかなりいたことから、未認可で運営していたのではないかと考えられる。高賢治『台湾三百年史』によると未認可の書房が日本統治下の台湾で四〇〇箇所あり、生徒も数千人いたとのことである。[65]

また、『台湾省新竹縣志』には、日本統治下を通じて、表面化しない「非正式書房」が主なものだけでも、新竹県（台湾北部）下に六三存在し、その名称、所在地、教師名などを掲げている。[66]

書房が全廃された後にも現存した書房の具体的で確実な数字が分かるものは『台湾省澎湖縣誌』しか現時点では見つからない。澎湖島は台湾本島と中国大陸の間に位置しているが、第二次世界大戦が終わる前後に約三〇の書房が存在していた。『台湾省澎湖縣誌』には、その時期の三八人の書房教師の氏名一覧表（内女性一人）も収録されている。[67]

『台湾総督府学事年報』によって作成した澎湖県の年度別書房の統計表を見ると、大正前半には大体三〇位の書房があるが、一九二一～二五（大正一〇～一四）年にかけては統計には現われていない。それ以降も大体四〇前後の書房があったが、一九三七（昭和一二）年以降は書房は廃止されてしまう。しかし、『台湾省澎湖縣誌』では三〇もの書房が確認されているのである。また、澎湖県では、公学

澎湖県年度別書房一覧

年度	書房数	年度	書房数
1905（明治 38）	44	1922（大正 11）	0
1906（〃 39）	37	1923（〃 12）	0
1907（〃 40）	−	1924（〃 13）	0
1908（〃 41）	−	1925（〃 14）	0
1909（〃 42）	37	1926（昭和 1）	13
1910（〃 43）	−	1927（〃 2）	16
1911（〃 44）	0	1928（〃 3）	19
1912（大正 1）	33	1929（〃 4）	42
1913（〃 2）	34	1930（〃 5）	51
1914（〃 3）	37	1931（〃 6）	50
1915（〃 4）	32	1932（〃 7）	48
1916（〃 5）	38	1933（〃 8）	46
1917（〃 6）	38	1934（〃 9）	44
1918（〃 7）	40	1935（〃 10）	36
1919（〃 8）	30	1936（〃 11）	36
1920（〃 9）	28	1937（〃 12）	0
1921（〃 10）	0	1938（〃 13）	0
		1939（〃 14）	0

校で午前中半日学び、午後の半日は書房で学ぶ児童がかなりいたといわれる。[68]

未公認書房の存在に関しては今後さらに台湾の各地方について詳しい調査を行わなければならない。しかし少なくとも、台湾総督府が書房の全廃を意図したにもかかわらず、実際に夜間、または公学校の放課後、あるいは夏休み期間中に漢文を中心とした授業が行われていたことが充分に考えられる。

以上三つの時期に分けて書房の変遷をたどってきたが、従来述べられているように、全時期を総体としてながめれば、書房は台湾総督府にとって、撲滅および追放の対象であった。しかし、最初からただちに撲滅が実施されたわけでなく、総督府の対書房政策は本章で述べてきたように三つの時期に分けて考えることができる。

　第一時期（一八九八～一九一八年）は〈漸減政策〉の時代であり、書房を残しながらも、書房の教育内容を公学校のそれに近づけていきながら徐々に書房を減少させていった時期である。第二時期（一九一九～一九三二年）は、〈補助教育機関化政策〉の時代であり、書房を公学校の補助教育機関として作り変えていった時期である。第三時期（一九三二～一九四三年）は、〈撲滅政策〉の時代であり、補助教育機関化させた書房をも公学校を中心とした同化教育政策に反するものとして撲滅していった時期である。

　本章では主として書房教育について、台湾総督府の政策の側から見てきたが、日本統治下の書房教育の研究を深めるためには、更に書房自身の側からその書房教育の実態の変遷について実証的に研究しなければならない。とりわけ台湾総督府の統計に含まれていない未公認書房についての研究が重要となろう。

〔註〕
（1）阿部宗光、阿部洋編『韓国と台湾の教育開発』アジア経済研究所、一九七二年、二五八頁。
（2）台湾総督府『台湾の社会教育』（一九一四年版）。王育徳『台湾・苦悶するその歴史』（一三三頁）によれば、台湾における日本語普及率は一九四四（昭和一九）年で七一パーセントとなっている。
（3）書房に関してまとまった研究はないが、戦前の研究として、伊能嘉矩『台湾文化志』（中巻、五四〜六四頁、刀江書院、一九六五年）と台湾教育会編『台湾教育沿革誌』（一九三九年〔復刻版―古亭書屋、一九七三年〕、九六五〜九八六頁）に書房教育の概略が述べられている。
戦後における台湾教育史研究で、部分的に書房をとりあつかったものには次の論文がある。

渡部宗助「台湾教育史の一研究――明治三〇年代を中心に」（『教育学研究』一九六九年九月）では、明治三〇年代の公学校を中心とした教育政策にふれているが、書房対策を「懐柔と抑圧」の二段階に分けて考察している。

また、弘谷多喜夫・広川淑子「日本統治下の台湾・朝鮮における植民地政策の比較史的研究」（『北海道大学教育学部紀要』第二二号、一九七三年）では、台湾人の抗日運動と書房の存立が密接に関連していることとし、一九〇二（明治三五）年の台湾の中南部における抗日軍に対する台湾総督府の「討伐」をもって、この年を最後にして書房が急激に減少していくことを指摘している。
（4）李汝和『台湾文教史畧』台湾文献委員会印行、一九七二年、一〜二頁。
（5）同書、七頁。
（6）王育徳「書房の話」（『台湾青年』一三号、一九六一・二・二五）、四七頁。
（7）林友春編『近世中国教育史研究』国土社、一九五八年、一一頁。
（8）『台中市志』第五（文教志教育編）台中市政府、一九七六年、三九〜四〇頁。
（9）伊能嘉矩『台湾文化志』中巻、四〇頁。
（10）小川嘉子「清代に於ける義学設立の基盤」『近世中国教育史研究』所収、前掲書、二七五〜二七七頁。
（11）王育徳『台湾――苦悶するその歴史』弘文堂、一九七〇年、七〇頁。
（12）前掲『台湾文化志』四七頁。
（13）前掲『台湾文化史畧』二九頁。
（14）前掲『台湾文化志』五五頁。
（15）『台湾省通志』巻五（教育志教育行政編）台湾省文献委員会、一九七〇年、二八五頁。
（16）前掲『台湾教育沿革誌』、九八二頁。
（17）『台湾省新竹縣志』第四部、新竹県政府、一九七六年、二六頁。

(18)前掲、王育徳「書房の話」四八~四九頁。(原典は『民俗台湾』第三巻、第八号)。
(19)『台湾省澎湖縣誌』教育志、澎湖縣文献委員会、一九七三年、六三頁。
(20)町田則文「創業時代の台湾教育」(『教育時論』明治三五・五・一五)一九頁。
(21)同書、一八~一九頁。
(22)前掲『台湾文化志』五五頁。
(23)前掲『台湾教育沿革誌』九八三~九八四頁。
(24)『宜蘭縣志』巻五、宜蘭縣文献委員会、九頁。
(25)前掲『台湾文化志』五七~五九頁。
(26)『台北市志稿』巻七、台北市文献委員会、一九五八年、一二頁。
(27)前掲『台中市志』四三頁。
(28)同書、四四頁。
(29)武内貞義『台湾』下巻、台湾日日新報社、一九一四年、六三七頁。
(30)同書。
(31)前掲、町田則文「創業時代の台湾教育」二一頁。
(32)前掲『台中市志』四三頁。
(33)『教育時論』(明治三〇・一・五)四六~四七頁。
(34)前掲『台中市志』四七頁。
(35)前掲『台湾教育沿革誌』九六六~九六七頁。
(36)同書。
(37)前掲『台北市志稿』一三頁。
(38)前掲『台湾教育沿革誌』九八二頁。
(39)王育徳『台湾語入門』台湾青年社、一九七四年、六三頁。なお、「山」の台湾語の発音に関しては同書から引用した。
(40)『伊沢修二選集』信濃教育会、一九五八年、五八四頁。
(41)同書、五八五頁。
(42)同書、六一一頁。

(43) 同書、六一二頁。
(44) 同書。
(45) 前掲『台湾教育沿革誌』九六九頁。
(46) 「台湾学政一斑」(内外雑纂)(『教育時論』明三三・一・五)四五頁。
(47) 町田則文「創業時代の台湾教育」(『教育時論』六一五号、明三五・五・一五)一八頁。
(48) 同書。
(49) 町田則文「創業時代の台湾教育」(『教育時論』六一六号、明三五・五・二五)一七頁。
(50) 前掲「創業時代の台湾教育」(『教育時論』六一五号)一九頁。
(51) 『台湾教育会雑誌』第四号、(明三五・三・二五)二二頁。
(52) 同書、二四頁。
(53) 前掲『台湾教育沿革誌』二二一頁。
(54) 同書、四〇八頁。
(55) 同書、九八四頁。
(56) 同書、一六六頁。
(57) 同書、一九八頁。
(58) 同書、二二九頁。
(59) 義塾は日本統治下においても存続し、昭和十三年には台北市に義塾が三箇所、書房が六箇所あった。義塾の運営方法は明らかでないが、学費を徴収せず貧困家庭の児童および学令年齢をすぎた人のための教育機関でもあった。王詩琅編『日本植民地体制下的台湾』衆文図書公司印行、一九八〇年、一八六～一八七頁参照。
(60) 前掲『台湾教育沿革誌』九七四頁。
(61) 同書、二二九～二三六頁。
(62) 同書、九七五頁。
(63) 『台湾総督府学事第二四年報』一九二五(大正一四)年度二八頁。
(64) 前掲『台湾教育沿革誌』九九二頁。
(65) 高賢治『台湾三百年史』古亭書屋、一九七八年、三〇〇頁。

(66) 前掲『台湾省新竹縣志』一二一～一二五頁。
(67) 前掲『台湾省澎湖縣誌』六三頁。
(68) 同書。

第2章　日本統治下台湾における書房と公学校（1）
――一八九五年から一九一八年までを中心に

本章では日本統治下台湾（一八九五～一九四五年）において、台湾総督府の教育政策がどのように展開されたのかを、台湾固有の初等教育機関である書房と、日本語教育を主として、台湾人児童を対象とした公学校との関係を中心に検討してみたい。日本最初の植民地である台湾に対して、台湾総督府は徹底した日本語教育を台湾の教育政策の基礎として位置づけたが、公学校の普及・拡大を推し進める過程で、従来からある書房を一気に壊滅するのではなく、公学校の補助機関として利用し、また漢文科を公学校の教科に取り入れることにより、公学校の就学率を伸ばしていった。台湾総督府の書房政策としては、様々な規制を加えながら、しだいに書房数および生徒数を減少させつつ、ついに昭和一八（一九四三）年の台湾における義務教育実施にともなって書房は全廃されるのである。

従来の台湾教育史研究では、公学校の制度およびその教育内容の変遷は取り上げられてきたが、日本統治下以前から存続する台湾固有の教育機関である書房の存廃をめぐる政策過程およびその実態がまとまったかたちで明らかにされてこなかった[1]。ここでは、日本統治下台湾における書房と公学校の関係を検討していくうえで、台湾総督府の書房政策を表1を参照しながら、三つの時期区分に分けて考えてみたい。今回は主として第一時期を対象とするが、まずはじめに、日本統治下台湾における台湾人児童を対象とした初等教育機関公学校の前身、国語伝習所と公学校の設立と書房の関係にふれる。次に、台湾総督府の官僚、学事担当者、および『台湾教育会雑誌』に現れた日本人教員の書房観と意見を検討する。そして書房に対する取締りが地方レベルでどう行なわれていたのか、また書房の現状がどうであったのかを各地方の公学校長の報告を通して考察してみたい。

第一節　書房と公学校に関する時期区分

第一時期（一八九八〜一九一八年）は、台湾が日本の領土となった時から台湾教育令発布までである。日本が台湾を領土とする以前には、科挙考試を受けるための準備教育機関である府県儒学と書院があり、またこの他に地方行政官および地域の有志によって設立維持された社学、義学があった。府県儒学および書院等は台湾が日本の領土となった時点ですべて廃止されたが、民間によって設立維持された漢民族系台湾人児童を対象とした初等教育機関である書房は、日本統治下においても根強く存続することとなる。

日清戦争後、日本の領土となった時点で、書房は廃滅状態に陥るが、再びすぐに復活する。書房の統計に関しては、明治三〇（一八九七）年四月の台湾総督府の調査が最も早く、一一二七の書房と一七、〇六六人の生徒が確認されており、翌三一年二月には、書房数が一七〇七、生徒数が、二九、九四一となり、著しく増加している。[2] ただし台湾の人口は当時三〇〇万といわれ、学齢児童数は六〇万と推定されていることから、書房に学ぶ児童は学齢児童の五パーセントでしかなかった。

まず設立当初の公学校の就学率は伸び悩み、書房の生徒数は公学校よりもはるかに多かったのである。このことについては、佐藤源治『台湾教育の進展』に「公学校開設の当初には、書房在籍の生徒数は、却って遥かに公学校の児童数を凌駕する有様であった[3]」とある。しかし、表1を見ると、明

表1　書房と公学校

	年　　度	書　　房		公　学　校	
		学校数	生徒数	学校数	生徒数
第一時期	1898（明治31）年	1,707	29,941	76	6,136
	1899（〃 32）年	1,421	25,215	94	9,817
	1900（〃 33）年	1,473	26,186	117	12,363
	1901（〃 34）年	1,554	28,064	121	16,315
	1902（〃 35）年	1,623	29,742	139	18,845
	1903（〃 36）年	1,365	25,710	146	21,406
	1904（〃 37）年	1,080	21,661	153	23,178
	1905（〃 38）年	1,055	19,255	165	27,464
	1906（〃 39）年	914	19,915	180	31,823
	1907（〃 40）年	873	18,612	190	34,382
	1908（〃 41）年	630	14,782	203	35,898
	1909（〃 42）年	655	17,101	214	38,974
	1910（〃 43）年	567	15,811	223	41,400
	1911（〃 44）年	548	15,759	236	44,670
	1912（大正 1）年	541	16,302	248	49,554
	1913（〃 2）年	576	17,284	260	54,712
	1914（〃 3）年	638	19,257	270	60,404
	1915（〃 4）年	599	18,000	284	66,078
	1916（〃 5）年	584	19,320	305	75,545
	1917（〃 6）年	533	17,641	327	88,099
	1918（〃 7）年	385	13,314	394	107,659
第二時期	1919（〃 8）年	302	10,936	438	125,135
	1920（〃 9）年	225	7,636	495	151,093
	1921（〃 10）年	197	6,962	531	173,795
	1922（〃 11）年	94	3,664	592	195,783
	1923（〃 12）年	122	5,283	715	209,946
	1924（〃 13）年	126	5,165	725	214,737
	1925（〃 14）年	129	5,137	728	213,948
	1926（昭和 1）年	136	5,486	735	210,047
	1927（〃 2）年	137	5,312	744	211,679
	1928（〃 3）年	139	5,597	749	223,679
	1929（〃 4）年	160	5,700	754	231,993
	1930（〃 5）年	164	5,968	758	248,693
	1931（〃 6）年	157	5,378	761	265,788
	1932（〃 7）年	142	4,700	762	283,976
第三時期	1933（〃 8）年	129	4,494	769	309,768
	1934（〃 9）年	114	3,916	775	351,691
	1935（〃 10）年	104	3,857	781	380,999
	1936（〃 11）年	84	3,404	783	414,695
	1937（〃 12）年	33	1,808	789	457,165
	1938（〃 13）年	23	1,459	796	512,777
	1939（〃 14）年	18	1,008	812	564,682
	1940（〃 15）年	17	996	824	632,782
	1941（〃 16）年	7	254	849	690,670

出典：1）1898年（明治31年）～1933年（昭和8年）『台湾教育沿革誌』昭和14年。
　　　2）1934年（昭和9年）～1941年（昭和16年）『台湾の学校教育』昭和16年度。

治三七（一九〇四）年には、公学校の生徒在籍数が二三、一七八となり、書房生徒数の二一、六六一を逆転することになる。この統計は、明治三七年度、つまり明治三八年四月現在のものであるので、実際に公学校の生徒数が書房の生徒数を上回るのは、明治三八（一九〇五）年に入ってからのことであろう。

『台湾日々新報』（明治三八年一月一日）は、明治三七年末の公学校は一五四校、生徒は二三、八九二人、書房は約一四〇〇箇所、生徒は約二六、〇〇〇人であると報道している。したがって、台湾で発行されている新聞によれば、明治三七年末までは、書房の生徒数が多かったことが分かる。書房がこの時点でどのように認識されていたのか、この記事を見てみよう。

「計数に於ては優に公学校を凌駕せりと雖も、書房現下の状勢は公学校の設けあらざる所に在りて唯旧来の収容生徒を維持するに過ぎず。書房の存在は新教育制度の精神よりすれば是認すべきものにあらずと雖、因習の久しき又之に代はるべき公学校を増設するの容易ならざる点より今俄かに之を撲滅するが如きは計の宜しきを得たるものにあらざるべし。依て書房の内容を改善せしめ初等教育補助機関として教育制度実施の欠漏を補はしむるはまた是教育施設の一方策なるべし」[4]。

この記事にも述べられているように、日本統治下台湾において、書房は一気に廃止または撲滅するのではなく、しだいに教育内容を公学校に近づけさせ、初等教育補助機関として利用していくというのが台湾総督府学事関係者および教育関係者の共通認識であった[5]。

公学校の生徒数が書房の生徒数を逆転した明治三八年は、日露戦争終決の年でもあり、これを機に、公学校の普及拡大が開始される。公学校の就学率を見ると、公学校設置の翌明治三三（一八九九）年では二・〇四パーセントにすぎないのが、書房生徒数を上回った明治三八（一九〇五）年では四・六六パーセント、大正二（一九一三）年に八・三二パーセントに伸び、台湾教育令発布の前年大正七（一九一八）年には一五パーセントに達している。[6]

第一時期の書房と公学校の推移を見ると、公学校が設置された明治三一（一八九八）年には、書房は一、七〇七箇所、生徒は二九、九四一人で、公学校は、七六校、生徒は六、一三六人であったが、台湾教育令の発布される前年の大正七年には、書房が三八五箇所と五分の一に減少し、生徒数も一三、三一四と半分以下に減った。片や公学校は約五倍の三九四校に増え、生徒も一〇七、六五九人と一七・五倍に膨れ上がったのである。

第二時期（一九一九〜一九三二年）は、台湾教育令発布から書房新規開設禁止までで、この時期の書房統計を見ると、書房数は台湾教育令発布の年には約三〇〇あり、生徒数は一万ほどであるが、昭和七（一九三二）年一一月一八日に書房の新規開設が禁止されるときには、半数の一四二に減少している。公学校は逆に四三八から七六二校と倍近くに、そして生徒数も約二倍に増加している。しかし、新台湾教育令が大正一一（一九二二）年に出される時、書房数は最も落ちこむものの、それを機に、再び多少の増加が見られる。書房に学ぶ生徒のこの微妙な増加現象は、大正一一年に公学校の漢文科が随意科（校長の判断で設置が決まる）となり、漢文科を設置しない公学校も増え、日常生活で必要とされる漢文を学ばせるため父兄が書房を重視したのが理由と思われる。また、大正年間から昭和初期にかけて台湾で起こった台湾議会設置運動を中心とする民族運動との関係で出版された漢文中心の新聞、『台湾民報』に見られる台湾固有の言語・文化の啓蒙活動が、漢文教育の復興を促したということができ、これも書房に一時的な人気を復活させる要因の一つになったと思われる。

第三時期（一九三三～一九四三年）は、書房開設禁止から書房廃止までで、この時期は書房撲滅期にあたる。昭和一四（一九三九）年一〇月に、初等教育六年間の義務教育制度を台湾において昭和一八（一九四三）年を期して実施するという方針が決定され、それにともなってその年度から書房を全廃することになった。書房の新規開設が禁止された昭和七年にはまだ八二の書房が存在したが、書房廃止の方向が決定した昭和一四年には、わずか一八しか残っておらず、生徒数はわずか千人足らずとなった。一方、公学校の就学率は満州事変のおこった昭和六（一九三一）年の三三・七六パーセントから、国民学校令が布かれる昭和一六年（一九四一）年には、六一・六〇パーセントまで上昇した。書房は、この年には、わずか七箇所だけとなり、生徒も二五四人しかいない。そして、第三時期の終わりには、書房は台湾総督府の統計から抹殺されるのである。

第二節　国語伝習所・公学校と書房

公学校の前身国語伝習所の設置をめぐって

明治二八（一八九五）年六月一七日に台湾総督府の施政式が挙行され、翌日から、学務局が開かれた。初代学務局長の伊沢修二は、戦火がいまだ収まらない台北中心部から、郊外にある芝山巖に学務局を移し、ここで台湾人に対する教育の基礎をつくった。伊沢は日本で募集した各府県の師範学校卒業生からなる講習員を対象に、台湾で話されている福建省の方言を教え、台湾語を介して台湾人に日本人教育を広めようとした。ここに学んだ第一回講習員四五名は、明治二九（一八九六）年九月から一〇月にかけて台湾全島に設置された一四ヵ所の国語伝習所に派遣されたのである。[7]

国語伝習所は甲、乙種に分かれ、甲種は漢文の素養のある青年男子に短期間で日本語を教えるもので、就学年限は半年、就学年令は一五才から三〇才までで、教科は国語、読書、作文であった。乙種は幼年者を対象にするもので、これが後の台湾における公学校の前身となった。就学年限は四ヵ年、就業年令は八才から一五才までで、教科は国語、読書・作文、習字、算術で、また土地の状況により地理、歴史、唱歌、体操、裁縫（女子のみ）が教えられた。国語伝習所の授業は日本語のみで、幼い生徒は漢文を学ぶ機会がなく、日常生活に支障をきたすことから、当初、父兄は書房を重んじた。国

国語伝習所の漢文授業[9]

課程	毎週・時間数	授業内容
1	6	三字経および孝経の台湾句読と書取
2	6	大学・中庸および論語の台湾句読と書取
3	8	論語および孟子の台湾句読と書取、簡易な時文または台湾尺牘の作文
4	8	孟子の台湾句読と書取、簡易な時文と台湾尺牘の作文

語伝習所は国庫支弁でスタートし、授業料は無料であったにもかかわらず、書房と対抗するのは困難となり、生徒募集上の苦肉の策として、地方庁からも乙種課程に漢文を教えるよう要請した。また、国語伝習所も内々で漢文教授を行っていたことからも、明治三〇年一〇月三一日の「国語伝習所規則中改正」を見るにいたった。

規則改正の結果、乙科課程中、第一～二学年は国語五時間、算術一時間が減少され、第三～四学年は、国語五時間が減らされ、別に授業時間数が三時間加えられたのである。漢文科の授業時間数および内容は上の表にみられる。[8]

国語伝習所では、漢文の授業を教えるにあたっても、日本人教師ではなく、書房の教師を採用し、台湾語を教授用語とした。漢文授業導入の反響はきわめて良好であったことが、次の各地方庁からの報告に示されている。

台南：「国語伝習所は日常生活上適切の便利を与えず。利国益民の孔孟の道に及ばず。卒業後処世困難なり。寧ろ従来の学を修め、普通生活に資するに若かず、これ従来国語伝習所に対する本島人の意向なり。然るに漢文を加へ、本当挙人一名嘱託として教授を担当するや、稍杞憂も減じたるものの如し」。

台北：「漢文を加へたるを以て本島人の意向に投じ、各地争つて分教場を設立し、生徒を入学せしむるに至り、皆我政府の教育を重んずるを敬服せり」。

大甲分教場：「漢文を加へたる以て、土民の感情誠に喜ぶべきものあり[10]」。

このように、台湾総督府の教育政策として、台湾に従来からあった初等教育機関である書房の教師を雇い、漢文の授業を取り入れることによって、書房に対抗する上で、いくらか優位に立つことになった。しかし、台湾人の「漢文教員が、日本的教育を施す上に不適任であるといふ事は、当時衆口の一致する所であった」という不満の声があった[11]。

台湾が日本の領土となって三年後の明治三一（一八九八）年一〇月一日に公学校が設置され、同日国語伝習所は、台湾の先住民族「高砂族」対象の国語伝習所以外は一斉に廃止されたのである。

公学校の設立をめぐって

公学校が設立された理由は、「国語普及公学校令発布ニ付内訓」（明治三一年八月）によれば、台湾の各地方において国語伝習所および分教場設置を望む者が続出したが、「国庫限アルノ財源ヲ以テ限ナキノ需要ヲ充タス能ハサルノミナラス本島ニ於ケル国語教育ハ性質上実ニ義務教育ノ一ニ属スルモノナルカ故ニ普通学ノ範囲タル国語教育ハ之レヲ地方税理事業ニ移」すべきとされたからである[12]。

明治三一年公学校設立当初、台湾全島で公学校数七四、児童数二三九六人、教員数一五二人であったのに対し、書房は一七〇七、生徒数二九九四一人（男子二九八七六、女子六五）、教員数一七〇七人であった。[13]つまり、書房に学ぶ生徒は約三万人、公学校に通う生徒は書房の生徒の一〇分の一以下であった。[14]当時の公学校の設立維持は授業料、寄付金、設立区域内の街庄住民の負担からなり、当初公学校に台湾人児童を就学させるのは非常に困難であった。就学率を高めるため、公学校が書房に対して意識してきたことに、次のことがあげられる。

（1）学期のはじめを二月一日にした。国語伝習所時代は四月一日であったが、書房が入学期を旧正月としていたので、四月では募集が遅れるからであった。しかし、明治三六（一九〇三）年四月一日に予算編成上の都合から再び四月に変更した。

（2）書房の生徒は冷食（弁当のような冷めた食事）を食べないため、家に帰って食事をする時間を考え、正午の休憩を二時間とした。[15]

（3）公学校設立当初、漢文の授業は「読書」科目のなかに組み込まれていたが、明治三六年に独立した科目として平均週五時間教えられるようになった。

第三節　日本人行政官、教育関係者の書房観

日本統治下台湾における書房政策を見る場合、台湾総督府の教育行政官および公学校教員をはじめ

とする教育関係者がどのように書房および公学校をとらえていたのかを知ることも一つの手がかりとなるだろう。次に、その観点から論を進めてゆく。

伊沢修二の「公学」・書房観

台湾における日本語教育は台湾人を対象とした初等教育機関である公学校において行われたが、その基本構想を築いたのが、台湾総督府初代学務部長の伊沢修二である。伊沢は「公学校令」発布以前の明治三〇（一八九七）年七月二九日に台湾総督府の教育費削減に対する不満から、学務部から退くが、公学校の基本構想は伊沢によってつくられた。伊沢は、公学校を「公学」という枠組みでとらえるが、公学というのは、「英語で謂はば、パブリック、スクール[16]」というものであるという。伊沢のいう「公学」は、小学科（六ヵ年）と中学科（四ヵ年）からなり、この小学科が後に設立される公学校のモデルとなる。伊沢は、台湾における具体的な教育方針として、第一には「此公学模範学校といふものを設けて、それから段々各地に公学を設置していくこと[17]」をあげている。しかし、公学を各地に設置するのは、一朝一夕にはできないことから、伊沢は、第二に「何処にでもある従来の書房を利用して、日本語の一科を加へて、それから従来の教科書などの中に訂正しなければならぬもの丈けは訂正」し、「旧来の教育の形体を存じて、之に一新の精神を注入し、無用の文学を廃して、有用の学術を加ふ[18]」ということを考えていた。

伊沢の考える公学の教育法と書房教育はどの点で違っているのであろうか。彼は、「旧来の書房の教育法といふものは、経書の読書に加ふるに、進士及第に要する作詩作文を以てしたものであります。改正の公学教育法は、経書の読書は、大要旧に依るも、修身の基礎は、教育勅語に則らしめ、又進士及第に要したる無用の文学に代へるに、有用なる日本語、地理、歴史、算術、理科等の学問を以てする[19]」と述べる。

書房の教育目的は科挙考試を目指す教科内容を教えることにあったが、伊沢は書房を「無用の文学」を教える所とし、これを否定している。ただ、伊沢の考える「公学」を急速に普及するのは困難なことから、書房を残しながら徐々に「公学」の教育方法をもって内容を変えていくというのが、彼の書房に対する捉え方であった。

書房存廃論

伊沢の意見と同様に、従来から存在する庶民教育機関である書房を急激に廃止するのではなく、内容を「改良」しようとする意見は、台湾総督府の教育行政官に多い。たとえば、総督府学務部から台湾県下に学事視察を命じられた木下邦昌は「書房視察報告書」（明治二九年一〇月）において、このような視点から書房を位置づけている。

「本島書房は其由来する所久しく、教育上功績甚大なるものあり、今遽に之を廃する時は教師は糊口に窮し、必ずや本島施政上の妨害となるべく、一方之に代る教育所を設立せざるべからず、然れども到底この費用に堪へざるを如何せん、他日本島に学制を布かるるも、書房は旧に依り之を存し、唯之を改良するの方策を期せられんことを希望す[20]」。

木下は書房を急激に廃止するべきではないという理由として、書房教師の仕事をなくすことによって抵抗運動につながる恐れがあること、また新しく学校を設立するには費用がかかりすぎることをあげている。

書房を積極的に利用しようとしたのは、明治三三年六月に文書課長から総督府学務部長になった木村匡であった。彼は、台湾の初等教育において早くから義務教育説を主張し、義務教育に徹する課程で書房の存在が重要な役割を果たすものと考えた。このことは、明治三七年六月に開かれた台湾教育会通常会での木村の演説「台湾の普通教育」に述べられている。

「又台湾には書房といふものがあります、或処では書房の封鎖を命じた処であるさうですが、こんなことは甚不都合であると思ふ、今日現に公学校の設備が足らない、学校に遠い処の児童は大方不学に終るといふ有様で居りながら、一方では例の書房を閉鎖して仕舞ふとすれば、即ち普通教育施設の方針に矛盾するものであると思ふ。勿論、書房や義塾は不完全でありませう、然しながら、家に遊ばしておくよりはといふ考で、其児童を収容し、幾分なりとも目鼻の明くやうにしてやるといふ考えで、つまり、或程度までは此書房義塾の存在を許し、国民学校の足らぬところを補ふやうにしたいものです[21]」。

木村は台湾における普通教育の徹底という立場から、書房を公学校の補助機関として捉えるが、さらに書房を利用することについてもう一点述べている。それは、台湾において書房教師の社会的地位が全般的に高いことから、その子弟を台湾総督府直轄の師範学校に進んで入学させては、という意見であった。

「師範学校の生徒即ち将来所在の教師たるべき人の選択は、強ち其試験の点数の良否や、的にもならぬ品行の調べなどに拘泥せず、寧ろ書房義塾教師の子弟で、其親が幾人かの生徒を有つて居る、而して、一廉の紳士であるところの、書房教師の子弟などには、なにか特典を与えてやりたいものです。誠に、書房の教師は、田舎ならば、田舎なほど、其地方一廉の紳士で、学力素行なども、大方一郷の先達が多いのです。其家庭が他日自分の教え子となすべき児童の家庭と、既に業に連絡するところあるものを入学せしむる方針を取りましたならば、其新思想の拡布、国民的教育の効果などにも、大いに利益あることと思はれます[22]」。

木村の義務教育および書房に関する意見は、児玉源太郎台湾総督と後藤新平民政長官の台湾における教育方針とかなり食い違っている。教育の根本方針を立てるべきという木村の意見に対し、児玉源太郎は、教育は急務としながらも、「漫に文明流を注入し、権利義務の論に走る[23]」には害があるとしている。また、後藤新平は台湾の独立財政、土地調査、台湾人抵抗運動の鎮圧等台湾統治上の現実的課題を優先し、教育に関しては土地の習慣などの調査を十分してから方針を立てるといった「無方針主義」を考えた。後藤の台湾教育に対する期待は初等教育における日本語教育の普及を第一とし、さらに実業および専門学校を充実させるというものであった。後藤は、台湾における古い慣習を急激に変えることをしなかったが、明治三三年三月に児玉総督が台湾全島の儒生紳士一五一人を集めた楊文会の席上で、「本島書房教育の方法は時宜に適せず、国民を養成し、有用の材を造るの道にあらず、依って早晩之を改良し、漸次公学校を起こすの階梯たらしめんとす[24]」と、書房教育を否定的に捉えている。

また、児玉総督時代の学務課長持地六三郎も書房に関して、昔風の価値のないものとし、改良されるべき対象として捉えている。

「書房も今日は盛であって、その生徒数などは公学校にも優つて居るが、実際は昔風の教育法で、殆んど価値はない、併し乍ら、一時に之を廃して、公学校とすることは出来ぬのであるから、これは制度を立て或る奨励方法を施し、宜しく存すべき場所にあるものは存し、廃すべきものは廃し、一度篩にかけて其の残ったものを改良する必要がありませう[25]」。

以上見てきたように、伊沢と木村は、教育内容を変えつつも、書房を公学校の代用または補助機関として存続させるべきだと考えていた。後藤、持田は、書房の整理を考えつつ、公学校に準じて改良すべきと唱えた。台湾総督府の官僚および教育関係者の書房観は、書房を一気に壊滅して公学校で台湾人児童を教育するのではなく、しだいに書房を公学校に近付けていこうとするものであった。次に、教育現場にいる日本人教師たちは、書房をどのように捉えていたかを台湾教育会の機関誌『台湾教育会雑誌』を通じて見てみよう。

『台湾教育会雑誌』に表れた日本人教師の書房観

日本統治下台湾における日本人教師は、公学校教育を推し進める中で、台湾人児童の「日々出席率」がはなはだ低いことに悩んできた。『台湾教育会雑誌』（三〇号、明治三七・九・二五）の仲田朝由の記事「出席奨励法」では、台湾人児童の出席状況が思わしくないことが次のように語られている。

「其出席ノ多数ヲ欲シ朝夕、苦心惨怛、励精焦慮其欠席ヲ督責スルガ如シト雖モ、未ダ其功績ヲ十分ニ奏セズ、今日出席スル者ハ明日ハ欠席シ、一人ヲ伴ヒ来レバ、一人ハ影ヲ失ヒ、出没常ナク、出席永ク続カズ、教授ニ張合ナク折角経営セシ教授案モ空シク水泡ト消エシムルコトアルハ、実施家ガ屡経験シテ均シク認知スル所也[26]」。

公学校の児童が頻繁に欠席するのは、台湾人父兄の書房に対する強い支持に根ざしているが、もう一つには台湾人父兄が公学校教育の趣旨および利点を理解していないということがある。そのためこれを解決すべく、以後、父兄の啓発に重点が置かれた。仲田は公学校は「実学ヲ教ヘテ善良ナル人物、忠良ナル国民ヲ養成スル所ニシテ、彼ノ書房ノ如キ迂闊不実用、不適当ノ人ヲ教養スルト大ニ其趣ヲ異ニスル[27]」と、公学校が書房に優る点を父兄に説く必要を主張した。

また、仲田は公学校の教育科目の説明を次のようにしている。

「教育ノ原理ト現今ノ社会ノ要求トニヨリテ公学校教科目ヲ選定セシコト、及各教科ノ目的材料等ヲ説キ、公学校教育ハ孔孟ノ教育法ト一致スル所モアリテ、而シテ彼ノ教育法ヨリ進歩セルコト、及六年間ニテ公学校ノ課程ヲ修了セル卒業生ハ同ジク六年間ニ於テ書房教育ヲ受ケシモノヨリ、心身共ニ優良健全ニシテ、実際ノ役ニ立ツコト等ヨリ、今日ノ人材登用法ニ説キ及バントス」[28]。

公学校の実利的な長所を説くとともに、公学校の教育内容が書房で重視されている「孔孟ノ教育法ト一致スル」という共通性も、公学校の出席率を高めるために強調せざるをえなかった。実際明治三九年の公学校の毎日の出席率は台湾全島平均五九・八九パーセントで、また日本人児童対象の小学校は九二・七一パーセントであったことからも、いかに台湾人父兄が公学校に学ぶことを躊躇していたかが分かるであろう[29]。

『台湾教育会雑誌』では、公学校児童の欠席の最大の原因として書房が槍玉にあがるが、その一例を取り上げてみよう。師範学校の前身である国語学校付属学校の教員および後に公学校校長を勤めた前田孟雄は、公学校教師を希望する教員養成科の生徒に対し、書房がいかに公学校教育に悪影響を及ぼしているかを講じた。前田は、まず書房の第一の害として書房教師の存在をあげる。台湾社会において書房教師は「非常ナル勢力ヲ以テ人心ヲ支配シテ居マス、例ヘバ一家内ニ於ケル人倫人ノ関係、公共事ニ関スル懇引、官庁ヘノ諸願伺届出、吉凶禍福等ハ一ニ師ノ意見ヲ聞キ進退ヲ決シマス、故ニ之等ノ教師ハ自己ノ不利ナル事ガアレバ種々ノ流言ヲ放チ施政其他ノ事ニ対シ種々ナル妨害ヲ与フルニアリ、又、学校ノ施設事業ニ付テハ非常ノ妨害ヲ受ケタ事ガ従来度々御座イマシタ[30]」と、かなりの影響力をもっていることから、公学校の就学普及に関して妨害を受けたとしている。

公学校教育に対して書房が与える第二の悪影響として、前田は書房に学ぶ児童の出席状況がよくないことを指摘する。書房の学費は一年先払いで、「今年在学シテ居ル生徒ハ決シテ昨年在学セシモノトハ限ラナイ、又今年募集シタ生徒ハ、明年再ビ来ルベキモノトハ教師モ生徒モ予想シナイ」ことから、書房教師は、児童の出席の有無を一向に問わないのであった。前田は公学校の児童に欠席が多いことに対し、「因襲ノ久シキ各個教授ノ弊害ト欠席過多ノ悪風ハ、益々増長セラルルノデアツテ其結果公学教育ノ上ニ莫大ナル苦痛ヲ感ゼシムル病源ヲ養成シツツアル所以デアル」と、その原因が書房教育にあると考えたのである[31]。

書房は公学校教育にとっては「百害あって一利なし」であったにもかかわらず、『台湾教育会雑誌』においては、書房を規制・監督し、公学校に近づけようとする改良意見が大半であった。『台湾教育会雑誌』（三三号、明治三七・一二・二五）の「十行論壇」には、書房は無効のものであるが、全廃すると公学校を増設しなければならず、その費用は「目下本島人の堪え得るところでない[32]」ということから、書房の存続を認めざるを得ないとする意見が寄せられている。明治三七年度の時点では、少なくとも二万人以上の台湾人児童が書房に学んでいることから、書房を全廃して公学校を増設すると、二万三千人の公学校生徒に匹敵する倍の学校経費がかかり、また教員養成も急務となることから、書房は徐々に改良するしか方策はなかったのである[33]。

『台湾教育会雑誌』に表れた日本人教員の書房観は総じて近代的および実際的教育を基本とする公学校を肯定し、科挙考試受験のための準備教育を目的とした漢文中心の書房を否定的にとらえていた。「十行論の余壇」という記事では、断髪令に躊躇しながらも書房撲滅を唱道したり、纏足禁止を危ぶみながらも書房駆逐を策して都邑《とゆう》を公学校の縄張とするのはおかしいという指摘があった。断髪令、纏足令、書房規則に関しては、その是非があるとし、いずれも「本島人心理の苦痛問題たるに於いては軽重なからんを教育家たるもの此間に反省を試みるの要こそあらめ」[34]と、書房政策に対する見直しが示唆されていたのである。

書房改良意見と公学校の役割

『台湾教育会雑誌』に最も早く表れた詳細な書房改良意見は、台中庁、東勢角公学校教員中村浩の「書房改良意見」(四号、明治三五・三・二五)であった。この意見の内容は次のようにまとめられる。この書房改良意見には、書房を規制・監督する上で公学校の校舎と校長・教員が密接な関わりをもっていることが明らかにされている。

(1) 書房教師の学力操行の検査：書房教師の学力および身元調査をする。各庁または公学校に委任して「四書五経の素読及大要の講解其他児童の普通誦習に課すべき文集等(望らくは算術科を加へたし)」について試験をし、及第したものにかぎり許可する。

(2) 書房施設の改善：多くの費用を使わずできるだけの改良をする。たとえば、教室の光線と空気流通を良くする、大算盤を備える、教科書、生徒名簿、出席簿、日誌等を備える。

(3) 模範書房の設置：「多くの改良を加えたる模範書房より公学校と斯く順次に連絡を有たらしめ

将来その進歩に従ひ機を見て此模範書房を更に改良して公然公学校様のものとなし漸次普通書房迄も抜萃改良して遂に文明教育の施設を完からしむる」。

（4）公学校の区域内に書房を二、三置く。教師はできれば、師範学校卒業生。「公学校の教員として毎土曜日に巡視の傍各種文明的の談話をなさし」む。

（5）書房の取締：公学校の役割「斯公学校をして各其区域内の書房の後見人たらしめば比較的行届いて一方的には相互の連絡を密接せしめ且又巡視の際多少文明教育を注射するを得て其間に於ける利益蓋し少々ならざるべし[35]」。

中村のこの書房改良意見に見られるように、公学校を拠点として書房の改良が随時考えられたのである。

第四節　書房の取締と現状

台湾総督府の書房対策と公学校の関係

公学校設立まもなく明治三一（一八九八）年一一月一〇日に「書房義塾に関する規定」が出された。その目的は、「書房義塾ヲ改良シ漸次公学校ノ強科ニ準セシメ併セテ風義ヲ矯正スル[36]」ということにあった。この規定の具体的内容は次のような点であった。

（1）教科は基本的には今まで通りで良いが、徐々に国語・算術を加える。

（2）授業時間を一定にし、教師は児童の動作に注意し、衛生に気をつける。

（3）従来の教科書のほか、台湾総督府が必要とする教科書を使う。

（4）書房の塾主は辨務所に生徒の入退および年令、父兄の職業を届けなければならない。

（5）授業管理および衛生など、とくに優秀な書房には補助費を支給する。[37]

この書房規定は発布当初ほとんど効力がなかったが、台湾総督府の書房に対する具体的な政策の展開を、前述の仲田朝由は「出席奨励法」（『台湾教育会雑誌』三〇号、明治三七・九・二五）で、四つの時代に分けている。第一は「政略時代」で、学費を与えて国語伝習所の生徒を募集し、また書房の生徒を引き寄せるため書房教師を雇った。第二は「競争時代」で、早い時期に公学校の生徒を募集し、書房に先をこされないようにした。第三は「法令時代」で、「公学校所在地ヨリ幾里以内ニ於テハ書房ヲ開設スルヲ得ズテフ法令ノ下ニ於テ書房ニ閉鎖ヲ命ゼシ時代」であった。第四は「啓発時代」で、台湾人父兄に公学校教育の内容について書房に優っている事を説得するという時代であった。[38]

仲田は、各時代の具体的な年代を明記していないが、第一の「政略時代」は、公学校が設立される明治三一（一八九八）年までで、第二の「競争時代」は予算編成上公学校の学期が四月に変更された明治三六（一九〇三）年四月までとなる。第三の「法令時代」からは明治三六年四月に出された「書房に関する規程細則」によって、公学校設置区域内から書房が締め出され、遠隔地のみ書房開設が許された。また「啓発時代」も明治三六年頃から始まっている。

書房を公学校の設置区域外に追いやろうとした地方の状況を見てみよう。『台湾教育会雑誌』（一八号、明治三六・九・二五）の「島内学事状況」には各地方の書房関係記事が記載されているが、地方によって書房禁止区域が異なっている。台湾北部の深坑庁では「一部ノ平地ヲ除クノ外山岳重畳セルヲ以テ公学校所在地一里以外ノ所ニ書房ノ設立ヲ許サヽルモ其ノ他ハ便宜地方民ノ希望ニ任セ之ガ設置ヲ許容スルノ方針ナリ」[39]と、公学校設置区域一里以内に書房を開設させなかった。しかし、台湾中部の彰化庁では、書房を「公学校所在地半里以内ニ在ル書房義塾ヘ断然禁止スルノ方針ヲ採レリ」[40]と半里以内を書房開設禁止区域とした。

地方における書房の認可状況をみると、たとえば台湾中部の南投庁では、明治三七（一九〇四）年七月に庁令「書房義塾に関する施行細目」が発布されるが、この規程によって認可された書房は一六ヵ所で、経費の維持方法が確立しないために閉鎖されたものは一〇ヵ所に至った。「南投庁書房改良」（『台湾教育会雑誌』三六号、明治三八・三・二五）では、書房の授業内容を公学校に近づけようとする改良意見がみられる。認可が与えられた書房の半数は「漢文の外卑近なる国語を加設し、算術は即ち珠算の如き全部加設するに至れり」[41]と、南投庁では、国語が書房のすべてに加設され始めている。

明治三八（一九〇五）年に公学校生徒数が書房の生徒数を逆転し、公学校入学希望者は、この頃を機に増加しだしたものの、公学校の校舎が不十分なため、まだまだ書房の勢力が強かった。明治四四（一九一一）年では書房に学ぶ児童が一五、七五九人、公学校に学ぶ児童が四四、六七〇人であったが、台湾総督府施政二〇周年にあたる大正四（一九一五）年では、書房に在籍する児童が一八、〇〇〇人と若干増え、公学校に在籍する児童も六六、〇七八と、かなり増加している。台湾教育会令が発布される前年の大正七（一九一八）年が本章が検討する第一時期の終わりにあたるが、書房に学ぶ児童は一三、三二四人と低下の兆しがみえ、一方公学校に学ぶ児童は一〇万人を超えるのである。

公学校校長が見た書房の現状

最後に台湾教育令が発布される前年に『台湾教育』（一八七号、大正七年、明治四五年一月の一一七号より『台湾教育会雑誌』は、『台湾教育』と改題される）において、台湾における一〇校の公学校長が寄稿した「我が校設置区域内に於ける書房の現況及び之が改善の方法」を通じてから、第一時期を通じて書房がどのような変遷をたどったのかを検討してみよう。一〇人の公学校長の報告をまとめてみると書房教育において次のような変化がみられる。

1　日本語の科目と教師について

大半の認可書房の教育科目に日本語の科目が加えられるようになった。たとえば、台北の大稲埕の第一、二公学校区では、「大正六（一九一八）年から全部国語科を加えた」と報告され、日本語の教科書は公学校の「国民読本」が使われ、教授方法も公学校と同様であった。[42]

桃園庁の大正五（一九一六）年九月に認可された改良書房「明倫議塾」の週の時間割りを見ると、漢文の時間数が最も多く、週一四時間で、日本語がついで一三時間、算術が五時間、書方が二時間、修身が二時間、体操が一時間であった。また、新竹庁の書房では、漢文の教師一名だけであったが、公学校卒業生がまもなく日本語を担当する予定だった。この庁には一一の書房があるが、多くは日本語、漢文、習字を教え、毎日六時間の授業のうち、日本語は二時間教えていた。[43]

しかし、嘉義公学校の区域には、書房が一一あって、生徒は総数四七四（男四四六、女二八）人のうち、一六二（男一五三、女九）人は、公学校へ通学するかたわら放課後や休暇中、書房で学んでいた。これらの書房の学科は漢文で、日本語および算術を課しているのは一ヵ所のみで、「国語は名のみ、算術も珠算にて四則を教授するにとまれり」[44]ということであった。

書房教員は、従来は科挙考試の地方試験の合格者である秀才や受験生の童生などからなっていたが、大正期には公学校卒業生が書房で日本語を中心に教えるようになった。桃園庁桃園公学校の区域には一一の書房が存在しており、教師は総数一二名いたが、その内訳は、秀才一人、童生九人、公学校卒業以上二名であった。これらの教師は桃園庁の検定試験を受け、書房教師の免許状を有していた。[45]

また、同じ桃園庁の三角湧公学校の区域に書房が七ヵ所あり、教師七人のうち四人は三角湧公学校の卒業生であった。[46]

2　書房の漢文授業について

書房教育の中心は漢文であったが、その実態が日本統治下台湾において、どのような変遷を経たかを前述の公学校長の書房の現状報告を通じて見てみよう。大稲埕公学校長の報告によると、区域内の一八の書房では、漢文の教科書として、公学校用「漢文読本」のほか、尺牘文や四書が使われていた。また、「一昨年までは、支那で出来た読本を用ひた書房もあったが今では全くない[47]」と、大正五（一九一六）年までは、中国から輸入されていた漢文の教科書が書房で使用されていたと校長は述べている。

書房の教科書に関しては、明治四四（一九一一）年七月一日に「書房義塾教科用図書使用に関する取締」についての通達があった。その主旨は、中国にて出版された教科書が書房で使われている状況に対して初等小学国文教科書、初等小学修身、初等小学中国歴史、初等小学地理、「幼学瓊林」は、「清国本位を以て編纂されたるものにて生徒の使用する教科書として不穏当のものと認められ候」とし、できるだけ公学校教科用図書を用いるようにし、それ以外は廳長《ちょうちょう》の認可を必要とするというものであった。しかし、地方長の施行細則には制裁の条項が欠落しており、中国で出版された教科書を無届けで使うものが続出したのである[48]。しかし、書房で中国で出版された教科書が規制され、使われなくなったのが大正五年であったことが大稲埕公学校長の報告によって分かった。

新竹庁頭份公学校の漢文の教科書は、三字経、論語、大学、孟子、公学校用『漢文読本』で、教え方に関しては、「徒らに素読暗誦を強ひる旧来の教授法」[49]が用いられていた。台南第一公学校設置区域には、四二の書房があり、漢文に関する教科書として、次のものが使われていた。四書は三八、五経は三二、千家詩は六、千字文は九、三字経は一五、尺牘は二一、公学校用『漢文読本』は一一と、漢文読本以外は、書房従来の教科書が使われていた。『漢文読本』は、四二の書房中一一ヵ所しか使われておらず、書房旧来の教授法で漢文が教えられていた[50]。

3　未公認書房について

日本統治下台湾における書房と公学校の統計を見るとき、表1にも見られるように書房は年々減少するが、一方公学校は増加の一途をたどる経過がみられる。書房に関しては主として認可されたものが統計の対象となっていることから、それ以外の未公認書房の存在を明らかにする必要がある。未公認書房に関する統計・資料は極めて少ないことから、この作業は困難であるが、前述の書房に関する公学校長の報告には、次のような事例が示されている。

台湾北部の宜蘭庁《ぎらんちょう》の認可書房は六ヵ所あり、生徒数は数百名在籍している。しかし、「私にも開設せるものに至りては、四十余箇所児童数千余名の多きに及び、我が校所在地たる宜蘭街のみに於て、六箇所児童数殆んど三百名の多きに達し居れり」[51]と述べられているように、未公認書房が四〇以上存在することが確認される。こういった認可されていない書房が多い原因は、公学校が不足していることから、入学希望者全員を収容できないことにあった。

新竹公学校長の報告によれば、新竹公学校の設置区域である新竹街には、書房は一つもなかったが、内密で開いている書房が二、三あった。その理由は、「それは公学校の漢文教授だけでは漢文の力が足りない。もっと漢文の力を付けなくては困ると云ふ父兄等がその子弟を放課後とか、休日等に書房に通はせているのである」ということであった。この校長は古典としての漢文学習は必要なことから漢学専門塾を認めた上で、「公学校の漢文以上に漢学を修めさせたいといふ特種な人々の子弟の為に漢学専門の書房を一つ二つ許してもよくはないかと思っています」と公学校教育卒業後に学ぶ価値を認識していたのである。[52]

台中庁彰化公学校長の報告によれば、台中庁では、「従来の純然たる書房は認めないが、公学校に収容の余地なき地方に限り、国語科を加設する条件の下に、今日の急を救ふ為め余儀なく書房の設立を認可」されていた。したがって、認可された書房は二一箇所あり、男子六八二、女子四〇、計七二二人の生徒が学んでいた。しかし、「陰に開設する書房」が、二二箇所あり、男子四八五人、女子三三人、計五一八人が学んでいた。校長はこのおどろくべき事実に対して「一学校設立地域内に書房の数四〇以上を算するは、全島他に例を見ない処であろう。如何に公学校教育が普及して居ないかは想像に余りあるのである」と説明している。[53]

日本統治下台湾において、日本語による徹底的な同化政策が行われた。しかし、台湾総督府の政策形成を見る上で、従来より台湾に存続した書房と日本語教育に重点をおいた公学校の関係を考察することは重要なことである。台湾総督府の教育政策の基本に流れていたのは台湾人児童を対象とした公学校教育の普及と拡大であったが、その内容は日本語と簡易実業教育を中心とするものであった。一方書房は廃止された他の教育機関とは異なり、一気に壊滅させず、日本語および算数等を加え、内容を変更したり、反対に公学校の教科に漢文を加えるなどして、お互いの歩み寄りを実現させ、実際には書房を公学校の補助機関として機能させた。また台湾総督府は公学校で書房教師のための日本語・算術等の講習会を開催し、また公学校長には書房を監督する任務をおわせたのである。

本章で明らかにしようとした点は、まず第一に台湾総督府の教育政策の展開として、国語伝習所および公学校を普及させていくために、書房教育の中味を取り込もうとしたことを検討した点である。第二に台湾総督府の学事関係者および現場の教師の書房観と意見をみることによって、書房と公学校の関係を考察したが、地方財政の負担および教員養成の必要性から、書房を一気につぶすのではなく、公学校の教育内容に準じた公学校の補助機関に改良すべきといったとらえ方が大半であったということである。第三に書房の現状を公学校長の報告を通してみることにより、台湾教育発布の前年の大正七（一九一八）年までは、公学校と対抗して書房の勢力は依然強く、また未公認書房が多く存在していた事実が明らかになった。

〔註〕

(1) 日本統治下台湾における書房に関して書かれたものに次のものがある。
呉文星「日拠時代台湾書房之研究」『思与言』第一六巻第三期、一九七八年九月、台湾・台北、思与言雑誌社、二六四～二九一頁。

呉文星「日拠時代台湾書房教育之再検討」『思与言』第二六巻第一期、一九八八年五月、一〇一～一〇八頁。

拙稿「台湾における書房教育の一考察――その実態と変遷」『木野評論』京都精華大学、一九八三年三月二〇日、四一～六二頁。

(2) 台湾教育会編『台湾教育沿革誌』一九三九年、台湾教育会〔復刻版：一九七三年、古亭書屋〕九八〇～九八二頁。

(3) 佐藤源治『台湾教育の進展』一九四三年、台湾出版文化㈱、九〇頁。

(4) H. K. 生「昨今の教育事業」(『台湾日々新報』明治三八年一月一日、二六頁)。

(5) 拙稿「台湾における書房教育の一考察――その実態と変遷」五〇～五三頁参照。

(6) 前掲書『台湾教育沿革誌』四〇八～四一〇頁。

(7) 拙稿「日本統治下台湾の日本人教員――台湾総督府講習員をめぐって」本山幸彦教授退官記念論文集『日本教育史論叢』一九八八年、思文閣出版、二三七～二五六頁参照。

(8) 前掲書『台湾教育沿革誌』一九七頁。

(9) 同書、一九八～一九九頁。

(10) 同書、一九八頁。

(11) 同書。

(12) 吉野秀公『台湾教育史』一九二七年、吉野秀公、一八七頁。

(13) 前掲書『台湾教育沿革誌』四〇六頁。

(14) 同書。

(15) 同書。

(16) 『伊沢修二選集』一九五八年、信濃教育会、六〇九頁。

(17) 同書、六一一頁。

(18) 同書、六一一〜六一二頁。
(19) 同書。
(20) 前掲書『台湾教育沿革誌』九六九頁。
(21) 木村匡「台湾の普通教育」(『台湾教育会雑誌』二八号、明治三七年七月二五日、五〜六頁)。
(22) 同書、六頁。
(23) 井出季和太『南進台湾史攷』一九四三年、誠美書閣、二九頁。
(24) 同書、三四七頁。
(25) 持地六三郎「台湾に於ける現行教育制度」(『台湾教育会雑誌』三一号、明治三七年一〇月二五日、六頁)。
(26) 仲田朝由「出席奨励法(1)」(『台湾教育会雑誌』三〇号、明治三七年九月二五日、一五頁)。
(27) 同書、二一頁。
(28) 同書、二二頁。
(29) 前田孟雄「児童欠席の原因及其救済法」(『台湾教育会雑誌』五〇号、明治三九年二五日)。
(30) 前田孟雄「甲科教生ニ対シテナシタル講和ノ大要」(1)・実験調査(『台湾教育会雑誌』五号、明治三五年六月二五日、二九〜三〇頁)。
(31) 前田孟雄「甲科教生ニ対シテナシタル講和ノ大要」(2)・実験調査(『台湾教育会雑誌』七号、明治三五年一〇月二五日、三四〜三五頁)。
(32)『台湾教育会雑誌』三三号、明治三七年一二月二五日、四一頁。
(33) 同書、四三頁。
(34) 同書、四六頁。
(35) 同書、四号、昭和三五年三月二五日、二二頁。
(36) 前掲書『台湾教育沿革誌』九七四頁。
(37) 同書、九七四〜九七五頁。
(38)『台湾教育会雑誌』三〇号、明治三七年九月二五日、一七頁。
(39) 同書、一八号、明治三六年九月二五日、四七頁。
(40) 同書、五三頁。

(41) 同書、三六号、明治三八年三月二五日、五六頁。
(42) 同書、一八七号、大正七年一月一日、四三頁。
(43) 同書、四七頁。
(44) 同書、五四頁。
(45) 同書、四六頁。
(46) 同書、四七頁。
(47) 同書、四三頁。
(48) 前掲書『台湾教育沿革誌』九七九〜九八〇頁。
(49) 『台湾教育』一八七号、大正七年一月一日、四九〜五〇頁。
(50) 同書、五五頁。
(51) 同書、四五頁。
(52) 同書、四九頁。
(53) 同書、五三頁。

第3章　日本統治下台湾における書房と公学校（2）

——一九一九年から一九三二年までを中心に

ここでは主として書房と公学校に関する第二時期（一九一九年から一九三二年まで）を対象とするが、主として『台湾民報』に見られる台湾人の側からの漢文・書房教育に対する期待と意見、また学校教育に対する考えと要望を考察してみたい。

第一節　『台湾民報』にみられる漢文教育の復興および書房・公学校認識

台湾人の教育要求がまとまった形で明らかになるのは、台湾人の発行する唯一の言論機関である雑誌『台湾青年』・『台湾』と、新聞『台湾民報』・『台湾新民報』であるが、父兄の教育要求が具体的な形で掲げられているのは、『台湾民報』・『台湾新民報』であることから、主としてこの二紙を検討してみたい。

『台湾民報』・『台湾新民報』について

1　『台湾民報』創刊をめぐって

明治二八（一八九五）年、台湾が日本の領土となって以来、台湾において台湾人独白の民族要求を打ちだした唯一の新聞は『台湾民報』・『台湾新民報』であった。『台湾民報』の創刊は大正一二（一九二三）年四月一五日で、当初は半月刊の漢文（白話文）[1]によるものであったが、東京で印刷し発行されていた。その後、大正一二年一〇月に旬報、大正一四（一九二五）年に週刊となった。昭和二（一九二七）年七月一六日にようやく台湾において発行されることになったが、同年八月一日には日刊紙をめざした再組織を意図して、『台湾新民報』と改名された。そして、ついに昭和七（一九三二）年四月一五日には日刊となった。

なお『台湾民報』の前身は、東京在住の台湾人留学生の組織「新民会」が中心となって大正九（一九二〇）年七月一六日に創刊された日本文、漢文半々の雑誌『台湾青年』で、大正一一（一九二二）年四月には、日本文主体の雑誌『台湾』と改名され、これと並行して漢文のみの『台湾民報』が発行されるのである。『台湾』の存在期間は短く、『台湾民報』に日本語欄を設置することによって廃刊となる。『台湾民報』は『台湾青年』創刊から通算五周年で一万部を発行するが、ちなみに台湾最大の発行部数をもつ台湾総督府の「御用新聞」といわれる『台湾日々新報』は、一八、九三〇部であった。[2]

『台湾民報』主幹、林呈祿の創刊の詞によると、「時勢はすでに進歩しているが、唯一の台湾人のための雑誌『台湾』では不十分で、社会各方面の要求から本紙を発行する。平易な漢文を専ら用い、民衆のための知識を満載する。究極的には我島の文化を啓発し同胞の民気を奮い起すことによって、台湾の幸福を図ることに外ならない[3]」というように、平易な中国文である白話文を軸とした啓蒙紙が発刊の目的であった。また『台湾民報』の評価については呉三連、蔡培火等著『台湾民族運動史』で、「政治、経済、社会の各方面において、民族固有文化の重要性を説いた」[4]と述べられている。日本統治下台湾では、台湾人の声を反映する唯一の新聞として、台湾人の立場から台湾教育をどう感じていたのかがわかる手がかりである。

2　台湾民報と台湾民衆党

『台湾民報』の政治的位置づけを考えてみると、『台湾青年』が創刊された時の資金援助の大部分は台湾議会設置運動の中心人物林献堂から出ていたが、『台湾民報』もその流れを汲み、台湾における民族運動と深い関わりをもっていた。台湾唯一の台湾人による政党である台湾民衆党は、台湾の自治と社会改良運動を目的とした文化協会および台湾議会設置運動にかかわってきた人々によって結成されたが、楊肇嘉《ようちょうか》「台湾新民報小史」は、「『台湾民報』と民衆党の活動は表裏一体の関係を保ち、これが台湾の社会・政治運動の主体をなしている」[5]と『台湾民報』と政党の結びつきの深さを示している。台湾民衆党の綱領は「本党は民本政治の確立を以て、合理的な経済組織を建設し、また社会制度の欠陥を改善する」[6]というもので、具体的な政策としては、（一）地方自治の民選および普通選挙、（二）集会、結社、出版の自由等が掲げられている。そして、政策課題の第三番目に「学制改革の要求」として、次の四点をあげている。

（1）義務教育の実施
（2）公学校の教授用語として日本語と台湾語の併用
（3）公学校における漢文科の必修化
（4）日本人・台湾人の教育の機会均等[7]

台湾民衆党は、大正一〇（一九二一）年に結成された台湾文化協会から、昭和二（一九二七）年に分離したものである。台湾文化協会の主導権を握った共産主義者の連温卿《れんおんきょう》派は農民・労働争議を組織化し、分離した、辛亥革命の影響を受けた蒋渭水《しょういすい》と合法的台湾民族運動の蔡培火《さいばいか》の両派が台湾民衆党を結成した[8]。台湾民衆党は若干の労働組合および農民組合の支持を受けながらも、党の政策としては大衆の現実的な要求を汲み上げるということが重要視されていたことから、民衆党の教育に関する政策課題は『台湾民報』にみられる教育世論および、台湾人父兄の教育要求を踏襲しようとしたのである。

『台湾民報』にみられる書房と公学校認識

日本が台湾を統治した当初は、書房がその数や生徒数の上において公学校を圧倒していた。しかし、明治三八年を境に公学校の生徒数が逆転し、その後書房数および生徒数は減少の一途をたどるが、新台湾教育令発布直後は激減する。その後、書房新規開設が禁止される昭和七年までの約一〇年の間、ほぼ五千人の生徒数が定着するに到った。この現象は何を物語っているのであろうか。

書房が大正一一年以降、若干ながら増加した理由の一つとして、台湾文化協会を中心とした台湾人の民族教育の高まりがあげられる。台湾人の声を反映した台湾人による『台湾民報』は漢文教育の必要性及びその意義を説き、公学校教育の漢文軽視の姿勢については批判的な意見が多かったが、具体的にどのように書房と公学校をとらえていたのかを検討したい。『台湾民報』において書房を真正面から考察した記事に「書房復興と漢学の倫理的価値」(一八四号、昭和二・一一・二七)がある[9]。書房は漢学を主として教え、台湾各地に存在しているが、台湾総督府の厳重な取締りと不合理な干渉を受け、今やまさに滅びようとしているとし、書房が取締りの対象となっている理由として次の二点をあげる。

(1)書房があると公学校の就学児童数が減少する。

(2)書房は漢学を専門に教えるから日台人の融和を壊して親善を阻止する。

以上の理由に対する反論として、この記事では、書房は公学校を侵害するのではなく、むしろ公学校の教育に問題があると指摘する。六年間の公学校教育を終えても漢文で手紙一枚書くことができず、また日本語も十分に話せない。しかし、書房では実用的な尺牘文(手紙文)を教えることから、台湾人父母は進んで書房に子どもを行かせる。むしろ公学校の教育内容の改善が必要とされている。また漢学のもつ価値として「東洋道徳の根拠をなす」が、「洋の東西を問はず若しそこに善美の箇所があれば均しく採用し、それを自己のものとし併せて世を俾益すべきものである」と説いている。

公学校の漢文教育と書房の教育の違いが『台湾民報』(一四七号、昭和二・三・六)の「公学校的漢文教授和旧式台湾書房」[10]にみられる。ここではまず台湾人から見た公学校教育は「勤労節約的労働者」を養成し、日本語を強制する同化政策がとられているが、これは時代錯誤であって、「原住民の固有の文化を尊重すべき」であるとする。大正一一年に漢文科が随意科になり、漢文科設置が公学校校長の権限に委ねられ漢文軽視をする風潮を反映して、大抵は教えられていなかったのが現状であった。こうした現状については、台湾人にとって漢文は日常生活において手紙や簿記に必要な道具であり、また漢文は台湾人にとって「固有の文化」であることから、漢文科が公学校で廃止されることによる苦痛は、計り知れないとしている。

また、公学校の漢文科の教授法に対する不満としては、漢文が日本語読みで読まれることをあげている。本来は書房に於いて漢文は台湾語音で読まれており、公学校では台湾人教員でも日本語しかわからない者が漢文を担当していることから、台湾人教師が台湾語によって教材を説明するべきであるとしている。それは、漢文の文意「民族的語言と文学は分離することが出来ない」ということからであった。

この記事では漢文を伝承する書房の存在そのものは認めながらも、旧式書房の教え方は形式的講釈に偏り、強制的に暗記させるのみで、その教授法及び教育内容に問題があるとしている。また、教材の多くが四書五経・諸子や古文の中から教えられていることから、時代の変化に対応できていないという。書房教師が中国の新しい教科書を教えることが不可能であり、また台湾総督府も中国の教科書を禁じている実情を述べている。[11]そして、書房の教材はもし漢文を思考の道具とするならば、胡適によって提唱された白話文を書房の教材として使用するべきだという。その理由は学習が容易で、自己の考えを書き表わすことが可能で、また中国本土の初等教育機関でも使用されているからということであった。

公学校の漢文科の内容に関しては、『台湾民報』第一〇〇号、「公学校の漢文科」で触れられている。公学校の漢文科が至る所で熱烈に希望され復活したものの、公学校の漢文教科書を読みこなせない教員が多くおり、教員の学力を充実すべきだと述べられている。また、「教科書の文章が古くて難しく、時世の要求に適合せず、当局は中国の平民千字課を参考にして新教科書を編纂することを切望する」と公学校の内容の充実が一大急務であると主張した。[12]

次に、大正一一年から書房生徒数が若干増えたことに対して、台湾人父兄が公学校に漢文科の設置を要求した動きについて追ってみたい。

第二節　台湾人父兄の漢文科設置要求

公学校における漢文科と台湾語をめぐって

1　公学校の漢文時間数の推移

表4　公学校の漢文授業時間数の推移[14]

学年	1	2	3	4	5	6
明治 31(1898).8	12（読書）	12（読書）	12（読書）	12（読書）	12（読書）	12（読書）
36(1903).5	5	5	5（女2）	5（女2）	5（女2）	5（女2）
40(1907).2	5	5	5	5	4	4
45(1912).1	5	5	4	4	4	4
大正 7(1918).3	2	2	2	2	2	2
10(1921).4	1	2	2	2	1（男）	1（男）
11(1922).2	(2)随意科	(2)	(2)	(2)	(2)	(2)
昭和 12(1937).1	廃止					

（注：明治36年の公学校学校規則改正では、3年生以上の女子生徒は漢文の時間数が週2時間のみとなっている。また、大正10年には、第5学年以上の男子のみに漢文が課せられた）。

台湾が日本の領土となってからも、漢文を主体に教える台湾人の初等教育機関「書房」が存続したが、明治三一（一八九八）年に設置された公学校が整備されるに従い書房は漸次廃止の運命をたどった。公学校が設立された年の公学校数七六、在籍児童数六、一三六に対し、書房数は一、七〇七、児童数二九、九四一が示すように、設立当初公学校は生徒募集が困難であった。しかし、公学校は、漢文を積極的に授業科目に取り入れたり、台湾語を授業用語として用いたり、また学校開始の時期を書房の開始時期である二月にすることにより、就学率を拡大したのである。そして、台湾の財政独立が決定する明治三八年には、公学校の児童数が書房のそれよりも上回り、「新台湾教育令」が公布された大正一一（一九二二）年には公学校が五九二、児童数が一九五、七八三と台湾児童の約三割を収容するに至ったが、一方書房はわずか九四校、児童数三、六六四に減少した。[13]

公学校における漢文科は「新台湾教育令」公布を機に随意科

となるが、公学校設置以降漢文科の授業時間数はどのような変遷をたどったのであろうか。

公学校設立当初、漢文は、「国語・作文」の科目に含められていた。「国語」の授業は「常ニ土語ト対照シテ其主義ヲ会得セシメ」[15]るのが目的で、台湾語が授業用語として用いられた。明治三六（一九〇三）年五月の「公学校規則中改正」では作文、読書、習字の教科書を「国語」に統合し、漢文を独立した科目にした。この時、漢文の時間数は週六時間であったが、公学校の整備・拡張とともに、だんだんと減少していく。『台湾教育沿革誌』によれば、大正二（一九一三）年一月に官庁の命令・告示・諭告などの漢訳文を廃止し、これ以降漢文の必要は日々減少したといわれるが、[16]「台湾教育令」発布の前年の大正七（一九一八）年三月に週二時間と大幅に削減されたのである。[17]

そして、大正一一（一九二二）年の「新台湾教育令」では、漢文科は週二時間の随意科となり、ついに、昭和一二（一九三七）年、一月一五日公布の「公学校規則改正」によって、漢文科が廃止されたのである。

2 漢文科設置運動の機運

『台湾民報』、『台湾新民報』に見られる台湾人父兄の切実な要望は何といっても公学校における漢文科を設置することであった。大正一一年以降、随意科となった漢文科を設置するかどうかは、公学校長が権限を委任されており、基本的には漢文を教えないという方針がとられていた。にもかかわらず、父兄の漢文科設置に対する思いは根強く、漢文科設置および必修科復活運動が台湾各地で展開されたのである。

早い時期の漢文科設置に対する要望は、台湾で最も早く拓けた地方である台南州に見られる。台南州教育係の調査によれば、公学校の本校一三七中八六校、分校四八中二七校と約半数以上が漢文を教え、漢文科を設置しようとしている公学校がだんだんと増加の傾向にあった[18]。また、台湾中部の台中州南投郡南投公学校は大正一三（一九二四）年から漢文科を廃止したが、それ以来「一般父兄及び生徒は非常に不便を感じており、同地の有識者一同が協議の結果、漢文科復設の陳述書を学校当局と州当局に提出した。現在漢文復興の声は大に振い各地において漢文科設置を願う努力がなされている」と、『台湾民報』（第三巻、六号、大正一四年二月二一日）では漢文科設置運動の盛り上がりを伝えた。

3　桃園公学校「父兄会」の場合

さて、漢文科設置の要求は実際には、どのように出され、またどのような経緯を経てその要望が実現したのであろうか。台湾北部の桃園公学校の父兄の多くは、公学校を六年間で卒業しても社会の要求に応じる事ができないことから漢文科復興の必要性を感じ、漢文科再設を学校当局に陳情した。しかし学校当局の反応は馬耳東風で、父兄の要望をまったく受け入れなかった。そこで父兄の有志が街役場に対して漢文科再設を頻繁に促した。街役場は父兄の要求を相当に考えなければ、将来公学校の入学が著しく減少すると見込んで、大正一四年九月二四日に、各父兄を召集し、街役場内にて協議会を開催した。この協議会の構成員は『台湾民報』の記事には明記されていないが、おそらく父兄の代表、校長を含む公学校の責任者および街役場の教育担当者が出席していたと思われる。学校側はこの問題に関してはきわめて怠慢であったが、父兄の要求を無視することができず、これを受け入れた形で、漢文科の再設置が決定したのである。[19]

4　漢文科設置の意味

なぜ漢文は台湾人にとって重要なのか、その理由は台湾中部の嘉義の第一、第二公学校および女子公学校の父兄会と同窓会の交渉委員六名が提出した漢文科設置理由書にみられる。[20]

（1）東洋文化は漢文を以て主となす。もちろん台湾人も台湾在住の日本人もみな漢文の学習が必要。
（2）台湾人は事業において漢文が必須。漢文を学ばなければ事業に従事することは不可能。
（3）対中国貿易において取引上漢文は不可欠。
（4）漢文は台湾人の先祖伝来の文化で、すでに東洋文化の中心をなす。

漢文が台湾人の生活上また台湾人の固有の伝統文化として重要なことから、嘉義ではいったん随意科となったが、その後漢文科は廃止されていた。このことに対し父兄は、大いなる不満を感じ、児童を公学校に入学させず、書房で漢文を学ばせたのである。漢文科を設置している公学校は出席率が良く、郡視学《ぐんしがく》もこのことを重視した。しかし、手島庶務課長は代表委員の漢文科設置の理由を退け、「ただ漢文を学ぶことを説くのは時代に逆行している」と片付けた。[21]

桃園公学校の保護者会の漢文科設置の理由も漢文の必要性を説いたものである。昭和四（一九二九）年三月一六日に約四〇〇名の父母が出席し、教育改善に関する要求を提出した。その一つは、八才から入学する児童にとって日本語だけでは授業が理解できないので、台湾語も使用すること、もう一つは漢文は実際生活において不可欠で、漢文を必修科目にせよというもので、上級学校に進学できない者は商店や会社に雇われるが漢文の読み書きができなければ生活上困るというものであった。しかし校長は、「公学校の教授法は、台湾総督府の方針によるもの」と、父兄の要望を受けつけなかったのである。[22]

5　台湾総督府の漢文科に対する規制

漢文科設置の要求運動の盛り上がりに対して、台湾総督府が規制を加えるのは、昭和六（一九三一）年からである。台湾北部の新竹州の公学校に対し漢文科廃止の通達が州下の公学校に下された。しかし、各地方の父兄は廃止に猛然と反対し、むしろ教材、教授法を改めるべきことを主張した。昭和六年五月八、九日、新竹女子公学校および第一公学校で保護者会が開かれ、授業料廃止と漢文科廃止絶対反対が決議された。

新竹州の教育課が密かに各公学校に調査を依頼した結果、家庭では日本語を多く使い、漢文が分からない親が大部分で、漢文を学ばない子どもが圧倒的多数を占めているという報告がまとめられ、州当局者の話では、公学校の漢文科は台湾語で説明されていることから、「国語普及上大きく矛盾」しているので、絶対廃止すべきであるという意見があった。[23]

6 漢文科の廃止

そして、ついに昭和一二（一九三七）年一月一五日の「公学校規則改正」によって、漢文科が廃止されることになった。その理由は、「国語普及の徹底に務べきは、台湾教育令第四条に明示せる所であるが、公学校の随意科目たる漢文科は、兎角支那人心理を喚起し、前期方針と背馳する微妙なる作用があるので、国民精神涵養上、これは廃止するものである」ということであった。[24] またこの他理由としては、「最近に至る迄は、日常の通信、対岸の貿易関係等所謂環境の実情より、随意科目として置かれたものであるが、今や日常の通信も少数の老人以外は国文を以て行はれ、対岸との貿易も漢文を習得せしめる必要が大いに減じたので、存置の重大意義も殆ど消滅したのである」[25]と、公学校児童の生活環境の変化によって、漢文科はもはや不要で廃止に至ったのである。

この改正規則が分布される前年の昭和一一（一九三六）年の公学校における漢文科の設置状況は六二五校中五五校と一割にも満たなかった。日本語による同化教育政策の実施過程で、台湾人父兄の漢文科設置の要求は少なくとも大正末年から昭和六年までは根強くまた各地において広がりをもったのである。そして、新聞紙上の漢文欄廃止にともなって公学校教育における漢文科が廃止され、台湾総督府の強行な政策によって「皇民化教育」が徹底されていくのである。

台湾総督府の教育政策過程に台湾人父兄の声がどの程度反映されていたかは、さらなる検証が必要であろう。しかし、台湾人父兄は、少なくとも公学校の漢文科再設運動、中学進学に向けての準備教育、体罰反対運動にみられるように公学校の学校当局にとって無視できない存在であった。[26]台湾人父兄の教育要求を見ることによって、日本統治下台湾の教育政策が台湾人が真に望むものとどれだけかけ離れ、またその望むものにどう対応していたかが分かる。日本統治下台湾の総督府の教育政策の根本は初等教育を中心とした日本語による同化政策の徹底と勤勉な労働力の養成にあった。政策として初等教育を重視していたにも関わらず、統治下当初の台湾人の抵抗運動の弾圧、鉄道、道路、港湾などの建設、産業振興、山地開発のための高砂族の鎮圧などの事業を優先させることによって、昭和五、六年までは、台湾人児童の初等教育の就学率は三割程度であった。台湾人は就学率の拡大と義務教育の実現を望んでいたが、台湾総督府は日本人の小学校教育に対しては積極的であるにも関わらず、台湾人の公学校教育に対しては消極的という「二元政策」しかとらなかった。[27]公学校の教育内容に関しては、日本語教育は避けがたいものとして受けとめながらも、台湾固有の伝統文化の象徴である漢文と台湾語を最低限保持しようとする父兄の願いが公学校における必修の漢文科設置と台湾語使用運動として展開されていった。しかし、この要求も、昭和六年に台湾総督府の規制のもと先送りとなり、ついに昭和一二年には公学校の教科目中、漢文科は廃止されるのである。

日本統治下台湾における書房と公学校の関係をみるなかで、台湾語と漢文教育がどのような変遷をたどっていったのか、また台湾人の側からみてどのように受け止められていったのかを具体的に検討することは、台湾の郷土史研究にとって重要である。また実際日本語教育を徹底するなかで、台湾固有の文化である漢文教育がどのように保持または廃止されるに至ったのか、書房がたどった変遷および台湾人の書房認識と公学校における漢文科設置要求を考察することによって、台湾における同化・皇民化教育の内実が具体的・実証的に究明されるであろう。

本章では日本統治下台湾における書房政策の第二時期をとりあげた。第一時期では、書房が公学校よりも圧倒していたが、漸次公学校の補助教育機関に取込まれつつあった。第二時期では新台湾教育令が発布された一九二二年に書房は最も減少するが、それ以降一〇年間は若干増え、一定の数を保っていくが、この現象を『台湾民報』に見られる書房・公学校認識および台湾人父兄の公学校における漢文科設置要求との関連で検討してみた。

〔註〕

（1）白話文とは、口語体の文章で、中国の初等学校でも使用されていた。台湾民報社の創設記念として白話文研究会が一九二三年四月から組織化された。

（2）『台湾新民報』の日刊発行五周年の昭和一二（一九三七）年では、発行部数が五万部となった。

（3）「本報十年略史」。『台湾民報』第三二二号、昭和五年七月一六日、二頁。

（4）呉三連、蔡培火等『台湾民族運動史』、自立晩報（台北）、一九八六年、三三三頁。

（5）楊肇嘉「台湾新民報小史」、『台湾新民報』第三二二号、昭和五年七月一六日、一九頁。

（6）前掲書、『台湾民族運動史』三六六頁。

（7）同書、三六七頁。

（8）黄昭堂『台湾総督府』、教育社、一九八一年、一三八～一三九頁。

（9）『台湾民報』第一八四号、昭和二年一一月二七日、一〇頁。

（10）同書、第一四七号、昭和二年三月六日、二～四頁。

（11）上沼八郎「台湾における書房『教科書』と日本認識について」――植民地教育史研究ノート・その六『高千穂論叢』第二九巻第二号（一九九四年一二月）七七～九六頁参照。

（12）『台湾民報』第一〇〇号、大正一五年四月一一日、三頁。

（13）拙稿「台湾における書房教育の一考察――その実態と変遷」（京都精華大学紀要『木野評論』第一四号、昭和五八年三月二〇日）、四一～六二頁参照。

（14）台湾教育会編『台湾教育沿革誌』昭和一四年（古亭書店、一九七三年復刻版）、二三三、二七一、三二三、三三二、三六一、三八八頁より作成。

（15）同書、二二三一頁。

（16）同書、三八七頁。

（17）矢内原忠夫『帝国主義下の台湾』、岩波書店、一九八八年、一六二頁によると、日本統治下台湾において同化を教育施策の方針として宣明したのは、「大正七年明石総督の赴任に際して明白に同化を以て施政の方針と為すに至り、爾来国語教育及び国民道徳の教授を以て普通教育の根本たることを確立し、教育の力を以て本島人及蕃人の同化を計らんとしつつある」とあるように、漢文科が著しく減少された大正七年と機を一にしている。

（18）「特設漢文科之学校」、『台湾民報』第二巻二二号、大正一三年一一月一日、一三頁。

（19）「桃園公学校之父兄会――決定再設漢文科」、『台湾民報』第七四号、大正一四年一〇月一一日、五頁。

(20)「要求公学校復教漢文――郡当局倒反禁止書房」、『台湾民報』第二三二号、昭和三年一〇月二八日、四頁。六名の交渉委員として、蘇考徳、王甘棠、林玉書、方展玉、鄭石為と林木根が選出された。
(21)同書。
(22)「桃園:児童保護者会――要求改善」(地方通信)、『台湾民報』第二五四号、昭和四年三月三一日、六頁。
(23)『台湾新民報』第三六四号、昭和六年五月一六日、四頁。
(24)前掲書、『台湾教育沿革誌』、三八八頁。
(25)同書、三八七頁。
(26)拙稿「日本統治下台湾における台湾人父兄の教育要求」、『土曜日』第二号、一九九三年三月二五日、三六~五九頁。
(27)『台湾民報』、第一二六号、大正一五年一〇月一〇日、一頁。

第4章　日本統治下台湾における書房と公学校（3）

――一九三三年から一九四五年までを中心に

日本統治下台湾において台湾の伝統的な初等教育機関である書房はどのようなものであり、どのような変遷をたどっていったのであろうか。日本が台湾を植民地として公学校を中心に日本語教育を徹底する中で、学校教育と周辺文化を考えるうえで、書房の存在と役割を検討する必要があるのではないか。

日本統治下台湾における書房教育を三つの時期に分けてきたが、本章では第三時期（一九三三〜一九四五）を中心に取り上げたい。書房は日本が台湾を統治しはじめた時には多数存在したが、しだいに減少していった。統計上には上がらない未公認書房についても考察したい。

第一節　今までの書房研究

台湾教育史に関心を持ったのは、大学院時代であるが、特に日本統治下における初等教育機関である書房について調べたいと思った。当時は書房に関する研究論文としては、渡部宗助の論文「台湾教育史の一研究――明治三〇年代を中心に」[1]があった。それを手掛かりに書房教育についてさらに詳しく調べる必要を感じた。この研究では、明治三〇年代の日本の植民地時代の台湾における公学校を中心とした教育政策に触れているが、書房対策を懐柔と抑圧の二段階に分けて考察している。

また、弘谷多喜夫・広川淑子「日本統治下の台湾・朝鮮における植民地政策の比較史的研究」[2]は、統計を中心に台湾と朝鮮における植民地政策を比較している。この論文では、台湾人の抗日運動と書房の存立が密接に関連しているとし、一九〇二（明治三五）年の台湾の中南部における抗日軍に対する台湾総督府の「討伐」をもって、この年を最後にして書房が急激に減少していくことを指摘している。

私の今までの書房に関する取組みを紹介しておく。まず、最初にまとめた論文は「台湾における書房教育の一考察――その実態と変遷」である。[3] 従来の教育史研究では、台湾人に日本語教育を普及拡大する同化教育の徹底、または公学校を中心とした台湾総督府の教育政策および教育制度を主たる考察の対象としてきた。また、書房教育に関して、その実態と変遷がまとまった形で考証されてこなかった。したがって、書房そのものに焦点をあて、台湾総督府の書房政策の変遷を追い、台湾人および総督府行政官、教育関係者の書房観をまとめた。

書房と公学校の関係を考察したものに次の二つの論文がある。第一の論文は「日本統治下台湾における書房と公学校――一八九五年から一九二八年までを中心に」[4]である。ここでは主として公学校設立から台湾教育令発布に至るまでを対象としている。第一時期は「漸減政策」の時代であり、書房の教育内容を公学校のそれに近づけていきながら徐々に書房を減少させていった時期である。公学校が設立された一八八九（明治三一）年の調査によると一七〇〇の書房があった。一九一九（大正八）年一月公布の台湾教育令によって、台湾における学校体系が整理される頃には書房も三〇二に減少している。しかし総じて、この時期に書房を急激に廃止しなかったのは、書房生徒数の方が圧倒的に多かったからである。台湾の人口は公学校令が公布された当時三〇〇万といわれ、就学児童は六〇万人と推定されているが、[5]開設当時の公学校の生徒はわずか二三九六人であった。[6]しかしこれに対し、書房に学ぶ児童は二九九四一人（うち女子は六五人）と三万人近くいた。公学校の生徒数が第一時期で逆転するのは一九〇四（明治三七）年である。日露戦争以降は公学校の生徒数が一挙に増加していくのである。

　書房と公学校に関する第二の論文は「日本統治下台湾における書房と公学校――一九一九年から一九三一年までを中心に」[7]である。つまり、台湾教育令発布から書房開設禁止までの時代であり、書房を公学校の補助教育機関として編成しなおしていった時期である。この時期の書房統計を見ると、書房数は台湾教育令発布の年には約三〇〇あり、生徒数は一万人ほどであるが、一九三二（昭和七）年一一月一八日に書房の新規開設が禁止されるときには、半数の一四二に減少している。

　第三時期（一九三三〜一九四五）は書房教育に対する「撲滅政策」の時代であり、書房開設禁止から書房廃止までの時代である。この時期は補助教育機関化された書房をも、公学校を中心とした教育政策に反するものとして撲滅していった時期である。本章ではこの第三時期を対象にしたい。

　一九三九（昭和一四）年一〇月に初等教育六年間の義務教育制度を台湾において一九四三（昭和一八）年を期して実施するという方針が決定し、それに伴ってその年度から書房を全廃することになった。書房の新規開設が禁止になった一九三二年には、まだ一四二の書房が存立したが、廃止の方向が決定した一九三九年にはわずか一八しか残っていない。生徒も千人足らずである。そして一九四一（昭和一六）年には七ヵ所、二五四人の生徒しかいない。第三時期の終わりには、書房は台湾総督府の統計には表れないが、実際に完全に跡かたもなく廃止されたのであろうか。

この第三時期に顕著な現象としては、公学校の就学率は高まるものの、学校数が不十分で多くの生徒を収容できないこと、またとくに地方において公学校の設置が困難なことから、公認および未公認の書房が存在したことである。高賢治『台湾三百年史』は未認可の書房が日本統治下台湾に四〇〇ヵ所あり、生徒も数千いたと指摘する。[8] 第二節では、『台湾人名辞典』[9]を手がかりに書房と公学校の関係を考察する。第三節では、『台湾新民報』の記事を中心に、公学校増級・増設要求を紹介する。そして第四節では、日本統治下台湾における、未公認書房について調べる。

第二節　『台湾人名辞典』から見る書房と公学校の関係

書房と公学校の関わりを考察する上で一つの手がかりとなる資料が『台湾人名辞典』である。この辞典は、一九三七（昭和一二）年に台湾新民報社から日刊発行五周年記念として改訂発行されている。冒頭に「再版の辞」として、この辞典発行の方針が述べられている。

「凡そ台湾の政治経済社会教育実業等に従事せる重要なる人士はその階級を問はず悉く収録し、以て斯界の歴巻たらんことを期す。而してその内容は本社の公正なる立場に於て一切の情実を排し、全島に散布せる通信網を総動員して調査したものであるから、その適正にして精密なるは恐らく本書の右に出づるものなしと信ずる」。

『台湾人名辞典』には日本人および台湾人の各界で活躍する人々、日本人一一四三名、台湾人一六五八名が列挙されている。本章で注目したいのは、書房に学んで、さらに公学校およびその後の教育機関に学んだ人々である。また、公学校に学んで、さらに漢文の素養をつけるために、書房に学んだ者を調べた。『台湾人名辞典』に記載されている人々は普通の人々ではないが、台湾の指導層に属する人達が台湾における

【表 2：書房・公学校に学んだ人々の一覧】

（1）書房に学び、公学校に学んだ人々

名前	生年月日	居住地	職業	書房	公学校
1. 王傳房	M31.6.1	新竹州桃園郡	庄協議会員	M40-44 抗子茂林齋書房に学ぶ	M45- 大 6 南崁公学校卒業
2. 何天佑	M31.11.16	台中州大屯郡	庄協議会員、南屯図書館長	6 才より書房に学ぶ。改良書房を創設。	公学校を卒業後公学校の教師。
3. 郭雪湖	M41.2.12	台北市	東洋画家	8 才より書房に学ぶ	16 才公学校卒業 台北工業学校木工科に進む
4. 郭延俊	M15.9.5	台北市	実業家	幼少にて書房に学ぶ	M30. 4国語学校付属公学校卒業
5. 阮朝江	M23.1.10	高雄州東港郡	屏東信託（株）	書房で学ぶ	公学校にも学ぶ
6. 呉振楚	M38.5.29	台中州南投郡	華南製粉工場専務理事	12 才まで江斗南書房で学ぶ	大正 11、南投公学校卒業

7. 黄運元	M28.9.6	新竹州苗栗郡	街協議会員	6才にて書房に学ぶ	9才より公学校入学、15才台北の国語学校に入学
8. 黄昆振	M36.11.26	台中州大甲郡	大安信販購利組合常務理事	M45. 1東勢尾書房に学ぶ	大正7.3大甲公学校卒業
9. 謝國器	M17.10.6	基隆市	基隆総商会副会長	M29-34 内湖庄の書房に学ぶ	M35基隆公学校付属夜学舎に学ぶ
10. 鐘同家	M31.2.1	高雄市	億記精米所主	幼少より書房に学ぶ	高雄第2公学校卒業
11. 曾成	M20.4.27	高雄州鳳山郡	仁武信用組合常務理事	幼少より書房に学ぶ	M40楠樟第2公学校卒業
12. 陳睿	M32.8.18	台南州東石郡	六脚庄助役	幼少に書房に学ぶ	大正6蒜頭公学公を卒業
13. 陳皆興	M32.9.7	高雄州鳳山街	鳳山製氷会社社長	幼少より書房に学ぶ	高雄第2公学校を卒業
14. 陳清文	M41.3.4	高雄州鳳山郡	庄助役	大正5-8書房に学ぶ	大正13鳳山公学校卒業
15. 范寶動	M22.2	基隆市	基隆市会議員	7才より夢松書房に学ぶ	新埔公学校卒業
16. 森本文波（張夙）	M20.1.11	神戸市（台南生まれ）	大徳洋行取締役、海産物商	幼少に書房に学ぶ	公学校を卒業
17. 楊宗城	M27.6.27	彰化市	大新商事（株）専務取締役	7才より復初斎書房に学ぶ	17才の時、彰化公学校卒業
18. 楊飛龍	M31.12.2	台中州能高郡	国姓庄協議会員	3年間書房に学ぶ	公学校を卒業
19. 林抻	M16.10.18	台中市	復興商店主	M23-28 書房に学ぶ	大正6公学国語夜学校
20. 林垂拱	M28.4.28	台中州大屯郡	太平信販購利組合長	8才より書房に学ぶ	17才で公学校終了
21. 林錫爵	T2.2.18	台中州大屯郡	資産家、慈善家	幼少より書房に学ぶ	公学校に学ぶ
22. 林崧雨	M23.12.2	台中州南投郡	同源圳水利組合評議員	6才より書房に入る	M 39南投公学校卒業
23. 林先水	M32.4.5	台中州大屯郡	台中州米穀商同同業組合支部長	林思訓書房にて学ぶ	書房の後、公学校を卒業

24. 林文樹	M35.6.24	台北州新荘郡	三重埔信用購買販売利用組合専務理事	3 年間、書房に学ぶ	公学校卒業
25. 田文	M22.6.13	台南州新化郡	台湾製糖湾裡製糖原料委員	幼時より書房に学ぶ	M42.4-T2.3 大目降公学校に学ぶ
26. 呂延結	M25.1.2	新竹州大渓郡	貸地業、	社子書房に学ぶ	楊梅公学校を卒業
27. 黄水獅	M33.1.6	台南州東口郡	明糖原料委員	修徳書房にて学ぶ	T6.3 蒜頭公学校を卒業
28. 陳登元	M17.4.7	台北州梅山郡	嘉禾拓殖（株）社長	6 才より書房に学ぶ	12 才より公学校に入学
29. 羅阿為	M28.7. 7	新竹州竹南郡	南庄協議会員	M37 より 4 年間書房に学ぶ	M45 三湾公学校を卒業

（2）公学校に学んだ後、書房に学んだ人々

名前	生年月日	居住地	職業	書房	公学校
1. 郭兆才	M36.12.1	新竹州苗栗郡	廣裕精米所工場主	公学校卒業後 2 年間学ぶ	大正 7.3 苗栗公学校卒業
2. 黄智武	M19.2.1	台北市	土地建物業	M30-34、4 年間書房に学ぶ	M29-30、国語伝習所に学ぶ
3. 蔡金池	M27.10.12	基隆市（神戸）	貿易商、	公学校卒業後数年間学ぶ	M43 台南第二公学校卒業
4. 林迦	M21.4.20	高雄市	林迦物産社長	公学校卒業後書房に学ぶ	高雄第一公学校卒業
5. 林添福	M25.1.20	台北市	鉄工場（車輪）経営	公学校卒業後 3 年間書房に学ぶ	台北市太平公学校卒業
6. 林濱	M33.8.17	台中州南投郡	南投信用組合長	江斗南書房にて 3 年間学ぶ	南投公学校実業科卒業
7. 林茂已	M30.11.15	台南州新化郡	新化信販購組合長	公学校卒業後書房に学ぶ	公学校卒業
8. 温阿安	M30.10.1	新竹州竹南郡	三湾茶業組合長	公学校で学んだあと徐永仙書房で 10 年学ぶ	M40.4　頭分公学校入学、病気のため中退

出典：『台湾人名辞典』日本図書センター、1989 年より作成。

書房に学び、また公学校にも学ぶという事実を知ることができるのである。

書房に学び、公学校を卒業した人物一覧（二九名）、公学校卒業後、書房で学んだ者八名を表2（1、2）にあげる。

『台湾人名鑑』には多くの場合幼少に漢学を学ぶとあるが、家庭教師、父親、独学などで漢文を学んでいるものの、公学校入学前と卒業後に書房で学んだ者は計三七名いる。

公学校を媒介として日本語を学ぶが、同時に日常生活または職業上必要な漢文の学習は書房によって養われたのである。

第三節　『台湾新民報』に見られる公学校増級・増設要求

『台湾新民報』は日本統治下において唯一と言える台湾人主体の新聞媒体であるが、第三時期にあたる一九三三年までの新聞しか復刻版として出版されていないので、一九三〇年の記事を中心に紹介したい。

（1）第一番目の記事は、「植民政策に禍される？　義務教育を何故施行せぬか　台湾統治の成功如何は教育の普及を持って論断す」（昭和七年三月一二日、四〇六号）である。この記事は、台湾児童は就学したくとも学校の施設がなく、特に都市部では深刻であると報道している。台湾人児童の就学率は一〇〇人に対し三〇人以下であるが、台湾において台湾人児童とは別に設置された小学校に学ぶ日本人児童の就学率はそれに比べ九八パーセントと非常に高いのが実情であった。また、台湾師範学校と台中師範学校が設立されているが、公学校の学級数が増えないので台湾人の師範学校を卒業する教員の仕事がないと『台湾新民報』で報道された。

（2）第二番目の記事は「志願者定員超過し、新入生の収容不能　責任は街当局の無関心　増級又は新設を断行せよ」（昭和七年三月一二日、四〇六号）である。台中州豊原公学校の昭和七年度新入生募集定員が二八〇名（四学級）で、一学級七〇人程度になる。しかし、申込者は三四〇名以上であった。新聞記事には、「学校当局は定員超過防止策として、新入生徒申込者に対し、一々頭、手、足、目、鼻、耳の詞を、国語で答へさせ、尚ほ黒、赤、黄、白の色合いの識別、数へ方等の試験方法を採って居ったが、田舎生まれの子供達は、ほとんど国語で答へることが出来なかったのは勿論である」とあり、父兄達が日本語による無理な試

【表3：公学校の就学率】

	男	女	計
1933（昭和8）	52.83	21.17	37.44
1934（昭和9）	54.71	23.04	39.33
1935（昭和10）	56.83	25.13	41.47
1936（昭和11）	59.14	27.37	43.79
1937（昭和12）	62.04	30.24	46.69
1938（昭和13）	64.49	34.12	49.82
1939（昭和14）	67.17	38.10	53.15
1940（昭和15）	70.57	43.64	57.57

出典：李園会『日本統治下における台湾初等教育の研究』上巻、台湾省立台中師範専科学校、1981年、1346頁

験を非難していることを報道した。

（3）第三番目の記事は、「公学校的入学難　志願者超過二、三百名市当局少誠意　父兄講究善後策」（昭和七年三月一九日、四〇七号）というものであり、入学難に対する対策を当局者に求めている。新竹市第一公学校の昭和七年度新入生募集は二八〇名（定員）であるのに対し、志願者は四二〇名あまり。一四〇名の超過をどうするのかというのが問題で、新入生の保護者達は新竹市の当局者に善後策を求めている。

公学校数は第一時期の初めには七六校で、生徒数は六一三六人だったが、一九一八（大正七）年になると、公学校三九四校、生徒数一〇七六五九人になる。しかし第二時期になると、四三八校、生徒数一二五一三五人が、七六二校、二八三九七六人と、公学校数も生徒数も倍には増えるものの、一九二三年と一九三三年を比べてみると、それぞれ七一五校と七六二校でほとんど増加していない。また生徒数もさほど増加していない。しかし、第三時期の終わりの一九四一年になると公学校も一〇〇ほど増加しており、生徒数は三〇九七六八人から六九〇六七〇人と約二倍に増えているのである。

【表 4：正式に認可を受けた書房一覧】

地区別	所在	塾師姓名	書房名	学生数			年代設置	備註
				男	女	計		
新竹街	南門外	李謙一	静課軒	27	1	28	大正 13 年	
新竹街	西門	胡錦標	養蒙書房	35	5	40	〃	
新竹街	南門	張麟書	漢文専修書房	26		26	〃	
新竹街	金山面	高世元	養正書房	35	5	40	〃	
新竹街	北門	張寿	学渠斎書房	43	11	54	〃	
新竹街	同	鄭得時	六也書房	80	10	90	〃	
新竹街	湳雅	鄭鋭	集盆堂	12		12	〃	
新竹街	客雅	謝華英	育英書房	35	5	40	〃	
紅毛庄	稲興	温阿禄	維新書房	25	1	26	〃	
湖口庄	崩坡下	周阿青	文行書房	49	4	53	〃	
新埔庄	南打鉄坑	劉阿栄	桂林書房	20		20	〃	
新埔庄	五分埔	詹文光	維新書房	11	9	20	〃	
新埔庄	枋寮	陳阿伸	学古書房	46	2	48	〃	
新埔庄	汶水坑	鄭維海	東山書房	21		21	〃	
関西庄	馬武督	謝亮昌	馬武督書房	61	7	68	〃	
関西庄	赤柯山	羅碧恭	大正義塾	34	6	40	〃	
六家庄	三嵙店	陳万発	育英書房	32	2	34	〃	
横山庄	南河	甘承宗	国語教授所	46	14	60	〃	
横山庄	九讃頭	甘承宗	国語伝習所	38	3	41	〃	
竹東庄	上坪	葉秋亮	就道書房	36	3	39	〃	
芎林庄	上山	何礼彬	修道書房	27	1	28	〃	
関西庄	馬武督	陳昌田	馬武督書房	68	7	75	大正 15 年	大正 15 年陳祖栄と共同経営名義上は日本語を教授することとしていたが実際は漢文を教えていた。
関西庄	赤柯山	羅碧恭	大山義塾	60	3	63		同前
横山庄	南河	張文勳	南河国語教授所	28	5	33		名義上は日本語を教授することとしていたが実際は漢文を教えていた。
横山庄	大肚	張文勳	大肚国語教授所	39		39		
横山庄	八十分	葉阿昻	海山書房	25	2	27		同前

出典：『台湾省新竹県志』第四部、新竹県政府、1976 年、121 ～ 125 頁。
（李園会『日本統治下における台湾初等教育の研究』上巻、台湾省立台中師範専科学校、1981 年、757 ～ 758 頁所収）

【表 5：未公認書房一覧】

地区別	所在	塾師姓名	書房名	年代	備註
新竹街	北門前街	魏篤生	敬英軒	約 60 年前	儒士、設塾十数年にわたつている。
新竹街	西門外五甲	童尚義		〃	儒士
新竹街	北門　北郭園	連文逸	浣花居	〃	儒士
新竹街	〃	戴珠光		〃	庠生
新竹街	崙仔呉欽栄宅	王石鵬	養正軒	〃	儒士
新竹街	南門　関帝廟	呉逢沅		〃	庠生
新竹街	大南勢　郭宅	汪式金		〃	儒士
新竹街	大南勢　郭宅	荘清河		〃	儒士
新竹街	東門　暗街仔	高華袞		〃	
旧港庄	猫児錠後面庄	曾吉甫		〃	庠生
新竹街	湳門	沈紅梅	静遠書屋	〃	
新竹街	南門　義滄辺	鄭旭東		〃	庠生
新竹街	北門街	張廸吉		〃	庠生
新竹街	後車路	黄子清		〃	
新竹街	北門街	周国珍		〃	
新竹街	西門外	周莊霖		〃	
新竹街	北門　李陵茂	李子瑜	敬軒	〃	
新竹街	南門街	黄潜渊		約 40 年前	
新竹街	北門前街	李錫如		〃	
新竹街	巡司埔	蔡道元		〃	
新竹街	北門街	蔡明心		〃	
新竹街	北門街	蔡明心		〃	
新竹街	水田街	呉蔭培		〃	
新竹街	同	鄭斉卿		〃	
新竹街	北門崙仔	黄世元		〃	
新竹街	南門街	陸金竜		約 20 年前	
新竹街	北門街	葉文樞	読我書斎	約 40 年前	庠生
新竹街	水田呉宅	鄭家珍	耕心斎	〃	挙人
新竹街	北門後車路	張純甫	堅白書屋	約 30 年前	
新竹街	西門石坊脚	洪文波		約 40 年前	
新竹街	青仔行	陳春源		〃	
新竹街	石坊脚　童厝	童甘微		〃	
新竹街	西門外客雅	張順仁		〃	
新竹街	西門外客雅	荘鼎洲		〃	
新竹街	西門外小南勢	楊省三		〃	
新竹街	南門	荘景南		〃	
新竹街	南門	沈秋澄		〃	

新竹街	北門　後車路	許潤		〃	
新竹街	南門	何文筆		〃	
新竹街	暗街仔	何道中		〃	
新竹街	東勢	鄭芸詩		〃	
新竹街	東勢	張星川		〃	
新竹街	城隍廟後	呉逢清		〃	
新竹街	南門	范耀庚		〃	
新竹街	南門　竜王祠	査鴻章		〃	
新竹街	南門　育妥堂	林在栄		〃	
新竹街	南門　公舘埕	許謙六		〃	
新竹街	南門	張鏡涛		〃	
新竹街	〃	梁定		〃	
新竹街	〃	梁蒼年		〃	
新竹街	〃	陳富春		〃	
新竹街	北門	謝晴皐		〃	
新竹街	〃	陳信斉		〃	
新竹街	〃	鄭虚一		〃	
新竹街	北門後街	李倬章		〃	
新竹街	北門　金徳美	張金声		〃	
新竹街	北門	楊礼		〃	
新竹街	北門外	高世仁		〃	
新竹街	〃	張鏡邨		〃	
新竹街	沙崙	陳宝炬		〃	
新竹街	水田	高福慶		約 25 年前	
新竹街	西門	鄭培基	樹徳書房	約 40 年前	
新竹街	魚寮	沈江楓	竜渊書房	〃	
新竹街	南門　関帝廟	曾秋涛		約 20 年前	

出典：前掲書『台湾省新竹県志』、121 ～ 125 頁。（学生数の列は省略、記述なし）
（前掲書『日本統治下における台湾初等教育の研究』上巻、758 ～ 762 頁所収）

第四節　未公認書房について

（1）一九四三年に初等教育六年間の義務教育制度を台湾に実施することが、一九三九（昭和一四）年に決まるが、この年に書房が全廃になる。一九三九年にはまだ一八あった書房が、一九四一（昭和一六）年には七つまで減少する。生徒数は二五〇名あまり。

（2）新竹県の認可を受けている書房は二六ヵ所、未公認書房は六三ヵ所。公認書房のほとんどは、公学校教育がおよばない農村、山間地方に設置しているが、未公認書房のほとんどは新築市街地に存在している。

（3）澎湖島：三〇もの書房が一九三九年以降確認されている。総督府の統計によると全台湾には一八しかない。公学校で午前中学び、午後の半日は書房で学ぶ[10]。

一九三三年から一九四五年までの日本統治下台湾における書房に関する資料は非常に少ない。第三時期に関しては、『台湾日日新報』および『台湾新民報』の記事を調べ、又地方の資料を捜す必要がある。

〔註〕

（1）渡部宗助「台湾教育史の一研究――明治30年代を中心に」、『教育学研究』一九六九年九月。
（2）弘谷多喜夫・広川淑子「日本統治下の台湾・朝鮮における植民地政策の比較史的研究」、『北海道大学教育学部紀要』第22号、一九七三年。
（3）拙著「台湾における書房教育の一考察――その実態と変遷」、『木野評論』京都精華大学紀要、第14号、相和五八年三月、四一～六二頁。
（4）拙著「日本統治下台湾における書房と公学校――一八九五年から一九一八年までを中心に」平成四、五年度科研費補助金研究成果報告書『戦前日本の植民地教育政策に関する総合的研究』代表：阿部洋、平成六年三月、六五～八一頁。
（5）台湾教育会編『台湾教育沿革誌』一九三九年［復刻版：古亭書屋、一九七三年］二二一頁。
（6）同書、四〇八頁。
（7）拙著「日本統治下台湾における書房と公学校――一九一九年から一九三二年までを中心に」『郷土史教育学術検討会論文集』国立中央図書館台湾分館、一九七七年、二九三～三〇六頁。
（8）高賢治『台湾三百年史』古亭書屋、一九七八年、三〇〇頁。
（9）『台湾人名辞典』日本図書センター、一九八九年（底本は台湾新民報社編・発行『改訂台湾人士鑑』、昭和一二年）。
（10）『澎湖県誌』教育志、澎湖県文献委員会、一九七三年、六三頁。

第5章　『帝国議会』における植民地教育をめぐる議論

——台湾・朝鮮を中心に

明治二八（一八九五）年四月締結の日清講和条約によって、台湾・澎湖島が日本に割譲されたのを初めとし、明治三八（一九〇五）年九月には日露講和条約により南樺太が日本の一部となり、同年九月には関東州が租借地となった。また、明治四三（一九一〇）年八月の日韓併合により朝鮮が日本の植民地となり、ついで大正一〇（一九二一）年には、南洋群島が委任統治地となった。以上の植民地のうち、日本の統治期間が長く、また日本語による同化教育のおよぼした影響がきわめて強かったのは台湾と朝鮮である。五〇年間の日本統治下台湾において、日本語普及率は、昭和一六（一九四一）年で五七パーセント、初等教育の就学率は七一・三パーセント（一九四四年）で、朝鮮の場合は三六年間の日本統治下で、日本語普及率は昭和一八（一九四三）年で日本語普及率三〇・七パーセント、初等教育の就学率は三八パーセント（一九四〇年）となっている。[1]

しかし、台湾および朝鮮における植民地教育政策は実際どのように決定され、方向づけられていったのであろうか。日本の植民地下の教育は文部省の管轄外に置かれ、台湾、朝鮮においては、それぞれの総督府による独自の教育方針が打ち出されていった。だが国内において、植民地教育に対する期待や意見が、教育界および帝国議会議員によって発せられ、それらが少なからず総督府の教育政策にも反映されたのである。

帝国議会の中では、とりたてて台湾、朝鮮およびその他の植民地における教育全般の在り方が論議されたことはなかったが、たとえば予算審議の過程で、国内の財政問題との関連で、植民地統治およびその教育が問題にされた。また、たびたび植民地に関する議員の質問や意見も出され、それらに対する政府委員の答弁もある。それらを見ることによって、帝国議会が台湾および朝鮮における教育政策とどのように関連していたかをある程度明らかにすることができるだろう。

第一節　台湾教育について

議会の台湾・台湾人観および台湾統治に対する意見

議会で台湾の教育に関する意見が出されるとき、それはいかなる台湾・台湾人観に基づいて、発言されていたのであろうか。第一二議会（明三一・五〜三一・六）において、竹内正志（進歩党）は、「台湾経営に関する質問」で、台湾を次のように位置づける。「台湾は申すまでもありませぬ、吾々四千万同胞が血を流して得ましたる所の今日唯一の占領地でありまする、遼東半島は諸君の御承知の如く、既に非常に血を流し大変金を費やして得たものでありますけれども一朝にして是は三国に捥ぎ取られて仕舞つたと云ふ今日の結果である、償金も取りましたけれども、其償金も大抵は今日使つて仕舞つたと云ふ有様、残る所のものは台湾――台湾一つあるのみである（略）之を十分に日本のものとすることが出来ましたならば、随分此台湾は大切なる處であろうと思ふ」（『大日本帝国議会誌』Ⅳ、九四八頁）と、日清戦争の結果得た唯一の植民地である台湾の経営の重要性を強調するわけである。

また、彼は地理的観点からも、台湾が大事なことを以下のように述べる。「台湾の地形は申すまでもなく、南は南洋諸島フヰリピンなどにも近く接して居ります、一葦帯水を隔てて支那の海岸福建省にも接して居ると云ふことであるから若し之を旨く治めると云ふことが出来ましたならば、日本帝国の力を支那の――台湾を旨く治めたと云ふことに就いては、其餘光が対岸の支那帝国にも普及し、支那帝国の人民も、日本帝国の治下に立ちたい、日本帝国の保護の下に住みたいと云ふ感化力を起させることも出来るのであります（略）政治上から申しましても、将来の通商貿易と云ふことから申しましても、日本帝国が南洋に向つて海上権を占めると云ふやうな点に於きましても、実に此台湾の統治、台湾の経営はと云ふものは大切であろうと思ふ」（Ⅳ、九四八〜九頁）。つまり、台湾が中国の対岸にあり、また南方に地理的に近いということから、南洋進出の上からも重要な位置にあることが指摘されている。

すでに日清戦争勃発後、とくに海軍は、戦略上、台湾を「台湾海峡の咽喉」として渇望していた。しかし、一方、野間五造（憲政本党）のように、「弾丸黒子の台湾抔は我眼中にはない」、むしろ「将来は大なる土地と大なる人民を包容すべき慶運を有つて居る」（Ⅴ、一七〇五頁）といった捉え方、つまり植民地に対する野望が台湾にとどまらないことを意味する発言もあった。

日本にとって台湾とは何かということに関して、議会では、台湾は「領土」か「殖民地」か、という形で議論がなされていた。第二一議会（明三七・一二〜三八・二）における「明治二九年法律第六三号の有効期間に関する法律案」の委員会報告において、大岡育造（立憲政友会）は、政府の台湾統治の方針をめぐって「内地同様に自然に導いて往（き）……内地同様」にするのかと問う。しかし、政府は「殖民地流に、之（台湾）を統治して往かなければならぬ」と断言をした（Ⅵ、四二四頁）。

これに対し、守屋此助（憲政本党）が、「彼の土を我領土とし、彼の民を我領民として此母国に同化せしめ我皇の化に浴せしむると云ふ事柄が、馬関条約で取りし以来のことである」（Ⅵ、四二七頁）と主張するような、領土にすべしといった見解が優勢であった。なぜ「領土」ということにこだわらなければならないのか。それは、台湾総督が独自の権限で台湾に関する諸規範を法制化するのではなく、議会の協賛を得て台湾における重大な意志決定がなされるべきだという主張が衆・貴両院で強かったからである。

では、議員たちは、台湾に住む住民をどのように見ていたのであろうか。台湾が日本の一部になった当初の人口は約三〇〇万人で、そのうち約一〇万人が高砂族（現在では高山族と呼ばれる）であったが、議会では台湾人のことを一般的に「土人」、そして台湾で使用されている言葉を「土語」と称していた。それに対し、日本統治下の台湾教育の基礎を築いた伊沢修二は、第一三議会（明三一・一二～三二・三）の貴族院で、「土人と申しまするか或は生蕃《せいばん》のやうに聞こえまするから台湾住民と申しまするが、台湾に支那から参つて移住して住んで居る住民である」（Ⅳ、一一六一頁）と述べている。台湾人の大部分は、主として福建、広東省から移住して来た者やその子孫からなるが、議会では、新版図の住民に対して、どの程度日本への同化を意図していたのであろうか。

日清講和条約の第五条には、台湾以外の土地に住むことを希望する者は、二年以内に所有財産を課税なしで売却し、去ることができるとし、それ以後台湾に住む者を、「日本国民と視為すべし」（Ⅲ、一八五二頁）と定められていた。明治二九年度予算案（第九議会）をめぐって、江藤新作（進歩党）は、台湾は経費ばかりかかって「割の合はぬ所」（Ⅲ、一九三七頁）と言いながらも、「南方の鎮」としてその重要性を認め、台湾人の同化を不可欠のものと考えている。

「台湾を斯くの如く日本の要鎮と為さんと致しまするには一方には台湾を以て台湾人をば日本人種同様に同化してしまふ、又到底王化に服せざる台湾土人は放捨してしまふと云ふことの策を取らなければならぬと考へる、此の策を取つて往かんとすれば、或は弁髪を断たしむるとか、或は阿片を厳禁してしまふとかは必要である、然るに斯の如き姑息なる手段を以て、阿片を許し、台湾の野蛮を養ふて置いて、其ために国法も破り、而して此の台湾が何になるか、要鎮にはならぬのである、台湾をして日本の南方の鎮を為さしめんとするならば、速に彼をして我王化に服せしめ、日本の風俗人情同様の土蛮をば為さしむると云ふことが必要である」（Ⅲ、一九三七頁）。

ただ単に、「南方の要鎮」としての地理的重要性にとどめるだけでなく、台湾住民の日本への同化を促進すべきことを彼は主張していたのである。

しかし、中国系民族である台湾人や台湾の先住民である高砂族を同化するのはきわめて難しい。そのことを野間五造（憲政本党）は、「台湾人を同化せしめんと欲すれば対岸に在る所の支那人の福建から厦門《アモイ》から悉く、日本人に同化せしめない以上は台湾だけ、同化せしむることは出来ない、（略）是はもう一つ進んで、四百余州の人民を同化せしむと云ふと到底出来ない」（Ⅴ、一七〇六頁）と述べ、台湾が中国大陸に接していることと、台湾人の中国への帰属意識が強いことなどから、同化させることがきわめて困難なことを指摘している。この同化の困難さが、台湾における教育政策にも反映し、領有後は、日本語による教育を主とすることに力点が置かれてゆくのである。

議会において台湾・台湾人のことがしばしば議論の対象となったのは、明治二九（一八九六）年に公布された法律六三号をめぐる論議においてであった。この法律六三号の第一一条には、「台湾総督ハ其管轄区域内ニ法律ノ効力ヲ有スル命令ヲ発スルコトヲ得」（Ⅳ、一一六〇頁）と規定されており、台湾総督の絶大な権限をめぐって、議会では激しい論争が繰り広げられたのである。

まずこの法律に賛成する側の意見を見てみよう。新井章吾（立憲政友会）は、第一六議会（明三四・一二～三五・三）で次のように述べ、総督による専制を正当化している。

「台湾人と云ふものは内地人とは固より異つて居つて久しく其専制の主義に養成せられて居る所の人民でございまするが故に総督府の威厳と云ふものが非常に必要なのである、然るに此総督府より発する所の此法律がなくしてからに一々是が帝国義会のために或は廃せられ或は改正せられると云ふやうなことでありまするすると云ふと総督府の威信と云ふものが此台湾人に対して大いに欠くる所がある、さうすると云ふと総督府に於て是を統御する上に於て甚だ不便なることがあるからして此台湾人を統御すると云ふ点に於ても此立法の権を総督に委託して置くと云ふ方が最も便利なることと思ふのである」（Ⅴ、一七〇四頁）。

また、第二一議会（明三七・一一～三八・二）における「明治二九年法律第六三号の有効期間に関する法律案」の審議で、竹越與三郎（立憲政友会）は、総督に与えられた権限が台湾統治上効果をもたらしていると次のように説明する。

「私は台湾を実見したことがあるが、諸君の言はれる如く、台湾に於て稍々秩序を回復して来て居る、土匪は全滅して居る、是等は一の成功と云つても差支ない、併しながら此成功を見たからと云つて、六三号の特別制度を取除いたならばどうである、其結果は稍々秩序を得たものが再び紊乱に陥ることにならうと思ふ、私は台湾の財政独立、土匪の全滅を以て総督府の功勲であると云ふことに躊躇はしないが、同時に我議会が寛大なる心を以て、之に自由を与へて治めさせたことが大原因であると思ふのである」（Ⅵ、四二八頁）。

竹越の言う「土匪の全滅」とは、明治二八（一八九五）年から三五（一九〇二）年までの台湾における武力抵抗運動の一つのピークが、その後、しだいに弱まっていったことを意味する（『日本統治下の台湾――抵抗と弾圧』[2]、三頁）。また台湾の財政独立は、児玉総督・後藤民政局長時代の明治三七（一九〇四）年に七〇万円の国庫補助を最後として確立する。総督が台湾において絶大な命令権を得ることによって、台湾統治がある程度成功を治めていると、竹越は法律六三号を評価したのだが、議会では、台湾総督の統治方針に対して、批判的な意見もかなり出されていた。

たとえば、第二一議会では、台湾総督の命令権に対して、貴族院議員の曽我祐準《すけのり》は、「六三号と云ふ法律は非常な法律である、如何なることでも総ての法律に代るものを台湾総督府に於て発することの出来る非常な権力のものである謂はば非常に切れる刀正宗の刀の如きものである、正宗の刀を得たと言ひさま無闇に之を振回して貰うては近所近傍の者は困るからどうか是は十分に謹慎にされん事を希望する」（V、一四一二～一四一三頁）と、総督の「非常な権力」を警戒する。

実際、法律六三号が公布されてから、明治三五年までに出された命令（台湾総督が発する法律に代る命令は「律令」と呼ばれていた）は九二件に及ぶが、その中の一つ、「新聞紙条例」による総督の言論弾圧に対し、竹内正志は次のように批判する。

「六十三号が成り立つて居る結果として総督府が勝手に出す新聞紙条例は随分厳峻なるものである……今の総督若くは今の民政長官が赴任せられた時分に成功したことは何であるかと云へば極端に言へば新聞紙を買収すると云ふことゝ土匪の治まつたことに附いては土匪を買収すると云ふことが総督の大なる手柄であつたらうと思ふ（略）兎に角御用新聞が沢山出来て唯一の反対の新聞即ち輿論を徴する所の民論を主張する所の一新聞紙がある其新聞紙に向つては随分激しい制裁を與へられて居るやうである（略）台湾の施政を謳歌する所のものは結構であるが若し台湾の施政に反対する者があつたならば其反対する所の民論輿論新聞紙の言論の如きは片端から圧へつけてどしどし厳峻なる法令で束縛をすると云ふような結果になつて居りはせぬか」（V、一七〇九頁）。

竹内正志は慶応義塾出身で、毎日新聞、大阪毎日新聞の記者となり、のち農商務省水産局長となっているが、議員のなかでも政府の台湾政策に批判的な立場に立ち、「新聞紙条例」に対しても、台湾の施政に反対する声が無視されていることを訴えている。法律六三号の第二条には、「前条ノ命令ハ台湾総督府評議会ノ議決ヲ取リ拓殖務大臣ヲ経テ勅裁ヲ請フヘシ、台湾総督府評議会ノ組織ハ勅令ヲ以テ之ヲ定ム」と、総督の発する命令も評議会によって審議され、拓殖務大臣を経るものと明示されていた。しかし、この評議会は総督の諮問機関で、会長は総督、副会長は総務長官、会員はすべて総督の任命で、二年の任期中にも解任することが可能で、総督の権限を拘束できるものではなかった（Ⅲ、一四〇二頁）。

この評議会をめぐって、貴族院の伊沢修二は第一三議会（明三一・一二〜三二・三）で、「明治二九年法律六三号改正」にあたって評議会に台湾人の代表を入れるべきであると主張した。伊沢の考える評議会の組織は次のようなメンバーから構成されるものであった。「総督、民政長官、陸軍及海軍高等官ノ内各一人、県知事ノ内一人、民政部高等官ノ内五人、上級法院検察官ノ内一人」、その他、満二五歳以上の男子で地租、または営業税一〇円以上を納める学識名望家四人である。しかし、彼らは台湾に一〇年以上居住した者でなければならないとしていた（Ⅳ、一一六八頁）。

伊沢が評議会の構成員に台湾人を入れるべきことを主張した理由は、台湾では市町村制がいまだ施かれていないので、台湾人の意思を発表する機関がなく、また一部には地方税を払わない動きがあり、そのため「台湾の人民の内の代表者を加へると云ふことは今日台湾統治の上に於て必要であろうと考えます」ということにあった（Ⅳ、一一六九頁）。しかし、伊沢が提案するこの修正案は、「元来新版図の台湾に対しては習慣風俗等が違つて居る」ところから、「到底此内地同様の立法を以て統治の目的を達することは出来ぬ」（Ⅳ、一一五〇頁）、という政府委員後藤新平の説明に示される政府原案の方が可決されたため、立ち消えとなった。

以上、何人かの議員の意見を検討してきたが、総じて議会の台湾の捉え方は、はじめての植民地に対する期待やその地理的重要性を認めながらも、財政的に非常に経費がかかり、日本には割の合わない版図ということであった。また、台湾人を同化させる必要性を感じながらも、それが非常に困難であることを認識していた。さらに台湾総督に対しては、伊沢修二や実際に台湾に行ったことのある議員の報告とか、新聞報道を情報源として、台湾統治に対して何らかの規制を加えようとする動きがあった。では、台湾における教育に対する議員の意見とはどのようなものであったのか。

台湾に関する教育意見——日清戦争から「新台湾教育令」発布まで

帝国議会で、台湾の教育に関して最も早く現われた意見は、第九議会（明二八・一二～二九・三）における教育高等会議開設に関して、柏田盛文（国民協会）が行なった質問の中においてである。彼はまず、戦争が終わった大切な時に、教育の基礎を固めなくてはならないと述べ、「一個の大臣などの勝手にする事の出来ない様にして置くのが必要である」と主張した。そして、台湾の教育にも言及し、それに関しては、「左程急ぐことではなかろうかと思ふのである、是をば初の中台湾に注意して一度定めた以上は成るべく変はらないやうなことをばして行かなければ占領地の人民と云ふものの信用を得ると云ふことは益々むつかしい」（Ⅲ、一四九五頁）という。つまり、台湾教育に関しては十分注意して方針を立てていかなければならないと主張したのである。

また、貴族院議員の久保田譲は第一〇議会（明二九・一二～三〇・三）において、高等教育会議の構成メンバーに台湾教育に関する代表者を加えるべきだと提案した。彼は、拓殖務省から誰か出るべきことを要求したが、この提案は受け入れられなかった（Ⅳ、五〇頁）。

台湾は日本最初の植民地となったが、台湾に関する費用は、明治二九年度では、総予算歳出額一億五二二七万円のうち一八〇〇万円で、一割以上を占めていた。衆議院では第九議会において、星亨（自由党）が明治二九年度予算をめぐって、台湾の歳出額が多すぎること、また果たして台湾は日本に重要なのかということを次のように問題にした。「歳出は千八百万円ばかりの歳出に為つて居りますが、是は臨時軍事費抔は除き去つて、千八百万円ばかりの費用が入るのである。僅か六百万円を得るために千八百万円の金を費さなければならぬと云ふならば、利益の点から論じて決して割に合はぬことは明であらう」と述べるが、それでも「台湾をば日本の要鎮と為し、南方の鎮と為す」（Ⅲ、一九三七頁）という点から見れば、台湾は日本にとって不可欠の場所であろうと結論する。

ところで、台湾の経費を削減せよという声はかなり強く、たとえば、第一三議会において、貴族院で外山正一が文部省予算会議で台湾の事業への多額の支出を批判し、もっと国内の教育費へ回すべきではないかと以下のように述べた。「台湾の鉄道買収法が通過すれば、之を或政党員の調査の如く二億の公債を要するとすれば、高等師範学校増設のために二十万円やそこらは出して呉れても宜くはないか」（Ⅳ、一三五〇頁）。

明治三二年度の総予算は二億三四三四万円であるが、文部省の予算はわずか三〇〇万円しかないという現状が、外山にこのように言わせたのであろう。中島永元もこの議会で、三〇〇万円の予算では日本の教育はできないと言い、「それが台湾の教育とか台湾の文部省であつたならば三百万円位で済むか知れませぬが堂々たる大帝国の教育を三百万円位で教育をしやうと云ふことは元来が出来ないことである英吉利の如きは阿弗利加の植民地にでも三百万円や四百万円の教育費は使つて居る」（Ⅳ、一三五一頁）と言い、文部省の予算がヨーロッパの植民地並にすぎないことに強い不満を表明した。

台湾において多額の費用が使われたのは、「土匪」といわれる台湾人の抵抗運動を弾圧することと、台湾の独立財政をめざすための三大事業、すなわち縦貫鉄道の建設、築港、土地調査、および三大専売法、すなわち阿片専売、食塩専売、樟脳専売を実施するのに要する支出のためであった。台湾における教育費は、領有当初すべて国庫補助でおこなわれたが、徐々に地方税によってまかなわれるようになり、明治三一（一八九八）年以降は、大半が台湾における収入によって運営されている。そのことは次の表によっても明らかであろう。

この表1からも分かるように、明治三一年から街庄（下級行政機関で市町村にあたる）負担費と称する一種の寄付金で学校が維持され、また明治三一年七月に公布された「公学校令」以後、教育俸給および旅費が地方税によって支弁されるようになった。

台湾人児童のための初等教育機関である公学校は、明治二八（一八九五）年六月より同三〇年八月まで台湾総督府の学務部にいた伊沢修二によって、その基礎が築かれた。公学校の修学年限は六ヵ年で、教科目は国語、作文、読書、習字、算術、唱歌、体操などである。日本語による教育であったが、読書の時間には台湾語が使われたり、国語、作文の時間に台湾語の手紙の書き方なども教えられた（『台湾教育沿革誌』[3]、三二七～三〇頁）。

しかし、第一三議会において、台湾総督府事業費の明治三一年度予算は三〇年度の予算一四〇〇万から四〇〇万円が削減されることになり、民政局のスタッフも大幅に減らされ、公学校の実施が困難となった。伊沢修二は、明治三一年の教育費削減について、「乃木総督に対する具申書」で次のように述べている。

「教育ノ事ノ如キハ無形ナル精神上ノ発達ヲ期スルモノナレバ、局外者ノ得テ窺知スベカラザル機微ノ間ニ、一条ノ脈絡ヲ保チ居ルモノナリ。サレバ一旦其一部ヲ破毀セラルルガ如キコトアル時ハ、全体ノ気脈頓ニ阻喪シ忽テ其発達ノ止マルノミナラズ、従前ノ辛苦労費ハ挙ゲテ水泡ニ帰ス。（略）四百万円ノ削減固ヨリ少額ニ非ズト雖モ、若シ教育ヲ重要視セラル、ナランニハ、一千四百万円中僅々三十万円ノ教育費（三〇年度）何カアラン。又来年度ニ至リ教育費ハ増シテ四十余万円ニ至ルトスルモ、一千万円中ノ四十万円マタ何ノ苦トスルコトアラン。之ヲ警察費ニ比較スルモ、衛生費其他ニ比較スルモ、実ニ教育費ノ過少ナルハ明白ナル所ナルベシ。而シテ新領土永久ノ保安富貴ノ基礎ハ教育ヲ舎テ将タ何物ニカアリントセン」（『伊沢修二選集』[4]、六二七

表1　台湾における教育費負担の推移

年度	国庫補助	地方税	街庄負担費	合計
明治 29	141,441	–	–	141,441
31	190,233	–	22,782	213,016
33	223,153	157,047	52,537	432,737
35	183,613	194,518	79,482	457,613
37	127,467	294,041	80,381	501,889
39	162,985	357,686	272,732	793,403

（吉野秀公『台湾教育史』昭和 2 年、p. 237）

頁)。

結局、この公学校の教育費削減をめぐって、彼は、民政長官水野遵とも対立し、そのため明治三〇年八月に台湾を去ったのである。「公学校令」は、児玉総督時代の明治三一年七月に公布された。公学校は主として地方税支弁によって維持されたが、このことについて、第一三議会で野間五造(憲政本党)が、「台湾施政に関する質問に関する演説」の中で、「土人教育に関して今後当局の方針について問うている。

「此教育は全体此間中新聞にも書いてありましたが、今後地方税を以て教育費に充てると云ふことに方針を定めたと云ふことでありますが、兎に角地方税は只今申した通り完全に納まる性質のものでない。それで是は台北だけには地方税はあるが南の方には何もない、なにもない所では地方税を取り立てることが出来ぬからさう云ふ所には教育をしないのかと云ふことを伺いたい。教育を地方税を以て造ると云ふことであると地方税の集らない所は教育を施さぬと云ふことにも極端に云へば聞える。私は之に就いて詢に今の当局者が教育を冷淡に付して居るのではないかと云ふことを伺ひたいのでありますす」(Ⅳ、一七四三頁)。

「地方税がとりたてられない状況」というのは、明治二八(一八九五)年から明治三五(一九〇二)年までは、台湾人による武力抵抗が続き、また地方税が取り立てられたがゆえに抵抗運動の起った地方もあった状況を指す。この野間五造の質問に対する政府の答弁によると、地方税をとりたてられない場合には、「国費を以て国語伝習所を置き之を掌理せしめ益々其の普及を期たいせり」(Ⅳ、一九六二頁)

するということであった。しかし、実際には国語伝習所は廃止の方向にあり、明治三一年の公学校令公布以後は四校のみが存続、同三三年以後には台東、猪勝束《テロソ》の二校だけが残されることになった。この二校は高砂族の教育を目的としたものであったが、明治三八年になると、国語伝習所もすべて廃止されている（『台湾教育沿革誌』[5]、二〇二〜三頁）。

したがって、台湾の初等教育は基本的には、地方税にその財政基盤を置くことになるが、地方税のとれるところは、いわゆる「土匪」の帰順したところで、「公学校令」が公布された明治三一年には、七四校の公学校が設置され、生徒数は七八三八人であった。

帝国議会の本会議においては、台湾の教育に関する制度や教育内容に関しての質問はほとんどなかったが、予算委員会ではしばしば質問が出され、台湾総督府の民政長官などが、きわめて詳しい報告や説明を行なっている。たとえば、原田赳城（帝国党）は、第一四議会（明三二・一一〜三三・二）の予算委員会で、公学校の教育内容に触れ、台湾総督の教育方針について、「公学校ニ於テハ矢張従前ノ如ク支那ノ版図ノ時ノ如ク台湾ノ国語ヲ教ヘテ居リマス、斯ウ云フコトヲ聴キマシタ、是ハソレデ宜シイト云フ当局者ノ御意見デアリマスカ、将又今度ノ如ク一般教育ヲ普及サセテ往クト云フコトハ、今日ノ国情上ニ於テ出来マセヌノデアリマスカ」（一四・衆・予・明三二・一二・七）と、公学校において台湾語を教科目として教えていることに関して質問している。

原田は栃木県師範学校を卒業し、小学訓導、私立教育会長、島根農会長、隠岐水産組合長などの経歴をもつ人物である。彼が質問した台湾の公学校の台湾語教育は、従来からあった台湾人のための初等教育機関である書房から公立学校へ台湾人児童を入学させるために伊沢が考えた方策に由来するものであった。この原田の質問に、政府委員の後藤民政局長は、急激な同化主義教育は取るべき方策でない、と考えて次のように説明していた。

「往々ニシテ急進ニ教育ヲ普及スルコトヲ主張スルモノモアリマスルシ、當局者ニ於テモ教育ノ普及ハ望ム所デアリマスルガ、許多ノ植民地ニ於テ此学者ノ云フ所ノ同化主義ヲ普及スルタメニ急ニ教育程度ヲ進メテ、而シテ回復スベカラザル弊ニ陥タ所モアルシ、又向フノ民心ニ附イテ考ヘテ見マシテモ、此教育ノコトハ如何ニモ鄭重ニ徐徐ニ進ンデ行カナケレバナラヌ、唯国語ト云フモノヲ広ク及ボシテ日本語ノ分ルト云フ迄ニスルト云フコトハ、成ルベク急激ニスル教育ト云フ全体ノ趣旨カラ云フト、餘程謹デ往カヌト新植民地ハ往カヌト云フガ、総テノ植民主義ノ定論デアルト云フテ宜イ位デアリマスカラ、當局者ハ其事ハ愼デ徐々ニ拡張シテ往ク積リデアリマス」（一四・衆・予・明三二・一二・七）。

後藤新平の台湾統治における最大課題は、台湾の独立財政の確立で、教育に関してではなかった。むしろ、三大事業である鉄道建設、築港、土地調査を行い、樟脳《しょうのう》（楠（クスノキ）の幹、根を蒸留して得る結晶で、セルロイド、防虫剤、カンフルなどの薬品に使用）、塩、阿片の専売制の実施、および糖業を改良することによって、台湾の財源を国庫補助に依存させないようにすることであった。したがって、後藤は急激な日本の同化教育政策に反対で、教育に関してはいわゆる「無方針主義」をとっていたのである。

公学校設置以後、この学校に勤務する日本人および台湾人教師の給料は地方税によって支弁されていたが、第一四議会には、本国の学校教員に準じて「教員の退隠料及遺族扶助料に関する法律案」が政府提出案として上程された。政府委員石原健三内務参事官の貴族院での説明によると、この改正の意見は、「教育を普及する上に於て最も意を注がねばならぬのは立派な教員をして此台湾の教育事務に従事せしめることであろうと考へまする然るに今日に於きましては従事しまするときに其双方の間に於きまする恩給其他退隠料或は遺族扶助法の通算の上にまだ其途が開けて居りませぬ」（V、二二六頁）というものである。

公学校は設置されたが、その発達・普及は必ずしもはかばかしくなく、現に台湾の独立財政が確立する明治三八（一九〇五）年までに、その数が設立当初の七四校の約二倍、一四四校に増え、また生徒数七八三八名から二万八〇三一名に増大した程度である。なお、明治三八年当時の就学率は、四・六六パーセントという極端な低率であったが、実際に登校したのは、さらにその六割前後にすぎなかったという（『台湾教育史』[6]、一九九頁）。

第一六議会（明三四・一二～三五・三）において、鈴木万次郎（憲政本党）は、台湾における教育方針は内地同様の権利義務を台湾人に与えていくようにするのか、それとも植民地として商業、工業を発達させるための教育を施すのか、と次のように政府に質問した。

「台湾と云ふ土地は内地同様に茲に所謂近き将来に於て内地人と同様の権利も與へ義務も負はせ同等のものにすると云ふなら之に向つての教育の方針もあろう又之に反して到底此台湾と云ふ所はなかな

かさう云ふ所に力を用ひて金を費すこと多くしてそれだけの結果を得られぬから寧ろ此所五年若くば十年の間は商業に工業に平たく言へば台湾と云ふ店と云ふことにして専ら此處で産ませて寧ろ日本国より費すより彼から本国へ入れると云ふやうなことにして往かなければならぬ（略）所謂工業に関し『テクニカルエヂケーション』と云ふことをやつて往くやうにしなければならぬ」（V、一五六〇頁）。

これに対して、後藤民政局長は「台湾の教育のことは台湾で定められただけのことでありまして文部省には関係はない」（同前）と、鈴木の発言を受けつけなかった。台湾教育政策に対する関心は、教育界にもあり、たとえば雑誌『教育時論』（明三五・六・一五）の記事には、台湾の教育を総督府に任せる「特殊教育」ではなく「普通教育」として、当然、文部省に所管を移すべきだという主張もある。その理由として、台湾全島三〇〇万人の人口のうち学齢児童は約二七万人と推定されるが、明治三五年の時点で公学校は百数十しかなく、就学者は学齢児童の一割に満たないことから、これを総督に任せるのではなく文部省に所管を移し、「国民教育」の一環として、行なうべきであるという旨を主張していた。

鈴木の質問の中で問題になった、商業、工業に関する意見は、初等教育以後の実業教育機関に関する要望として、第二五議会（明四一・一二～四二・三）の予算委員会において、伊沢修二から提出された。彼は、台湾総督府経常部第一〇款の教育費は、台湾における日本人と台湾人の教育費を含んでおり、その額は一九万一二三七円であること、さらにこれとは別に、日本人のための中学校が六三万円をかけて設けられることについて次のように述べる。「台湾ノ島人ニ対スル有様ハ如何ト云フト、僅ニ公学ト云フ内地ノ小学校ノヤウナモノ、唯六箇年程度ノモノガアルノミデアリマス、ソレデソレヨリ以上ノ中等程度ノ学校或ハ実業学校ト云フモノハ一ツモ無イノデアリマス、本員ハ内地人ノ学校ノ為ニ立派ナ設備ガ出来ルノモ望ミマスガセメテハ六十三万円ノ半分クラヰハ彼ノ台湾島人ニ実業的ノ教育ヲ施スコトニ費ヤシテ貰イタイ」（二五・貴・予・明四二・三・九）。

要するに伊沢は、台湾人と日本人の教育に大きな格差があることを指摘し、台湾人の実業教育に積極的に力を入れるべきであると主張したのである。

ところで伊沢は、台湾人の就学者が公学校で三万五、六千人いて、毎年、修業年限六カ年を終了する者が千人近くいるが、卒業後進学する中等学校および実業学校がないと、四二年の時点における台湾教育の現状を説明し、進んで「日本人ノ小学校ヲ建テルコトナドニ付イテハ寧ロ台湾島人ノ即チ旧来ノ台湾ヨリ来テ居ル所ノ財源ノ何分ヲ使ツテ居リハシナイカ」（同前）と質問し、高等実科学校を明治四三年度から設置すべきことを強く要望した。伊沢の言う高等実科学校とは、公学校卒業者の進学する実業教育機関で、伊沢の希望した年度には設立されなかったが、やがて大正元（一九一二）年九月に、公学校卒業者およびそれと同等の学力を持つ者を対象とする工業講習所が設置された。この講習所は修業年限三年、入学資格を一四歳から二〇歳までとし、「職工タルニ必要ナル知識技能ヲ授クル」（『台湾教育沿革誌』[7]八八三頁）ことを目的としていた。

台湾においては、台湾人児童は公学校、日本人児童は小学校において別々に教育されていたが、田健二郎総督時代に「新台湾教育令」（大正一一年）が発布され、台湾人と日本人の共学制が初等、中等、専門学校レベルで実施された。第四四議会（大九・一二～一〇・三）において、「台湾に施行すべき法令に関する法律案」の審議過程で、この共学制がとりあげられている。この法案の討議の中で、中野正剛（無所属）は、台湾総督はいつまで専制政治をつづけるのかと問うたが、これに対し、最初の文官総督田が、今後の統治方針として、「益々台湾人民を向上せしめ、全く帝国臣民として何等差別無き迄、引き上げて来なければならぬ」（Ⅻ、八七七頁）と、「内地延長主義」の方策をとる旨を答え、このことの実現において重要な一環となる、日本人と台湾人の共学制度を実施する計画も述べた。しかし中野正剛は、この共学制に反対し、次のように言う。

「田総督の唯今の御答弁は、大体に於て自分の胸算用で、是は美事に行つて居る、是は間違は無いと云ふ調子で、全然台湾統治を挙げて一身の判断の儘にどうでもやれと云ふ、殆ど帝王に等しき態度であります（略）教育の普及を説いている台湾には中学がたつた一つしかない、小学校に共学制を設けたと言はるけれども報告せらるる通りたつた百人しか台湾人をいれない、其百人の入学を官僚の手心一つでやると云ふ、所謂『フエーボリチズム』が学校の制度の上にまだ行はれて居る（略）台湾人を日本人に同化せしめ得ると思か、異れる民俗を包容し其民族の長所を発揮せしめ、柳は緑、花は紅の大帝国を建設することが帝国の使命である、官憲の圧力を以て人心の同化を図ることが出来ると思ふか、それから恩恵主義は決して行はない、立憲的正々堂々と」行われるべきとした（Ⅻ、一二七八頁）。

共学制についてみると、「新台湾教育令」発布に先立ち、大正九年に台湾人が日本人の小学校に転校できる制度が作られ、九年度に小学校へ五七名が転入、翌大正一〇年には二一六名が編入している。

しかし「新台湾教育令」以後、共学制が実施されたにもかかわらず、初等教育の共学の実情は遅々として進まず、大正一一年の一四一名をピークに、むしろ台湾人児童の日本人小学校編入はしだいに減少する傾向にあり、昭和四(一九二九)年の台湾人共学生は全台湾でわずか八六名にとどまっている(「台湾教育史」(『世界教育史大系二』[8] 所収、三四〇頁))。また日本人児童の公学校への転入も、なんと昭和元年で台湾全島二一万名の公学生徒中一二名にすぎなかった(同前)。

台湾人の側もこの共学制には批判的であった。小学校入学の際に「過酷な試験」を行ない、たとえば台北の小学校の場合、一〇〇余名の志願者があったのに対して四〇名しか入学させなかったと、謝南光(台湾民報記者)は『台湾人は斯く観る』で指摘している。彼は、共学制を、「吾人から見れば、中等程度以上の学校から、台湾人子弟をロック、アウトする為だ」と評し、また昭和四(一九二九)年の時点で、従来台湾人だけを対象としてきた医学専門学校が、日本人三名に台湾人一名の割合になってきている、と強い不満を述べている(『台湾人は斯く観る』[9]、五三頁)。

中野の意見は、他の大半の議員が同化教育を行なうべきだとしていたのに比して、台湾人固有の民族性を保持すべきだという立場に立っている点で注目される。

さて、台湾人による直接的な教育要求は議会にはほとんどあらわれなかったが、ただ、台湾民選議員設立運動の請願書の一つにそれが見られる。台湾議会設置に関する請願は第四四議会に提出され、第一回目の紹介議員は貴族院の江原素六と衆議院の田川大吉郎(無所属)であり、以後、合計一五回の請願が提出された。それらの主旨は、法律六三号に基づいて台湾総督に与えられた命令権を廃止し、また、台湾人に対する待遇を日本人と平等にすべきことが要求された点にある。

第六回目に提出された請願理由書（第五〇議会、大正一四・二・一七、林献堂ほか七八二名提出）には、総督統治に対する不満の一つとして、台湾人の教育についてふれている。すなわち、「日本語を理解する台湾人総数の二・九パーセントに当る（大正九年十月一日国勢調査による）にも拘らず、普通教育令に於ては専ら日本語を教授用語と定め、児童の個性自由を妨げ、知育発達を遅らしめ、而かも従来制限教育の結果、就学希望者の児童を収容し尽さざる処多く、今日に於ても尚ほ台湾人学齢児童の就学比例大正十三年度僅か三二パーセントを示すのみ」（『現代史資料二一 台湾』[10]、一三六〜七頁）と、書かれていた。

議会では、日本語教育を媒介にして台湾人を日本人化すべし、という意見が多く、日本語による公学校教育を全台湾人児童に施すことを当然とした。しかしこの請願理由書では、台湾人の側から、日本語教育が台湾人児童の個性や自由を妨げ、知育発達を遅らせる、とその弊害を指摘している。以上、議員の台湾教育に関する意見を中心として見てきたが、台湾総督府による台湾教育政策とその現実に対しては、そこに多様な見方や関心があったことが分かる。

第二節　朝鮮教育について

議会の朝鮮・朝鮮人観および朝鮮統治に対する意見

前節では、日本にとっての最初の植民地台湾をめぐる議員の対応を見たが、次に朝鮮・朝鮮人観およびその統治に対する意見に目を転じよう。植民地になった当初の台湾の人口は約三〇〇万であったが、朝鮮の場合は日韓併合当時約一三一三万であった。植民地にになった当初の台湾の人口は中国本土から移民が渡ってきたのが一六世紀であるが、朝鮮はその歴史も古く、それだけ民族的意識も強かった。朝鮮における教育に関する議事は台湾と比べてなぜか少ないが、議員の朝鮮・朝鮮人観はどのようなものであったのか。

日露開戦に先立つ第一八議会（明三六・五～三六・六）において、衆議院議員望月小太郎（無所属）は、日本にとって朝鮮は国防上重要な地位にあり、また日本の人口が年々五〇万も増えていることから、朝鮮を日本人の移住地と考え、こう述べた。「朝鮮は一葦帯水の近距離にして第一に全羅忠慶尚の三道は富沃にして農業に適し桑業に適し加ふるに日本民族が前途亜細亜方面の発展膨脹する其商工業の基本地としてどうしても之を日本の手に持たなければならぬ」（V、一九一八頁）。

日露講和条約の結果として韓国統監府が明治三八年一二月に設置されたが、統監政治に関して大内暢三（立憲国民党）は、第二六議会で、韓国の統治方法が緩慢すぎるとして、次のように発言した。

「従来の統監政治は緩慢に過ぎ、韓国人の感想を帰一せしむるを得さるのみならず、却て文化の進運を阻礙しつつあるにあらさるか、我国が韓国の保護啓発に努むる所以のものは、我帝国の自衛上又民種の発展上必要を認むるのみならず、東洋平和の保障たるがためである、韓国が自営自治の能力を失うて以来、常に他国の誘惑又は干渉を受け其誘惑干渉が常に我帝国の自衛上に脅迫を為し、又此の如き紛擾が東洋の天地に波及して、列国平和経営に悪影響を及ぼし、過去数十年来此東洋平和に対するところの禍の根源は、独り此韓国に胚胎して居つたと云ふことは、今更私の言を俟たないところである」（Ⅶ、一五九九頁）。

日露戦争後の議会における朝鮮観は、朝鮮を自主独立不可能な国として捉え、また大内が言うように、「東洋平和に対する禍の根源」として考え、日本が当然保護啓発を行うべき立場にある、という認識が支配的であった。しかし望月は、朝鮮を自主独立の不可能な国としながらも、朝鮮人に対して次のような考えを持っていた。

「彼等（朝鮮人）は特有の歴史を有つて居るものである而も爾来は幾多の国難刺激に遭遇しても、復活するの機会がなくて滔々として老衰したる国民である（略）彼等は特有の政治があり、宗教があり、又教育がある、社会は一として生存して居ないものはないであるが惜しい哉其機関が如何にも形式的に虚飾的に流れて実質の之に伴はないと云ふ状態である、それで彼等は眼前のことには甚だ鋭い、併しながら始終長く防備の無いまま捨置かれたる国家の国民として又非常に圧倒し盡されたるところの国民として、常に最も強い者に頼つてさうして己の禍を逃れやうと云ふことのみ計り、常に巧言令色、従つて反覆常なく終に自治独立の気概を滅盡したるものである」（Ⅶ、一五九九頁）。

望月は、朝鮮人の持つ固有の歴史、政治、宗教、教育を認めながらも、社会制度が充分発達していないことから、もっと強硬な統治方針を打ちだす必要があると言う。ここで述べられているような、朝鮮人を「圧倒し盡される」弱い国民、強い者の顔色をうかがい、「自治独立」の気力がない人々として捉え、日本人を優位に置く見方は、議員の発言の中にしばしば見られる。この第二六議会が明治四三年三月に閉会された後、同年八月に、日韓併合に関する条約調印が行われるが、併合について、議員たちはどのように見ていたのであろうか。

議会では、日韓併合が通常議会、あるいは臨時議会を開かずになされたことに対して、強い批判があった。卜部喜太郎（立憲国民党）が第二七議会（明四三・一二～四四・三）で言ったように、彼らには政府が統監府を置いてから四年にもなるのに、何事も議会に諮《はか》らず、独断で行ったことに多大なる不満があった（Ⅷ、五四九頁）。また同議会で、鈴木力（立憲国民党）も、なぜ政府は焦って併合をしたのか、また国民にも諮らず財政上の緩急も問わずに、これを断行したのはなぜなのか、次のように質した。「韓国合併名は美なりと雖も、其実は吾吾国民に対して重大なる負担を余儀なくせしめ、直に財政に影響することは合併匆倉五千六百万円の事業公債を起さにやならぬと云ふ案を政府自身が出して居るのみならず、此韓国の経費に対しては約二千五百万円ばかりのものを要する」（Ⅷ、二四六頁）。

韓国を併合することが財政的に負担になると懸念されたわけであり、この問題に関しては、日向輝武（立憲政友会）も「此朝鮮の併合なるものは財政上我国に累を及ぼすことは極めて大なりと信ずる、今後其経費は益々膨張し、是がために生ずる国民の負担は益々増加して行くと云ふことは明らかである、何故に桂候は其実を明らさまに語つて、事を国民と共に図らないのであるか」（Ⅷ、五四一頁）と、意見を述べる。

財政問題だけでなく、日韓併合をめぐって朝鮮総督府の統治に対する批判も、議員の議論の中に見られる。日韓併合後の朝鮮総督府の統治に関して、議会で批判の対象となったのは、「会社令」や新聞の発行停止をはじめとする言論統制などであった。大竹貫一（無所属）は、「朝鮮総督の施政に関する質問」（第二七議会）の中で、明治四三年に日本が韓国を併合すると同時に出された「会社令」（朝鮮総督府令第一三号）による拘束は、職種の制限をもたらし、在朝鮮日本人に不平を与えていることを第一にあげる。また、「会社令」が日本人、朝鮮人にとって、不都合でかつ悪影響をあたえ、朝鮮人は事業を起こす意欲をなくしていると述べる（Ⅷ、七一三頁）。

「会社令」は、実質的には、朝鮮の民族資本の抑制を意図するもので、併合当初の明治四四（一九一一）年には、朝鮮人設立の会社は二七社だったが、六年後の大正六（一九一七）年になっても三七社とわずか一〇社しか増えなかった。一方、日本人設立の会社は、明治四四年の一〇九社から大正六年に一七七社に増えている（『日本統治下の朝鮮』[11]、三二頁）。この「会社令」は大正九年に廃止されるが、これは議会における一連の批判的な意見の成果ではなかっただろうか。

さらに、大竹は寺内総督の言論弾圧を問題にする。彼は、寺内がいっさいの政治結社、講演会、演説会を禁止し、御用新聞以外の発行を停止したこと、また日本から送られてくる新聞に対しても、厳しい検閲をもって臨んだことを批判した。

これに対する政府の答弁は、職種の制限に関しては朝鮮への日本人移民は奨励するが定職なきものは制限するとし、また「会社令」に関しては、有益着実なる会社の設立を最も切望すると答え、言論統制に関しては、秩序を乱す言論は厳しく取り締まるといったものであった（Ⅷ、七一二頁）。

また、第二七議会（明四三・一二～四四・三）では、総督府の言論抑圧や「会社令」に対して、大石正巳（立憲国民党）も次のように批判している。

「抑抑朝鮮を統治して行くところの大方針と云ふものは、朝鮮の産業を発達せしむると云ふことが主眼になるのです、又日韓の彼我の同化を速に図ると云ふことは是は主眼にならにやならぬ、（略）大体に於て朝鮮総督府の今日までやつて来たところの所謂警察の即決例或は会社令其他此新聞言論人民の自由権利――思想の自由に対する束縛的、圧制的の手段を執られたと云ふことは、是は争ふべからざることである事実は沢山あります、（略）況や現総督府の筆法政策と云ふものの傾きはどちらから之を批評致しても決して将来朝鮮を産業的に発達せしむる所以にあらず、又一面新聞、出版、集会の自由を禁じてやると云ふことは詰り教育上にも干渉を恣にして、朝鮮に於ける人智の発達を妨げると云ふことは疑もないことである」（Ⅷ、五四三～四頁）。

大石は、朝鮮の駐劄《ちゅうさつ》公使となり、また後には第一次大隈内閣の農商務大臣となる。彼は、朝鮮における統治方針の根本を産業の発達ということにおき、総督政治を「軍政的」、「束縛圧制的」と呼んで、総督の絶大な権力を警戒し、朝鮮統治に関しては、議会において法律を制定すればよい、と考えていた。

以上見てきた通り、議員たちの朝鮮観、朝鮮人観および朝鮮統治に対する意見は、基本的には、あくまで日本および日本人を朝鮮・朝鮮人よりも優位において、発言されたものだった。では、朝鮮における教育に対して、どのような意見が出されたのであろう。

朝鮮に関する教育意見

1　日露戦争から第一次世界大戦まで

帝国議会には、朝鮮における教育関係の議事はきわめてまれにしか登場せず、しかもその多くは、朝鮮人教育でなく、むしろ在朝鮮日本人児童の教育に関する問題であった。たとえば、第一四議会（明三二・一一～三三・二）へ上程された「在韓居留民団教育に関する建議案」（喜多川孝経〈憲政本党〉ほか三名）をはじめとする教育費国庫補助への要求がそれである。第二一議会（明三七・一一～三八・二）に政府提出案として登場する「在外指定学校退隠料及遺族扶助料法案」も同様の範疇《はんちゅう》であろう。在朝鮮日本人児童の教育に関しては、日本人児童一〇名以上がいるところは、国庫補助を受け、明治四四（一九一一）年にすでに日本人児童の就学率は九五パーセントを超え、大正一〇（一九二一）年には九九パーセントを超えている（「日本統治下の台湾・朝鮮における植民地教育政策の比較的研究」[12]、八七～八八頁）。ここでは、朝鮮における日本人児童の教育については詳しく述べない。主として朝鮮人を対象にした教育に関する議員の意見を見ることにする。

日韓併合の前夜ともなると、さすがに朝鮮問題、とりわけその教育に注目した発言もみられるようになる。たとえば、大竹貫一（又新会）は、第二五議会（明四一・一二～四二・三）衆院の「韓国統監政治に関する質問」において、韓国統監府が朝鮮において教育の基本方針を早急に樹立すべきことを強調し、朝鮮において教育方針を根本的に改革するさい、「一切日本語を以て韓国の臣民を教育することが何よりも先きに土台にならねばならぬ」（Ⅶ、九三八頁）と、日本語による教育を重視する。しかも、その根拠は、先に述べた議員の朝鮮人観にも見られるように、「独立の思想がない」ゆえに他国の言葉も覚えやすいといったものである。

「此独立の思想のない所の臣民と云ふ者は、他の国語と云ふ者を覚える事に付いて非常にやすいものであるさうである、世界中に於て一番外国語に巧みなる者は即ち韓人である、その次は支那人である、其次は露西亜人であると斯様に国語学者等が申すさうでありますが、（略）実に日本の言葉を覚ゆるに付ては非常に彼等は独特の頭を有つて居るのでありますから、決して日本語を以て韓国の言葉として教育することは少しも憚らぬのであります」（Ⅶ、九三八頁）。

朝鮮人に独立の思想がないゆえに外国語を覚えるのが得意ということから、日本語教育は当然という発想に問題があることはいうまでもない。ところで、大竹が日本語教育を行うべきだと主張する根拠には、さらに小学校教育において韓国語の使用を禁止し、ひいては韓国国王に対する「忠君愛国」

や「自由独立」の思想を排除しようとする意図もあった。また韓国には二〇万人近くのキリスト教徒がいることから、韓国に仏、米の外国人宣教師が多く来ると、韓国統監府の教育方針が乱れてしまう、という恐れもあった（Ⅶ、九三六頁）。朝鮮の場合、台湾と異なって、日韓併合当初には私立学校および高等教育機関が多数存在していた。とくにキリスト教系の私立学校では朝鮮語で教育をおこない、また朝鮮独立擁護の思想を養成していると、日本の政府当局は考え、それが排日思想につながっていると思われていた。そこで大竹は第二七議会において、キリスト教系の学校で「排日的教科書」が使用されていることを指摘し、これを取り締まるよう政府に要望したのである（Ⅷ、七一三頁）。

この質問に対する政府の答弁書には、教育は統治上緊要であるが、「政府は急激なる改革を避け漸を遂て改善するの適切なるを認め学制並に教科書の編纂に関し特に慎重なる調査を為し居れり」（Ⅷ、七六〇頁）とあった。

朝鮮の教育それ自体を取り上げた議事はきわめて少ないが、皆無ではない。たとえば、「朝鮮銀行法案」（政府提出）をめぐる議論の中に、朝鮮の教育と日本の文部省との関係についての質問がある。「朝鮮銀行法案」によると、朝鮮銀行は本店を京城におき、存立期間は五〇年とし、資本金は一〇〇〇万円とするとあるが、存立期間の延長および資本金の増加については、朝鮮総督の認可を受けることになっていた。衆議院では、その権限を「政府」にあると修正した。このことをめぐって第二七議会（明四三・一二～四四・三）で、貴族院議員の久保田譲が、朝鮮教育について次のように述べていた。

「朝鮮総督の権限は宏大な権限を与へられてあります、兵馬の権までも与えられて居る、其他行政百般のことに付いて総て朝鮮総督に御委任になつて居るのであります、然るに此銀行の監督に限つて朝鮮総督の監督では宜しくない、政府が之を監督しなければならぬと云ふのは如何なる次第でありまするか、（略）朝鮮のことには文部大臣は関係が無いと云ふことを申されたのであります、本員の見ます所に依りますれば、銀行が大切であるか国民の精神を統一することが大切であるか殆ど是は問題にならぬ位のことではないかと思ひます、其大切なる教育のことですら総督に一任されてあるのに、銀行のみ総督に委任することが出来ませぬと云ふことは、どう云ふ次第でありませうか」（Ⅷ、一八〇頁）。

この質問に対して、総理桂は、財政との関連もあるので朝鮮銀行に関する監督は政府が当たることになったと述べ、朝鮮教育と文部省の関係については説明をしなかった。しかし久保田は、朝鮮教育について文部大臣は関係なしというが、「併し是は餘ほど錯雑を致した問題で、且つ重大なる事と考へへますからして、是は委員会に於きまして篤と此趣意は能く御調べになりまして朝鮮統治上に誤りの無いやうに致したい」（Ⅷ、一八一頁）と述べた。

議会で議論があまり表面化しなかったことを反映したのか、朝鮮教育に対する世論はいま一つ盛り上らず、せいぜい雑誌『教育時論』が、「教育社会の人々」に「須く今より朝鮮制度改造の主義方法を講究し、一定の成案をたてて、当路者の参考に供するの用意なかるべからず」（『教育時論』、明二七・八・五）といった呼びかけをした程度である。朝鮮教育に関する意見が議会で発せられるのは、日本の植民地統治をゆるがすきわめて大きな出来事があるときに限って表面化してくるが、次に述べる大正八（一九一九）年に起った三・一独立運動も、その例外でなかった。

2　三・一独立運動をめぐって

日本統治下朝鮮に起こった三・一独立運動は全国各地に広まり、厳しい弾圧のもとにさらされた。一説によればこのとき、朝鮮人の死者七九〇九人、負傷者一万五九六一人、被検挙者四万六九四八人、のべ参加人員は二〇〇万人ともいわれる（『朝鮮近代史』[13]、一七九、一八九頁）。ところで議会では、この朝鮮独立運動はどのように捉えられ、また独立運動との関連で朝鮮教育について議員たちはどのように考えていたのであろうか。

三・一独立運動は第四一議会（大七・一二・二～八・三・三）の会期中に起ったが、独立宣言がなされた大正八年三月一日から一週間後に、衆議院では、川崎克（憲政会）が「朝鮮事変に関する質問主意書」（大八・三・八提出）を、また山道襄一（憲政会）が「朝鮮統治に関する質問主意書」（大正八・三・八）を提出している。

川崎の質問の主旨は、五点にわたる。まず第一に、朝鮮における「学生の行動と暴動」が全国各地に広まっているが、これは朝鮮統治の方針の誤りに基因するものだとし、治安維持のための政策はいかなるものであるかと問うている。第二に、今回の「暴動」の原因の一つは思想、宗教運動にあるが、これは外国人の煽動に根ざしているので、思想問題を解明し、教育方針の徹底的な改善が必要なこと。第三に、朝鮮の統治にあたっては、武断政治は適切ではなく、地方の公安の維持が必要であること。第四に、朝鮮人を文・武官に雇い、そして第五に、「日鮮人和協一致の機関を特設し、相互の理解に資すべき方法」を政府が検討すべきであるということだった（Ⅺ、一二四一頁）。

この質問に対する政府の答弁は、第一の質問に対して、「今回の騒動は所謂民族自決の標語を掲げ一部の者之か示威運動を為したるに因るものにして、一般人民は之に関与せるものにあらす」、第二に対しては、「今回の暴挙は民族自決に対する鮮人の誤解」によって起こったと同時に「迷信深き宗教類似団体」が加わったので、政府は「煽動者」を厳しく取り締まること。第三に、現行の警察制度は適当であり、財政の状況に照して、地方の治安維持を適宜措置する意志があること。第四に、官吏任用については朝鮮人に対して特別任用の途を開いているとし、第五に、「内地人の融和を図る為特設の機関を設くるの必要を認めす寧ろ国民一般の諒解と協力に依り全般の融和を計るの必要ありと思料す」と答えた（XI、一二三九頁）。

三・一独立運動に対する政府の見解は、一般人民が参加していないとするが、川崎は質問の要点にふれていないとし、再度質問演説を行なった。答弁は、一部の者の運動で一般人民は之に関与していないというが、実際には、都市を中心とした宗教家、学生、教師が主力となり、農民、労働者を含む全土的な蜂起へと、一気に拡がったのではないか。また、川崎は、独立宣言とそれ以後の運動の原因を、天道教、また反日感情をもつ満州在住の朝鮮人、さらに普通学校、宗教学校の学生が中心となったことを指摘する。ついで総督府が同化政策を行おうとしている学生がこれに加わったということは、明らかに同化政策の失敗を証明するものであるとし、「同化政策を行ふには、必ずしも学校教育に依ると云ふ事は不可能である、其他種々なる機関がなければならぬ」（XI、一二四五頁）と述べている。

川崎は、朝鮮人児童を対象とした学校教科書は、本来文部大臣の許可を受けなければならないのに、総督府が独断で編纂しているという。朝鮮における普通学校の教科書の中には、祖先崇拝を教えているものもあるので、「同化政策の根本である学校教育の、更に根本思想という問題について、現在の教科書をいかに改廃すべきか」（XI、一二四六頁）と質問する。

三・一独立運動をめぐるもう一つの朝鮮統治に関する質問は、山道襄一（憲政会）によってなされたが、それは主として、朝鮮における教育方針に関するものであった。山道は、朝鮮の統治にあたって産業、制度の改善を重要なものとしつつも、形式的な整備だけでは不十分で、「人民統治の根底に触れさるの結果」として今回のような事態も起こったのだと述べる。彼はまず、朝鮮におけるキリスト教系学校は排日思想の養成所で、朝鮮人の青年少女を教育するのは好ましくないと述べ、「善良なる国民教育を施す為義務教育制度を採用するの意志なき乎」（XI、一二四三頁）と質問した。この点に対して、政府は、「朝鮮人子弟に対し義務教育制度を設くるは未た其の時機に非す」（XI、一二四〇頁）と答えた。

質問の第二は、朝鮮人を日本人と分離して教育すべきではなく、むしろ日本人と朝鮮人を一緒にする「合一教育」を行うべきだとする点である。朝鮮人と日本人の共学制度に関しては、「現今に於ては民度及言語に差異あり一般に合同教育を為すことを得す、但し事情の許す限り希望により便宜内地人を教育する学校にも鮮人の入学を許し又鮮人を教育する実業学校及専門学校にも既に内地人を収容し合同教育をなしつつあり」（XI、一二四〇頁）、というのが政府の考えであった。しかし初等教育における共学の実態を見ると、朝鮮人は普通学校、日本人は小学校に学び、昭和一〇（一九三五）年の時点でも、小学校五〇一校生徒総数八万六七七五名に対し、朝鮮人児童はわずか二〇六一名しかいなかった。普通学校の場合は、計二四九八校の七九万八八四一名に対し、日本人児童は六一七人だけであり、台湾の共学制の状況と共通したものがある（『朝鮮教育史』[14]、二六五頁）。

山道の質問の第三は、キリスト教系の学校についてである。キリスト教系の私立学校は、「修身作文翻訳歴史等の各学科に於て韓国独立思想の鼓吹に努め而も運動会に於ては父兄其の他の群衆を集めて『大韓国独立万歳』の綴字競技をなさしめ剰へ韓国独立の歌なるものを作製して之を高唱せしむる等危険思想の養成挑発至らさるなきこと茲に十年之れ実に今回の騒擾の原因たり」（XI、一二四三頁）と述べ、政府のこれに対する取り締まり状況を問うものであった。この件について政府は、明治四四年に私立学校規則を発布し取り締まりの方針を確立するとともに、視学官を派遣し実地に視察している、と答弁した。また教員の採用に注意を払い、日本からの教員を採用することを奨励すると言い、さらに「不健全なる私立学校は漸次廃校にする」（XI、一二四〇頁）といった見解も明らかにした。

このように、三・一独立運動は議会でも大きな問題となり、総督府の統治および教育方針の再検討が、政府に迫られた。第二次朝鮮教育令が大正一一（一九二二）年二月四日に公布されるが、その結果、従来日本人と朝鮮人の教育を区別し、「朝鮮教育令」を以て朝鮮教育のみに関する根本規定とされていたものが、同じく日本人教育にも適用されるようになった。しかし、朝鮮人と日本人の共学制に関しては、専門学校では実現されたが、初等教育レベルでは行なわれなかった。

帝国議会に現れた植民地関係の教育議事は圧倒的に少ないが、にもかかわらず、かなり重要な議論がいくつかの議題に関連して登場している。たとえば、本章で検討したように、台湾をめぐる予算審議の過程で、台湾総督の教育方針が大きく左右されたことは明らかである。また、議員によって発せられた植民地教育に関する意見には、初等教育の普及、日本語教育の徹底、および実業教育の重視を説いたものがみられるが、これらは日本統治下の台湾および朝鮮教育の基本方策であった。

議会議員には、伊沢修二や大石正巳などのように植民地に実際に在勤した者もおり、彼らは積極的に論議に参加し、活発な意見を述べているが、こういった議員を主とした議会での発言を通じて、植民地教育が、台湾、朝鮮総督府の独断で行われていたのではなく、議会の教育意見を反映したものであることが理解できるだろう。しかし、議会の意見が反映されたというものの、植民地下の台湾・朝鮮において、日本語教育を推し進める中で、自国語による民族固有の教育を受ける機会を封じ、また高等教育機関を十分設置しなかったことも否定できない事実である。

しかしながら、日本統治下の台湾・朝鮮教育を考える場合、総督府の政策および教育制度の変遷だけに目を向けるのではなく、植民地教育の政策過程を形成する日本国内の教育世論、および議会議員の植民地観や教育意見を検証し、植民地教育がどのような部分で日本国内の利害的関心とつながり、また断絶していたのかを考察することが不可欠であろう。さもなければ、植民地教育の本国に対する従属性の実態が具体的に把握できないだろう。

〔註〕

（1）日本語の普及率に関しては、弘谷多喜夫・広川淑子「日本統治下の台湾・朝鮮における植民地教育政策の比較史的研究」『北海道大学教育学部紀要』第二二号、一九七三年、七三頁参照。台湾人児童の公学校就学率は、Patricia Tsurumi, Japanese Colonial Education in Taiwan, 1895-1945 Harvard University Press: 1977, p. 148. 朝鮮児童の普通学校の就学率は弘谷・広川論文、五六頁参照。

（2）許世階『日本統治下の台湾——抵抗と弾圧』、一九七二年、東大出版会。

（3）台湾教育会編『台湾教育沿革誌』、一九七三年、古亭書屋（復刻版）。

（4）信濃教育会編『伊沢修二選集』、一九五八年、信濃教育会。

（5）台湾教育会編『台湾教育沿革誌』、一九七三年、古亭書屋（復刻版）。

（6）吉野秀公『台湾教育史』、一九二七年、台湾日日新聞社。

（7）『台湾教育沿革誌』、前掲書。

（8）上沼八郎「台湾教育史」（『世界教育史大系二』所収）。一九七五年、講談社。

（9）謝南光『台湾人は斯く観る』、一九三〇年、台湾民報社。

（10）山辺健太郎編『現代史資料二一　台湾』、一九七一年、みすず書房。

（11）山辺健太郎『日本統治下の朝鮮』、一九七一年、岩波書店。

（12）弘谷多喜夫・広川淑子「日本統治下の台湾・朝鮮における植民地教育政策の比較史的研究」、前掲書。

（13）渡部学編『朝鮮近代史』、一九七六年、勁草書房。

（14）渡部学編『朝鮮教育史』、一九七五年、講談社。

第6章　日本統治下台湾の日本人教員

——台湾総督府講習員をめぐって

日本最初の植民地台湾における教育政策の基本方針の主たるものは、徹底した日本語による同化政策であった。五〇年間の日本統治の結果として、初等教育機関の就学率が昭和一八年（一九四三）年で七一・三パーセント[1]に達し、また台湾人の日本語普及率が五七パーセント[2]に及んでいることからも、日本語教育政策がいかに徹底されていたかが明らかであろう。ところで、台湾が日本の領土になった当初、どのように日本語教師が確保され、養成されたのか、また日本語教育が浸透していく中で、台湾教育にたずさわった日本人は教育に関してどのような意見を持っていたのであろうか。

本章では、日本統治下台湾の最初の日本語教師となった講習員を中心にとりあげて、この点を検討してみた。日本国内で募集された講習員は台湾総督府学務部長の伊沢修二らにより、台湾で短期間に養成され、日本語教員となった。はじめに、日本語教員講習所の設立と講習員の募集状況にふれ、第二に、講習内容と卒業後の活動を述べ、第三に『台湾教育会雑誌』にみられる講習員出身者を中心とした関係者の台湾教育に関する意見を検討してみたい。

第一節　講習所の設立と講習員の募集状況

講習所の設立とその目的

明治二八（一八九五）年五月八日、日清講和条約が批准され、台湾が日本最初の植民地となった。第一代台湾総督として樺山資紀が任命された。また民政局内に学務部が置かれ、伊沢修二が学務部長心得として就任した。伊沢は樺山総督一行と共に同年六月五日渡台し、総督府施政記念祭の六月一七日を期して、いよいよ台湾教育の学政事務が開始されたのである。

伊沢修二は、台湾人の日本語普及を最も急務と考え、そのために教員養成を取り急いで実行しようとした。伊沢は学務部を台北から少し離れた芝山巌の学堂に移し、台湾人への日本語教育を開始した。ここでの日本語教授法に関する試験的、基礎的研究をもとに、日本語普及のために国語伝習所を台湾の主要地に設立しようとした。その設立目的に関しては、明治二八年一〇月二二日に伊沢によって提出された、「学務部意見書」に次のように述べられている。

「今日、内地人にて土語（台湾語）を解するものは至って少く、土人中には日本語を解するもの、殆んど絶無の有様なり。此の如き境遇にありて治民の術を施し、教化の途を開かんとするは、実に至難の事といはざるを得ず。故に今本所を設け、日本語伝習の途を開き、以て施政上の便を謀り、進で教化の基を立てんとす」[3]。

このような意図によって、日本語普及を目的とした最初の台湾人初等教育機関として国語伝習所が、明治二九(一八九六)年三月に設置された。「台湾総督府国語伝習所規則」(明治二九年六月、府令第一五号)によると、この学校は甲科・乙科の二種からなり、どちらも日本語を中心とした内容であった。甲科は半年の期間で一五歳から三〇歳までを対象とし、また乙科は四年間で八歳から一五歳までを対象とした[4]。この国語伝習所は、最初に一四箇所設置されることになり、急きょ日本国内で募集された講習員が一定の講習を受けた後、ただちにこれらの施設に派遣された。そしてついに明治二九年九月および一〇月の間に台湾各地に国語伝習所が設置されることになったのである。

国語伝習所の教員養成機関として伊沢は講習所を急きょ設立しようとしたが、その目的は伊沢の樺山総督に対する意見書によると、「本所は速成を期し、各地方の小学校長、若は教員たるべき者、国語伝習所長若は、教員たるべき者を補充するを以て目的とす」[5]ということであった。またこれによると、まず日本において小学校教員の資格を有し、しかも「身体強壮にして本島の暑熱瘴癘に堪へ、言語明亮にして多くの方言訛語を交へず、五箇年以上本島の教育に従事すべき契約をなし得る者」[6]を講習員とし、彼らに特に期待していたことも明らかである。

講習員の募集状況

ところで、伊沢学務部長は明治二八（一八九五）年一〇月に東京に戻り、台湾人教育に従事すべき教員養成のための講習員を募集することを新聞に発表した。そして、明治二八年一一月一四日の『大阪朝日新聞』に、一二月初旬までに百名の台湾語研究生および五〇名の日本語教員志望者を募集し、「之に土語（台湾語）を速成教授して台南、台北、基隆等枢要の市部より漸次小学校を開始する筈なり」と発表した。さらに二日後の同紙には、日本語教員は三ヵ月間授業方法の伝習を受けた上、台湾各地の学校へ配置され、研究生は八ヵ月間台湾語を学び、各地方官吏に任用されるという詳しい募集方法が載せられた。

講習員の応募資格および給料は次のようであった。

一、高等小学校教員の資格を有する者にして相当管理者の証明ある者に限る

但年齢に制限なし

二、給料は験定の結果に依りて決すべきも目下内地奉職中の給料以上を支給する事[7]

またこのほかに、衣食住はすべて公費をもって支弁され、台湾において軍制組織が敷かれている間は給料の五分の二の加俸があると報道された。年齢を問わず、給料の面でも優遇されること、また日清戦争の結果得た最初の領土である台湾での仕事とあって反響は大きかった。

いったん募集の記事が出るや、「其後府下の教員中右採用（日本語教員）を希望し府庁へ志願書を差出して其筋へ伝達を請ふ者続々ありといふ[8]」といったように即座に希望者が殺到したのである。全国的に見ても希望者が多く、その後は三、四百名におよび、『教育時論』では、その反響に対し次のよ

うに書かれている。

「右の報一たび新聞紙上に現はれしより、之が希望者甚多く、陸続文部省に出頭し、若くば伊沢台湾学務部長の門を叩きて、志願するもの、既に三四百名の多きに達せりとなん。亦以て現時教員界の趨勢如何を知るべし」[9]。

しかしその時点では、文部省内で、この件に関する充分な準備がなされていなかった。当初の予定では、明治二八年一二月初旬を目処に台湾行きの教員を募集することになっていたが、台湾総督府学務課と文部省の調整がつかなかった上に、翌明治二九年元旦に台湾総督府学務部委員六名が台湾において殺害されるという事件が起こり、学務部の事業も一時中止せざるを得なかった。しかし、明治二九年一月一四日の『大阪朝日新聞』では、「水野民政局長等帰京後種々協議を遂げたる末現在奉職する教員中より志望者を選び地方長官の証明を待て任用することに決したり」とあり、いよいよ教員選考の方法が具体化したことを伝えている。

明治二九（一八九六）年二月には、臨時学務部出張所を文部省構内の修文館内に設け、募集事務を文部省が取扱うようになった。志願者の学術試験は東京は文部省、各府県では郡役所で行なわれた。筆記試験の内容は漢文のみで、その方法は二通りあった。一つは日本語の会話を漢文に訳させることと、もう一つは白文訓点とその解釈であった[10]。翌三月には筆記試験合格者を文部省に召集し、修文館において伊沢修二が一人ずつ面接試験を行ない、また台湾語学習に必要な発音の試験、漢作文の試験および衛生・救急療法、動植物採集方法などについての講演を行なった。その結果、明治二九年三月二五日に講習員四五名が合格し、辞令が寺田勇吉文部参事官から手渡された。[11]

こうして明治二九年四月六日、伊沢学務部長および一三名の学務部員と共に四五名の講習員が宇品を出発し、同年四月一一日に台北に到着した。そして台北郊外の芝山巖学堂において、いよいよ四月一五日より六月三〇日までの七六日間講習が行なわれたのである。

表1　講習員及び講習回数[12]

	入学者数	入学年月日	卒業年月日	卒業者
第1回	45	明治29・4・15	明治29・7・1	45
2回	50	29・12・15	30・3・1	49
3回	30	31・9・22	32・1・14	30
4回	37	32・3・31	32・7・9	37
5回	29	32・9・22	33・1・25	25
6回	26	33・2・20	33・4・19	26
7回	28	33・11・18	34・3・30	30
計	245			242

この講習はその後、計七回行なわれ、上の表に見られるように、日本国内で募集された計二四二名の教員が台湾における最初の日本語教員として養成されたのである。

吉野秀公著『台湾教育史』には、第一、二回講習員の名簿が収録されており、それを見ると、彼らの出身地は多くの府県にまたがっているのが分かる。

だが第一回と第二回では募集方法が異なっており、第一回講習員募集の場合、新聞記事を媒介として、文部省内の事務局に募集事務は集約された。それに対し、第二回目の時は、文部省から拓殖務省へ管轄が移され、伊沢修二が、当時の拓殖務大臣高島鞆之助に依頼し、地方長官の手で各府県二名ずつを講習員として推薦させる形をとった。

次に、渡台した講習員の受けた講習の内容、また彼らの卒業後

表2　講習員出身地一覧[13]

出身地	第1回	第2回
京都	2	2
福井	2	1
静岡	2	1
愛知	2	1
富山	2	0
愛媛	1	0
東京	6	1
青森	2	1
滋賀	1	2
熊本	1	3
北海道	1	0
埼玉	3	1
鹿児島	2	3
福岡	2	1
広島	1	0
大分	1	0
福島	1	0
長野	2	2
茨城	2	9
岩手	1	0
山口	2	1
群馬	1	1
三重	1	0
宮城	1	0
岡山	1	1
高知	1	1
新潟	1	0
鳥取	0	2
山梨	0	1
山形	0	4
島根	0	1
宮崎	0	2
広島	0	1
和歌山	0	1
佐賀	0	2
石川	0	3
沖縄	0	1

の活動等について検討してみたい。

第二節　講習内容と卒業後の活動

講習内容

日本統治下初期における台湾の初等教育機関での日本語教授法は対訳を中心としたもので、日本語の教材を逐語台湾語に訳して理解させたのである。この方法は国語伝習所およびその後身である公学校の設立（明治三一年七月）当初において用いられた。したがって、講習内容の中心は日本語教授法そのものよりも、学科の大部分は台湾語（主に福建省の方言）の学習にあった。台湾語の学習は会話と発音練習に分かれ、会話は日常会話と「小学読方作文掛図[14]」を説明するときに必要な教授上の用語の練習から成っていた。発音は主に台湾語の八声の練習で、前年芝山巌学堂で日本語の講習を受けた台湾人教師五人のあとに続いて何度もくりかえし発音させたのである。とくにこの発音に力が置かれ、伊沢修二の回想によると、約三週間「単に、台湾の十五音の字母と云ふやうなものにつき、八声の練習のみをやった」とあり、そしてその後「四〇日間は、教場に最も必要な会話を教へました[15]」と述懐している。このほかに日本語教授法の理論を授け、その理論に基いて各自に教授案を作らせ、芝山巌学堂の台湾人生徒の前で実地の授業をさせた。第一回講習員で埼玉県出身の加藤元右衛門は後に、講習員は「各自日本語教授案を作りて提出せしに、伊沢先生は詳細に訂正批評せられたり。実地授業の研究にも、先生は何時も熱心に批評せられたり[16]」と回想しており、伊沢がいかに第一回講習員に対して力を入れていたのかが分かる。台湾語学習のほかに時々中国語の公用文と尺牘（手紙文）についての講義があった。第二回講習は、第一回目と同じ形式で行なわれたが、第一回と異なる点は、（一）台湾語教科書『会話入門』が出き上がっており、（二）理科と唱歌が加えられ、（三）前回になかった兵式体操が行なわれ、（四）日本語教授法は作られたが附属学校における授業参観があるのみで、実地授業はなかった。第三回以降も第二回と同じ要領で行なわれたが、場所は芝山巌から淡水の国語学校に移された。

講習員の卒業後の活動

第一回講習員の卒業式（明治二九年七月一日）の日に行なわれた報告演説で、伊沢修二学務部長は「今日より、諸氏は各東西南北に相分かれて、本島の要所要所に派遣せられ各一方の教育創業者たるべき境遇に入らんとす」と、講習員卒業者に期待を寄せた。また、澎湖島その他の僻遠の地に自ら進んでいく「献身的精神に富める」者が卒業生にいることにふれた。さらに伊沢は、台湾語を使用して日本語を教授するのは「決して差支なきを信ぜり」[17]とし、あくまで台湾語を手段として日本語を教えることを強調した。ちなみに初等教育において日本語のみを用いて日本語を教えるようになったのは、日本語がかなり浸透してきた大正二（一九一三）年からであり、日本統治当初の教員養成は、まずは台湾語教育に重点を置いたのである。

第一、第二回講習員卒業生の派遣先は、表3にみられるように大半が地方の国語伝習所である。

表3　講習員の勤務先[18]

勤　務　先	第1回	第2回
国語学校　附属学校　教諭	4	10
国語伝習所　教諭	29	39
助教諭	2	
国語学校　書記	3	
国語学校	7	
帰国		1

講習員の経歴は、伊沢が「孰も学術優等にして多年実地の教育に従事し幾多の経験あるものを試験の上採用した」[19]と言うように、三〇歳代を中心とした即戦的な教員集団を得たのであった。[20]この第一回および第二回講習員は、台湾教育の創始に実質的な核となり、以後五〇年間の日本統治下台湾におい

て重要な役割を果したのである。

特に国語学校、附属学校に勤めた教員が中心となり、明治三一（一八九八）年九月から三二年五月にわたって計一二回の国語教授研究会を開き、台湾人児童を対象にした公学校における日本語教授細目を検討した。この研究会の目的は、「本会ハ本島人ニ国語ヲ教授スル順序、方法、程度等ヲ研究スルヲ以テ目的トス[21]」というものであり、この結果が総督府編纂の『国語読本』へと結集されていく。設立当初の国語教授研究会のメンバーは次の一一人であった。

井上武之輔、芝山豊平、前田孟雄（以上第一回講習員出身者）、平井又八、山口喜一郎、鈴木金次郎（以上第二回講習員出身者）、小川尚義、栗野伝之丞（以上学務部編修官）、橋本武、本田嘉種（以上国語学校教授）、山根勇蔵（不明）。

右のメンバー一一人中、講習員出身者が六人と半数を占めている。また実際に、調査等の実務を扱う中心的な存在であった委員は山口喜一郎、平井又八、前田孟雄の三名で、研究会メンバーは若干変動があったが、基本的には講習員出身者が主導権を握った。この研究会で公学校の日本語教授に関する各種の問題および決議を整理し、台湾総督府学務課に提出し参考としたのである。さらに、国語教授研究会は教育全般のことを研究するために、「国語研究会」と改称し、第一回例会が明治三三（一九〇〇）年一月に開かれた[22]。翌明治三四（一九〇一）年二月一七日に第二回総会が開かれ、この時会員の平井又八（第二回講習員）ほか八名から再び組織変更の建議が出された。その理由は次の通りである。

「国語研究の事たる固より教育上忽緒に附すべからざる重要の挙なれども方今台湾教育の趨勢は、其の研究をかかる一局部の事実に専にするを許さず、是其の組織を変更して其の研究の方針を汎く諸種の方向に向けんとするにあり云々[23]」。

結局、平井又八等の建議は採択され、日本語研究にとどまらず、台湾教育をより広い立場から考えるため「国語研究会」は「台湾教育会」へと、改組されたのである。続いて、「台湾教育会規則」が明治三四（一九〇一）年三月一七日に制定され、その中に、「本会ハ台湾教育ノ普及改進ヲ図ルヲ以テ目的トス[24]」と明記されている。また、具体的な事業としては、（一）教育社会の意見の発表、（二）教育学術の研究、（三）教育上主要な事項の調査、（四）教育学術に関する講談会及講習会の開設、（五）教育に関する雑誌および図書の発行などが掲げられた[25]。なお、台湾教育会の主要な事業として『台湾教育会雑誌』が明治三四年七月二〇日に創刊された。この雑誌は明治四五（一九一二）年一月から『台湾教育』に改名され、以後昭和一八年に至るまで刊行されたのである。

創設時の台湾教育会の会長は石塚栄蔵（台湾総督府参事官長）、幹事長は田中敬一（国語学校長）、幹事（五人）には第一回講習員の前田孟雄が含まれ、編集委員（五人）には第二回講習員の山口喜一郎らが就任した。また、評議員二〇人の中に、加藤元右衛門、本田茂吉、山口喜一郎、前田孟雄、小島由道、赤松三代吉、平井又八の七人の講習員出身者が含まれていたことも特筆すべきことであろう[26]。

『台湾教育会雑誌』は、台湾の教育社会の意見を発表する場として発行されたが、吉野秀公『台湾教育史』には、この雑誌は「当初は其の目的たる教育社会の意見を発表することに忠実であって非常なる活動をした」[27]とある。それは、取りも直さず同誌の内容が現場からの声だったからであり、以後の台湾教育の変遷上大きな役割を果たしているといえる。

その主人公たる台湾の日本人教員、とりわけ講習員出身者が政策形成の上で、どのような意見を持っていたのかをたどってみると、特に（一）公学校教育、（二）書房問題、（三）実業教育の三つの問題点に集約することができる。次に以上の三点について、具体例を掲げながら論を進めてみたい。

第三節『台湾教育会雑誌』に見られる講習員出身者の教育論議

公学校教育をめぐって

台湾の初等教育制度は明治三一年の「公学校令」によって確立されるが就学率はなかなか伸びず、明治末年で六パーセント、「台湾教育令」が制定された大正八年で二〇パーセント、そして昭和に入ってようやく三〇パーセントを越えるという状況であった。[28]
公学校制度の拡大にともなって、地方の公学校によっては十分な教授上の統一が行なわれていないのが現状であった。このことについて第一回講習員の山口喜一郎は「南部学事の概況」（『台湾教育会雑誌』明治三八・六・二五）で、視察した二一校の公学校中、校舎が数千円で新築されたものもあれば、百余円で竹の柱に茅葺の校舎で教えているものもあり、また黒板一枚しか備えていなかったり、複式授業を行なっている学校さえあると報告している。また山口の見た公学校二一校の計三、三六四人中、日々の平均出席人数は一、九六四人で、これは在籍の六割であったが、日々の出席率が高いのは嘉義の公学校で四五一名中三五一名、また日々の出席率が低いのは内門で一〇二名中三九名というような状況であった。それゆえ、教員の大きな仕事の一つとして、生徒募集および欠席児童の督促に奔走するということがあった。しかも、日本人教諭二四人中一人以外は、みな複式授業を行なっているということ、初学年という最も重要な時期に、南部地方の児童が、台湾人教員から教わっているという事実から考えて、明らかに教員の数が不足しているということが見てとれる。

また、山口は、公学校の教授法に関しては「教授方法が精しくなく、教材も空粗放漫で、児童の将来の実生活と余り関渉しないことを教ふる弊がある」とし、「殊に郷土的材料を採らないのと、実物を観察せしむることが少いのと、国語の教授が、読本の暗記に傾いてゐる」[29]ことを改良すべきだとしている。

山口の「南部学事の概況」に見られるように、公学校が台湾全土において普及していくものの、その設備および教授内容が地方によって著しく異なる現状を考慮し、視学の設立要望が次第に高まってゆく。だが、視学制度の要望は早くからあり、第一回講習員の赤松三代吉および前田孟雄は、台湾教育会第三回総会において「視学制度設置の建議案」を提出している（明治三六・二・八）。

その主旨は、日本国内ではすでに設けられている視学制度（明治九年）を早急に台湾にも設置せよというものであった。また、公学校の設備、教授、訓練は地方によって「各自任意ノ設計方針ニヨリ制作実行セラル」もので、「全体上ヨリ視察スルトキハ四分五裂毫モ統一ナキ者」で、また「優等ノ地位ニアル学校」でも不十分なことから、それ以下のものは推して知るべしという現状は、まさにこの視学機関の欠乏に由来するものというのがこの建議案の内容であった。[30]

この案は可決され、評議員の調査を経て、同年四月に台湾総督府に建議された。しかし、しばらくは実現しないまま、一年後の『台湾教育会雑誌』の中で、「遂に有耶無耶の間に消え失せたりき」と、きびしい追及を受けた。同誌は、形式の完備を求めて経費がかかる視学制度でなく、「全島を二区三区に分ち、本島の事情に精通し、本島の教育を指導し得る学識位置ある者を選びて、専ら視学に従事せしめ[31]」れば費用もかからないと、その具体策までも打ち出し、一日も早い視学制度の実現を強く求めたのである。

明治三六年四月に「視学制度設置の建議」が総督府に提出されてから、ようやく六年後の明治四二（一九〇九年）五月、ついに視学官が置かれ、国語学校教授渡部春造および視学専任二人がその任にあたった。[32]これが台湾における視学制度の始まりとなったのである。

書房問題をめぐって

日本が台湾を領土とする以前から漢民族系住民のための初等教育機関として書房があった。日本語教育を押しすすめる上で、書房の存廃は日本人教育行政官および現場の教員にとって避けて通ることのできない問題であった。第二回講習生の平井又八は、「公学校における漢文問題」[33]で、漢文をぜひ公学校でも教えるべきであると主張するが、その一つの理由には、台湾人より協議費を徴収する以上は台湾人が漢文を学びたいという要望を重視せざるを得ないということがあった。もう一つは、平井が書房について、「幾分抑圧の態度を執れる処もあれど、必要の勢力は驚くべきものだ、次第に増加はしても、減少はしない」と言うように、公学校で漢文を教えなければ、書房に学ぶ者が多くなることだった。日本語だけでは書房と競合できない現実があった。

日本統治下台湾における書房対策は三つの時期に分けられる。第一期は「台湾公学校令」発布から「台湾教育令」発布（一八九八～一九一八年）までで、書房の形を残しながら徐々に内容を変えようとするものであった。第二期は「台湾教育令」発布から書房開設禁止（一九一九～三二年）までで、書房が公学校の補助教育機関となった時期である。第三期は、書房開設禁止から書房廃止（一九三二～四三年）までで、書房撲滅期にあたる。[34]講習員出身者の書房に関する意見を総括してみると、第一期の書房存続期にあっては、台湾人社会における書房の存在を全て否定するものではなく、むしろ公学校教育を拡大する上でも、その価値を認めようとするものであった。

講習員出身者の意見に近いものに、台湾において義務教育の必要性を早くから説いた学務課長木村匡の書房観がある。彼は遠くて学校に通えない子ども達のために、不完全ながらも学習する機会として書房を利用するのは、有意義であるとした[35]。しかし、のちの持地六三郎学務課長は、書房は「昔風の教育法で、殆んど価値はない」と断定し、しかし、すぐに廃止することはできないので「廃すべきものは廃し、一度篩にかけて、其の残ったものを改良する必要[36]」があるという当時の総督府の強行姿勢がうかがえる。

しかし、現場の教員達は書房の存在基盤の強さを十分知っており、容易に廃止に踏み切ることはできなかった。たとえば、山口喜一郎の「南部学事の概況」では、書房教師は仏教の信者となることにより、その擁護を受けながら私立学校の分校という形を取っている例が多く、当局がその存廃を安易にうながせるような簡単なものではなかったことを記している[37]。

こうした、断然書房が優位であった時代を経て、公学校の生徒数が書房の生徒数を追い抜いたのは、明治三七（一九〇四）年のことで、当時公学校数は一五三（内生徒二三、一七八人）、書房数は一、〇八〇（内生徒数二一、六一一人）であった。その後、台湾教育令発布の前年の大正七年には公学校三九四、書房三八五、生徒数は公学校が一〇七、六五九人、書房は一三、三一四人とかなりの開きがでた[38]。しかし、それでも書房の勢力は強く、「我が校設置区域内に於ける書房の現況及び之れが改善の方法」（『台湾教育』大正七・一）と題し、公学校長の書房問題に関する意見が多く集められている。

第一回講習員の加藤元右衛門（当時台北の大稲埕公学校長）の報告を見ると、大稲埕には書房が一校あり、児童数は一、〇三三人、そこでは漢文以外に、日本語・算術・修身などが加えられている。また、教科書も日本語・漢文ともに公学校と同じものが使用され、こうなると、公学校と書房との間における教育内容の差がさほどなくなっていることが分かる。

加藤の書房改良意見は、公学校が不足している間は「其の補助として書房の必要があるが、畢竟一時的のもので永遠のものでないから、此れに大々的の改良を加へるにも及ばない」というものであった。しかし、存続する以上教室が狭いこと、採光や衛生管理が不十分なことなどいくつかの不備な点は改良する必要があるが、それには公学校設立区域内住民が経費を負担し、全て公学校にあてはめず書房で間に合う程度にすべきだという。もしこのことが不可能ならば、書房の教師の基準を高くし、数を減らし、一書房の児童数を増やし、また教師の収入も増やし、無認可の書房を取りしまるべきであると提案している。[39] この頃になると書房存続論から一歩進んで、加藤の発言にも見られるように、書房を簡易公学校として扱い、またしだいに減少させ、統制を強化しようとする傾向が見られる。

第二回講習員の江口保（嘉義公学校長）も書房を公学校の補助機関として捉え、それを「改善し発達せしめて公学校教育の補助機関たらしめ[40]」ようとした一人であった。

実業教育をめぐって

日本統治下台湾における台湾人教育制度の二本柱は初等教育における日本語教育の徹底と中等教育

における実業教育の奨励であった。前者はすでに述べたところであるが、後者の方針はどのように形成されたのであろうか。台湾総督府は最初日本語による同化教育を打ち出したが、それと同時に実業教育の取り組みも早くから行政官および教員から要求されていた。

『台湾教育会雑誌』では、台湾総督府の糖業改良にたずさわった新渡戸稲造が、いち早く実業教育の必要性を問うた。新渡戸は台湾教育に対して次のように希望を述べる。台湾人を「実業ニ趨ラシメ、利益ノタメ楽ンデ之ヲナス様ニセラレタシ。（略）教育モ胃ニ訴エタラヨカロウ。沢山飯ガ食ベラレル、善イ砂糖ガ甞メラレル、其方法ヲ教ヘンデ、イキナリ頭ノ教育ヲシタ所ガ、其レハ長ク続カヌ方法デアラウト思フ。カク一方デ実業教育ヲ設ケテ、生業ノ道ヲ与ヘ、以テ大ニ同化ノ大目的ヲ達スルコトヲ図ル事ハ、充モ大切ナ事デアルト思フ[41]」。

また、国語学校長田中敬一も公学校の授業について、「成ルヘク児童ヲシテ実業ニ向ハシムル様ニシタク、猶公学校ノ上級生ニ土地ノ状況ニヨリテハ、実業ノ一端ヲ授ケ卒業生ノ為ニハ実業補習学校ノ如キモノヲ設ケル様ニナリタイト思フ[42]」と、実業教育の必要性を説いたのである。

さて、実業補習学校設立に対する要求は講習員出身の教員からも出された。平井又八は「公学校に於ける現下の問題」（『台湾教育会雑誌』一二〇号、明治三六・一一・二五）と題して、実業補習学校について論じている。公学校の教師はその卒業生を「如何にして有用の材とすべきか」と考えるとき、国語学校、医学校、師範学校の三つへの進学の可能性を考えるが、収容人員に限りがあると指摘する。さらに平井は、「公学校の卒業生が唯其卒業の美名を博するのみにして上級の学校の何れにも入学するを得ず退て未だ其才を応用するまでの素養を積まずとせば幾んど中途半端の者を養成するが如きの傾きに陥り為めに人民よりして公学校其物の鼎の軽重を問はるゝに至らんは瞭々火を睹るが如し」とし、それゆえ公学校教師はいっそう実業補習学校に熱意を傾ける必要があるという。また平井は、実業補習学校は台湾人生徒にとって中等教育機関程度の学校であるが、財政上困難であれば、「補習料として公学校に附設し得るの途を開かれん」と述べ、これは「多数教育家の志望なるが如し」と結んでいる。

平井の実業教育に関する要望が出される前に小学校（日本人児童が対象）と公学校の校長および学事主任など五七名が集まり、第一回学事諮問会が明治三六（一九〇三）年一一月四日から五日間開かれた。諮問事項は一七件だが、なかでも「実業補習学校設置建議案」の審議が大いに活気を呈し、会期も二日間延長された。

学事諮問会には後藤新平民政長官が出席し、実業補習学校に関して、教育に対する予算が十分でないことから、日本語の普及を第一とし、後はあえて計画を立てないことを訓示した。後藤は公学校卒業生が卒業後も進学したい意向があるにもかかわらず、実業補習学校を設置して効果があるか疑問であるとした。つまり「凡ソ事物ニハ緩急ガアルモノデ、未ダ其時ヲ得ナイト思フ。夫等ノコトニ熱中セラレンヨリモ、今一層公学校ノ事業ニツイテ、シッカリ行ツテ貫ヒタイ」[43]という意見を表した。

結局、実業補習学校の建議は後藤新平によって時期尚早として受け入れられなかった。しかし、実業教育の必要性を説く声はなくならぬばかりかむしろ増え、特に現場の公学校教員から強く主張された。『台湾教育会雑誌』の読者欄「十行論壇」では、「本島教育上最急要の施設」というテーマのもとに次のような意見が寄せられた。実業教育に関するものには、「公学校の卒業者が漸次増加するにつれ、実業学校の設置は今日の急務」というものや、実業補習学校を設置することによって「生産人員」を増加することができる、といったものがあった。[44]

さらに、「本島人と実業教育」(『台湾教育会雑誌』明治四二・七・二五)という記事では、台湾における現存する実業教育機関は農事試験所の一つのみで、台湾の事業界において不足しているものは技師と労働者の間の助手であり、それを養成する「工手学校の設立」が強く希望されている。

このように公学校教育の普及にともない、実業補習学校の要求が教員の間で高まっていた。そしてまず明治三三年一一月に農事試験場が実業学校に類するものとして最初に設立されたが講習期間は当初一年であった。後に修学年限が二年に延長され(明治四〇年八月)、次第に充実がはかられるようになった。大正元年九月に工業講習所(木工科、金工及電工科の二科)が設立された。大正八年四月の「台湾教育令」によって「台湾公立実業学校官制」が公布され、この官制に基づき公立台中商業学校、嘉義農林学校が新設され、明治三〇年代前半から『台湾教育会雑誌』で力説された実業教育の要望がこのように明治末年から大正にかけてしだいに整備されていったのである。

日本統治下台湾の最初の教員グループである講習員は、伊沢修二によって敷かれた基礎の延長線上にある台湾教育会および地方の公学校で大いに実践、活躍したのである。『台湾教育会雑誌』発行元の台湾教育会の中心であった講習員出身者の発言にもあるように、台湾各地の初等教育機関で直面した就学の問題、書房との関係および公学校卒業後の進路として実業補習学校の設立の要望など、台湾教育政策の形成過程でこういった教員たちの意見や要望が多大な役割を果していることは明らかである。

一見、台湾総督府は日本の文部省と無関係の所で教育方針を打ち立て、推し進めているように思えるが、実は日本からの講習員ら、現場の教員からの意見や要求などが雑誌を通じ、または叫びとなって一つの大きな力となり、台湾教育の変遷に重要な役割を果したのである。

講習員出身者たちの中には、台湾における五年間の勤務義務を果した後も、引き続き、台湾での教育に従事し、教育界に多大な貢献を残している者も多い[45]。すでに台湾教育史研究の中で制度および政策に関する考察はかなりなされてきたが、教員史とりわけ現場に則した教員の台湾教育観を掘り下げた研究は少なかった。本章ではこの点にも注意を払ったつもりである。

〔註〕

（1）阿部宗光、阿部洋編『韓国と台湾の教育開発』、二五八頁、一九七二年、アジア経済研究所。
（2）台湾総督府『台湾の社会教育』（一九四一年版）。
（3）台湾教育会編『台湾教育沿革誌』、一六六頁、昭和一四年（復刻版、一九七三年、古亭書屋）。

（4）信濃教育会編『伊沢修二選集』、五九七頁、一九五八年、信濃教育会。
（5）前掲『台湾教育沿革誌』、五三五頁。
（6）同書。
（7）『大阪朝日新聞』（明治二八・一一・一六）、一頁。
（8）同書、（明治二八・一一・二二）、四頁。
（9）『教育時論』三八二号（二八・一一・二五）、三三頁。
（10）台湾教育会編『芝山巌誌』、三三頁、昭和八年、台湾教育会（復刻版、一九七四年、もぐら書房）。
（11）同書、三四頁。辞令は陸軍省の発令であったが、明治二九年三月三〇日、「台湾総督府官制」発布とともに民政局雇員となる。
（12）吉野秀公『台湾教育史』、七五頁、昭和二年。
（13）前掲『芝山巌誌』、四四～四七・五六～五九頁。
（14）同書、三四頁。本来は日本の簡易小学校用として文部省で編纂された。
（15）伊沢修二「台湾教育に対する今昔の感」（『台湾教育会雑誌』八〇号、明治四一・一〇・二四）。
（16）加藤元右衛門「芝山巌懐旧録」（吉野秀公『台湾教育史』、七九頁）。
（17）前掲『伊沢修二選集』六〇五～六〇六頁。
（18）前掲『台湾教育史』、六五～六八、七二～七三頁。第一回および第二回講習員の名簿より作成。
（19）前掲『伊沢修二選集』六〇三頁。
（20）前掲『芝山巌誌』、四四～四七頁。第一回講習員の年齢別を見ると、最年少が二四歳、最年長が四二歳で、その内訳は二〇歳代一一人、三〇歳代二六人、四〇歳代三人であった。第二回講習員以降の年齢は不明。
（21）前掲『台湾教育史』、一五六頁。
（22）杉本つとむ「台湾における日本語教育の方法と歴史」（『武蔵野女子大紀要』、一九六九年三月）、一〇二頁。
（23）前掲『台湾教育史』、一五四頁。
（24）『台湾教育会雑誌』一号（明治三四・七・二〇）。
（25）同書。
（26）同書。

(27) 前掲『台湾教育史』、一五五頁。
(28) 前掲『台湾教育沿革誌』、四〇八～四一〇頁。
(29) 『台湾教育会雑誌』三九号(明治三八・六・二五)。
(30) 前掲『台湾教育史』、二五五頁。
(31) 『台湾教育会雑誌』三八号(明治三八・五・二五)。
(32) 前掲『台湾教育史』、二五四頁。
(33) 『台湾教育会雑誌』八号(明治三五・一一・二五)。
(34) 拙稿「台湾における書房教育の一考察——その実態と変遷」(『木野評論』第一四号、昭和五八・三・二〇)を参照。
(35) 『台湾教育会雑誌』二八号(明治三七・七・二五)。
(36) 同書、三一号(明治三七・一・二五)。
(37) 同書、三九号(明治三八・六・二五)。
(38) 前掲『台湾教育沿革誌』、四〇八～四一〇、九八四～九八六頁。
(39) 『台湾教育会雑誌』一八九号(大正七・一)。
(40) 同書。
(41) 同書、二号(明治三四・九・二九)。
(42) 同書、三号(明治三四・一二・二五)。
(43) 同書、二七号(明治三七・六・二五)。
(44) 同書、三二号(明治三七・一一・二五)。
(45) 前掲『伊沢修二選集』、六五二頁。伊沢修二が学務部長を辞し、再び明治四一年に台湾に行ったとき、第一回講習員卒業生四五名のうち一一名は台湾に在職し、第二回講習員五〇名中二一名が現職についていた。また、大正一一点の時点では加藤元右衛門(第一回講習員)によると、第一回講習員卒業生のうち五人が残っていた(前掲『台湾教育史』、八七頁)。

第7章　日本統治下台湾における民族主義教育の思想と運動

――『台湾民報』・『台湾新民報』を中心に

台湾は日本最初の植民地であるが、五〇年間の統治における台湾総督府の教育政策が及ぼしたことは何かを考えるのは極めて重要なことである。

植民地教育の評価は一般的に日本語における徹底した同化教育および大東亜共栄圏構想に基づく皇民化教育として特徴づけられているが、実際の日本統治下台湾における台湾教育の政策過程がどのようなものであったのか、または支配されていた台湾人の側から見た台湾教育認識がどのようなものであったかを実証的に検証する必要があるのではないか。日本統治下台湾における教育史研究は統治した側の統計および資料が大半であることから、制度および政策面を中心とした研究に限定されている。しかし、新聞、雑誌などの記事、その他資料を丹念に調べると、台湾人の側からみた台湾総督府の施した教育政策および台湾における教育の現状が把握され、時代と状況に応じた変化が見られる。とくに台湾人の教育要求また台湾人がどのように台湾総督府の教育政策を考えていたのかは、『台湾民報』・『台湾新民報』を中心とした雑誌・新聞からいくぶん手がかりが得られる。[1]

ここでは、まず前述した新聞を中心に台湾民族主義運動と教育がどのように関わり、また民族主義運動における代表的人物が具体的にどのような教育認識をもっていたのかを考察したい。第一に、『台湾民報』・『台湾新民報』について触れる。第二に、台湾における民族運動の諸団体が政策として台湾総督府の教育政策に対してどのような要望、批判をし、どのような運動を展開していたのかを検討する。そして第三に、主として台湾議会設置請願運動を母体とした台湾における民族運動に関わった三人の代表的人物（1）蔡培火、（2）蔣渭水、（3）王敏川を取り上げ、彼らが植民地下台湾における教育をどのような観点から捉え、どのような評価をしていたのかを紹介する。

第一節　『台湾民報』・『台湾新民報』について

明治二八（一八九五）年、台湾が日本の領土となって以来、台湾において台湾人独自の民族要求を打ち出した唯一の新聞は『台湾民報』・『台湾新民報』であった。『台湾民報』の創刊は大正一二（一九二三）年四月一五日で、当初は半月刊の漢文（白話文）[2]によるもので、東京で印刷・発行されていた。その後、大正一二年一〇月に旬報、大正一四（一九二五）年に週刊となった。昭和二（一九二七）年七月一六日にようやく台湾において発行されるに至ったが、同年八月一日には、日刊紙を目指した再組織を意図して、『台湾新民報』と改名された。そして、ついに昭和七（一九三二）年四月一五日には日刊となった。

なお、『台湾民報』の前身は、東京在住の台湾人留学生の組織「新民会」が中心となって大正九（一九二〇）年七月一六日に創刊された日本文と漢文半々の雑誌『台湾青年』で、大正一一（一九二二）年四月には、日本文主体の雑誌『台湾』と改名され、これと並行して漢文のみの『台湾民報』が発行されるのである。『台湾』の存在期間は短く、『台湾民報』に日本語欄を設置することによって廃刊となる。『台湾民報』は『台湾青年』創刊から通算五周年で一万部を発行したが、ちなみに台湾最大の発行部数をもつ台湾総督府の「御用新聞」といわれる『台湾日々新報』は、一八、九三〇部であった。[3]

『台湾民報』主幹、林呈祿の創刊の詞によると、「時勢はすでに進歩しているが、唯一の台湾人のための雑誌『台湾』では不十分で、社会各方面の要求から本紙を発行する。平易な漢文を専ら用い、民衆のための知識を満載する。究極的には我島の文化を啓発し同胞の民気を振い起すことによって、台湾の幸福を図ることに外ならない」[4]というように、簡易な中国文である白話文を軸とした啓蒙紙が発刊の目的であった。また、『台湾民報』の評価については呉三連、蔡培火等著『台湾民族運動史』で、「政治、経済、社会の各方面において、民族固有文化の重要性を説いた」[5]と述べられている。日本統治下台湾では、台湾人の声を反映する唯一の新聞として、台湾人の立場から台湾教育をどう感じていたのかが分かる手がかりである。

『台湾民報』の政治的位置づけを考えてみると、『台湾青年』が、創刊された時の資金援助の大部分は台湾議会設置請願運動の中心人物林献堂から出ていたが、『台湾民報』もその流れを汲み、台湾における民族運動と深い関わりをもっていた。台湾唯一の台湾人による政党・台湾民衆党は、台湾の自治および社会改良運動を目的とした文化協会、また台湾議会設置請願運動に関わってきた人々によって結成されたが、楊肇嘉「台湾新民報小史」は、「『台湾民報』と民衆党の活動は表裏一体の関係を保ち、これが台湾の社会・政治運動の主体をなしている」[6]と『台湾民報』と政党の結びつきの深さを示している。次の日本統治下台湾における民族運動と教育の関わりを台湾文化協会の諸活動および後に結成される台湾最初の政党民衆党の教育政策との関連で見てみよう。

第二節　台湾民族運動と教育

台湾文化協会の教育活動

台湾における民族運動の始まりは日本の台湾人留学生の集まりから起こった。大正九（一九二〇）年七月一六日に雑誌『台湾青年』が発刊され、同年九月一一日には「新民会」が組織された。元公学校教員で、東京の高等師範学校で学ぶ蔡培火は「六三法撤廃運動」を打ち出すが、内地延長主義を肯定することから林呈祿は「台湾特別議会設置運動」を提唱した。[7]

翌大正一〇年には第一回台湾議会設置請願書が第四四回帝国議会に提出され、その後昭和九（一九三四）年三月二三日に第六五回帝国議会において台湾議会設置請願書が出されるまで計一五回に及んだ。第一回請願運動に刺激され、台北在住の医師が台湾文化協会を結成した。総理は日本の留学生運動の支援者林献堂がなり、理事として蔡培火、王敏川、蔡恵如、林呈祿、連温卿が選出された。会員数は三〇〇人を超え、台湾文化協会の活動としては次のものがあげられる。

通俗講演会

講習会

夏季学校
新劇運動
書籍、新聞の領布
雑誌『台湾民報』の発行
台湾議会設置運動の母体
中国・東京の各種台湾人組織の後援
座談会
映画上映[8]

台湾文化協会の活動目的は台湾人の文化レベルを上げ、台湾人意識の向上を図り、台湾人のための台湾を建設することにあった。このように台湾文化協会では台湾人の啓蒙活動に重点を置いたが、台湾総督府の教育政策に対しては、日本の近代教育に触れることによって台湾人の視野が広がり、世界の風潮を知ることができるので、全面否定の立場はとらなかった。しかし、台湾固有の言語および文化を重視しながらも、日本人との平等を願い、また日本の支配に対して抵抗精神を養う思考力を台湾人が身につけることこそが重要であるとした[9]。

林献堂《りんけんどう》をはじめとした台湾文化協会の人々は、協会結成当初、一九一五年の西来庵事件を契機として、武力闘争ではない独立自治を目指した議会設置請願運動を目標とした。この運動の目的は台湾文化協会設立の指導的立場にある蒋渭水《しょういすい》の主張に見ることができよう。

「台湾人は日華親善媒介の使命を負うて居る。日華親善の亜細亜民族聯盟の前提である。亜細亜民族聯盟は世界平和の前提である。（略）亜細亜民族聯盟を策する動機は人の最大幸福たる世界平和を招来する使命を持つが為めである。（略）本会は此の使命を遂行すべき人材を造り出す為に設立したものである。然乍ら台湾人には現に病がある。此の病は癒さなければ、人材を造り出す事は出来ない。夫故、本会は目前は此の病根を真先に医治しなければならぬ。私の診断した台湾人の病症は知識の栄養不良症である。故に知識的栄養品を服用するに非らざれば此の病気は絶対に癒らぬ。文化運動はこの病気に対する唯一の原因療法である。文化協会は専門に原因療法を講究し、施行する機関である云々[10]」。

蒋渭水の主張する台湾文化協会の目的は右記の具体的活動を通じて台湾人の病いである「知識の栄養不良症」を癒すことにあったが、農民運動を支持する王敏川《おうびんせん》と連温卿《れんおんきょう》が台湾文化協会の主導権を握り、台湾文化協会が一九二七年一月に分裂してから、蒋渭水が台湾唯一の政党台湾民衆党を結成したのであるが、それを教育に関してどう具体的に政策化していくのか追ってみよう。

台湾民衆党の教育政策

台湾民衆党は、大正一〇（一九二一）年に結成された台湾文化協会から、昭和二（一九二七）年に分離したものである。台湾文化協会の主導権をにぎった共産主義者の連温卿《れんおんきょう》派は農民・労働争議を組織化し、分離した、辛亥革命の影響を受けた蔣渭水《しょういすい》と合法的台湾民族運動の蔡培火《さいばいか》の両派が台湾民衆党を結成した[11]。台湾民衆党は若干の労働組合および農民組合の指示を受けながらも、党の政策としては大衆の現実的な要求を汲み上げるということが重要視されていたことから、民衆党の教育に関する政策課題は『台湾民報』にみられる教育世論と台湾人父兄の教育要求を踏襲しようとした[12]。

民衆党の綱領は「本党は民本政治の確立を以て、合理的な経済組織を建設し、また社会制度の欠陥を改善する」[13]というもので、具体的な政策としては、（1）地方自治の民選および普通選挙、（2）集会、結社、出版の自由などが掲げられている。そして、政策課題の第三番目に「学制改革の要求」として、次の四点があげられている。

（1）義務教育の実施
（2）公学校の教授用語として日本語と台湾語の併用
（3）公学校における漢文科の必修化
（4）日本人・台湾人の教育の機会均など[14]

民衆党の結成以前に台湾民党の設立を昭和二年五月二九日に企てた。その時の綱領で「台湾人全体の政治・経済・社会解放を実現する」ということを唱えたことから、台湾総督府から結社禁止を言い渡された。その理由は台湾人全体の解放を意味していることと、民族自決主義を懐抱しているということであった。[15] しかし、綱領に修正を加えながらも基本的には、政策項目は原案通りとし、台湾民衆党結成にこぎつけたのである。

昭和四（一九二九）年九月二七日の『台湾民報』によれば、台湾民衆党は台湾総督石塚栄蔵に台湾統治に関する目下改革すべき建議を提出した。この建議は一一項目にわたるもので、台湾における自治制度の実施が最も重要な課題であるとした。第一一項目に教育に関する要望が明記されており、それは「義務教育の実施」を願うものであった。

建議に対する説明文は次のようなものであった。[16]

「教育の普及は国家の一大義務なり。而して台湾に於ても内地同様に義務教育を施行すべきは実に島民年来の熱望する所なり。然るに政府は単に財政上の理由により其の実施を拒否したり。更に逆に教育の普及程度の低きを以て、自治制の実施及び台湾人の為に権利の伸張を拒絶する理由と為したるは誠に一大恨事とす。而かも官吏加俸廃止及行政財政の整理によりて一千二百万円程度の財源を捻出するは実に易々なるのみならず、毎年中央政府に貢ぐ砂糖消費税の三分の一の払戻に依りて優に義務教育費を捻出し得べきなり。教育の振興と同時に迷信の撲滅を為すべきは為政者の義務なり。然るに近時稍もすれば高官が迷信奨励の第一線に立つ傾向あるは嘆ずべきなり。彼等は義務教育の即時実施を要望すると同時に、迷信を撲滅すべきを切に望むものなり」[17]。

ここでは、義務教育費実現のため財源の可能性として、砂糖消費税の三分の一と、官吏加俸を廃止すること、さらに行政財政の整理を行なうことによって一二〇〇万円を捻出することを実現可能な提案として出している。『台湾民報』（昭和二年一二月一八日）の記事「両端の教育政策」では、台湾人児童の就学率（三〇パーセント）が日本人児童の就学率（九〇パーセント）に対して著しく低いことから、台湾における三十年来の教育政策は日本人に対しては「積極的に初等教育の普及を計り、且つ高等専門教育の便宜を与えているに反し、台湾人に対しては消極的に普通教育の制限を加へ且つ高等専門学校には選択に選択を重ねて初めて入学を許す[18]」ということを強調した。

先の建議が提出された昭和四年の時点の台湾人児童・生徒の就学率は三〇パーセントであったにも関わらず、台湾人の公学校就学に対する希望は強かった。台湾人の公学校への就学熱の高まりは台湾中部の苗栗《びょうりつ》地方に見られる。苗栗では公学校入学希望者が多数いるにもかかわらず、公学校はただ一校しかなく、男女共学の公学校を住民は望んでいるが、いまだに実現しないでいる[19]。また、昭和五（一九三〇）年三月二一日の『台湾民報』の記事「公学校の児童修学難――教育当局者はどうして呉れる」によると、台湾南部の台南市では、公学校の定員が男子一〇〇人、女子五〇人に対し、入学希望者が男子二〇〇人と女子一〇〇人に達し、半数の生徒が不就学のままであった。昭和五年の時点における台湾における日本人児童の就学率は九八パーセントであるが、台湾人は三〇パーセントにしか満たなかった。台南市当局は公学校増設ができない理由に財政難をあげるが、その一方で昭和四年度に市関係職員の寄宿舎を建てたことが矛盾点として指摘されている[20]。

台湾の自治の実現と義務教育の実施は密接につながっていることが、『台湾民報』の記事「教育と自治は同等に重要」で主張されている。つまり、自治を勝ち取ることによって、台湾人が民選され、予算の議決が可能となることから、台湾人住民が希望する公学校の増設が現実のものとなり、教員も増員されるということであった。これは、台湾民衆党の教育政策の意図するもので、自治の実現こそが義務教育実施をもたらすということであった[21]。

第三節　人物を中心とした台湾民族主義教育の思想と運動

台湾文化協会は啓蒙活動として政治、社会、教育運動と携わってきたが、林柏維《りんはくい》著『台湾文化協会滄桑』では次のように三つの大きなグループに分類している。

（1）「民族主義派」：台湾議会設置請願運動を中心とした啓蒙活動を行う林献堂《りんけんどう》、蔡培火《さいばいか》のグループ、植民地自治が最終目的

（2）「全民運動派」：中国の辛亥革命の影響を受け、民族運動と階級運動を併合し、台湾人全体を

組織する。植民地を解放し台湾の民族独立運動を展開する蒋渭水《しょういすい》、謝春木《しゃしゅんぼく》のグループ

（3）「社会主義派」：農民運動・労働運動を重視する王敏川《おうびんせん》、連温卿《れんおんきょう》のグループ。階級解放と民族独立が目標。[22]

このうち、各グループの代表的人物で、『台湾民報』・『台湾新民報』に比較的教育に関した文章を載せている代表的人物である蔡培火《さいばいか》、王敏川《おうびんせん》、蒋渭水《しょういすい》の三人が『台湾民報』・『台湾新民報』に発表した植民地台湾教育認識を取り上げたい。

1　蔡培火《さいばいか》（一八八一～一九五六）

蔡培火は台湾中部の北港に生まれたが、彼の父は著名な学者蔡然芳《さいねんほう》で福建から台湾に渡って来た。一三才のとき彼は抵抗運動に関わった兄から、キリスト教の伝道に用いるローマ字を介して日本語と漢文を独習し、一七才で台湾総督府国語学校師範部に入学した。卒業後、公学校の教師となるが、一九一四年三月板垣退助の来台を契機に台湾で同化会が結成された。蔡は積極的に同化会の集会などに参加したが、政治参加を理由に教員を辞職させられた。職を失った蔡培火は林献堂から学資の援助を受けて一九一五年に東京高等師範学校理科二部に入学し、在学中にキリスト教に入信した。また蔡は牧師植村正久を通じて後の台湾議会設置請願書の紹介議員となった衆議院議員田川大吉郎、島田三郎、清瀬一郎、尾崎行雄、貴族院議員江原素六《えばらそろく》、阪谷芳郎《さかたによしろう》、渡部暢《わたなべとおる》に面識を得ることができたのであ

る。[23]

一九二〇年一月一日に東京で、台湾人留学生によって「新民会」が結成され、蔡培火は月刊雑誌『台湾青年』の編集兼発行者となる。[24] 台湾に戻った蔡は、台湾全島を回って台湾議会設置請願運動を続けるが、台湾文化協会設立後、同協会の専務理事を務める。蔡培火は、台湾文化協会の活動のなかでも教育映画上演、およびローマ字普及運動に力を注いだ。

ローマ字の必要性に関して蔡培火は『台湾民報』(大正一二年一二月一一日と同年一二月二一日)に「新台湾の建設と羅馬字」という記事を二回に渡って書いているが、ここでは日本統治下台湾における日本語のみの言語政策に問題があることを指摘している。つまり「学校教育は国語教育を以て終始されると云つてもよい程に国語に依るでなければ智能の修得が出来ない。此が為めに本島児童は機械的暗記にのみ長じて、理解、推理の能力に乏しと云ふ台湾教育界の定評が一般に行はるるに至った[25]」のである。

蔡は日本語教育による台湾人児童の知的発達上の弊害を説くが、また日本語教育があまりにも長時間かかることを次のように指摘する。

「国語で一通り他人の意見を知り、自分の考へを表し得る程度まで進むには、六年公学校の卒業生でさへ到底出来ない。六個年に対する四週間、四個月としても重き負担と云ふべき程のものでないではないか。過去二十八年間で国語によって一通り読書きの出来るものが幾人養成されたか。拾万人!

三百六十万に対する十万ではないか。此れに反して国語普及と同じ程度に羅馬字普及を努めたとせうか。此れより三年後にして百万人の羅馬字使用者を養成することは決して困難でないと信ずる」[26]。

蔡は、ローマ字は一日二時間でわずか四週間で習得できることから、台湾文化協会が意図した台湾人の知識の普及と意識の向上を図るには最も有効な方法であるとした。またローマ字普及は、日本語教育普及の気勢を阻止するものではなく、「台湾本島人が既に日本の臣民たる以上、国語を知ってはじめて一人前の働きをなし得る理である」と述べる。そして、ローマ字普及の目的は文字の分からない台湾人と台湾在住の日本人が対象で、日本人がローマ字を用いて台湾語を学ぶことによって「結局双方共、島内に於ける二大用語に習熟して相互の意見友誼を十分に交換することが出来る」[27]と説いた。

しかし、蔡培火のローマ字運動は台湾総督府の締め付けを受けるようになり、昭和六年五月二三日の『台湾民報』の記事では、三回ローマ字の講習会を台南市内の関帝廟《かんていびょう》で開いたが、台湾総督府当局が日本語教育の徹底化の妨げになることから、ローマ字講習会開設を禁止したので、しばらく休止せざるを得なかった。それ以後、蔡は独自の白話文字を考案した。それは、字母二八字のうち、大部分は日本の仮名文字を使い、中国の注音文字六字と新作した三文字からなっていた。この新案文字を使って昭和六年七月中旬、台南市内で前後二回、男女一三〇~一四〇名を集めて講習会を開き、成功を収めた。総督府文教当局者に対する説明では、白話文字は日本語普及の妨げにならないとし、むしろ農工階級、および婦人の知識普及に役立つものであるとした。また、先に述べた台湾人児童が学ぶ公学校教育の不足を補うものであるというローマ字普及と同等の目的も果たしていると説明した[28]。

蔡培火は戦後、教育事業にも深く関わり、一九六五年に淡水工商管理専門学校を創設した。また、中国大陸で、ローマ字表音法が採用されたので、台湾語のローマ字表記法は禁止され、注音符号をもって一九六〇年に『国語閩南語対照詞典』、一九七二年に『国語閩《びんなん》南語対照初歩会話』『国語閩南語対照普通会話』、一九七五年に『閩南語注音三民主義』を編纂し、台湾文化協会のローマ字普及を基礎とした啓蒙活動を息長く続けたのである。[29]

2　蔣渭水《しょういすい》（一八九一～一九三一）

蔣渭水は台湾北部の宜蘭《ぎらん》にて一八九一年二月八日に生まれるが、父は蔣鴻章《しょうこうしょう》といい、宜蘭で占い師をしていた。彼は八才のとき宜蘭の儒者張　鏡光《ちょうきょうこう》の塾に学び、一六才で宜蘭公学校に入り、六年の過程を三年間で卒業し、二〇才のとき台北の総督府立医学専門学校に入学し、卒業後宜蘭病院の内科に九ヵ月務め、台北の大稲埕《だいとうてい》で大安医院を開業する。[30] 一九二一年、三〇才のときに台湾議会設置請願運動に参加し、その後台湾初の政党である台湾民衆党を結成した。彼は医院経営だけでなく、副業として料亭「春風得意楼」を経営したり、中国語の書籍を扱う文化書局を創設した。

蔣渭水は教育問題を重視し、『台湾民報』においても社説などで台湾総督府の教育政策に対して批判し、解決策を提案している。まず、台湾人の初等教育における就学状況および義務教育実施についての彼の立場を見てみよう。

日本統治下台湾における台湾人の教育要求の第一にあげられるのは初等教育の義務教育化である。

これは、前述した台湾民衆党綱領にも掲げられているが、蒋渭水は『台湾民報』（大正一三年九月一一日）の社説「反対建設台湾大学」で、台湾大学が設立されるという台湾総督府の発表に対し、台湾教育会の現状を見るとまったく反対せざるを得ないもので、むしろ義務教育実施に向けて経費を用いるべきだと強く主張した。蒋渭水によると、大正一二年度の統計では、台湾在住の日本人児童の就学率は九九・七パーセントに対して台湾人の就学率は三二パーセントである。しかし、台湾人児童の就学希望者は多く、台北では数年来、毎年千人が入学を拒否されている。初等教育は国民教育の基礎であるのに十分な施設ができない。経費が不足しているというが、どうして大学を建設するのか、むしろ初等教育に用いるべきと蒋渭水は台湾大学の設置に憤慨する。さらに、台湾人が通う公学校の正教員は五一パーセントで、日本人が主として学ぶ小学校には八四パーセントの正教員がいることから、これは「公学校教育の一大欠陥」として、大学建設よりも師範学校増設を訴えた[31]。

また、蒋渭水は「台湾民衆党〜今後的重要工作」（『台湾民報』昭和五年七月一六日）で、日本統治下台湾における台湾人の初等教育の不振に関する原因として次の三点をあげている。

（1）総督府は初等教育を奨励鼓舞するという誠意がないこと

（2）近年台湾人の直面する経済的困窮によるもの

（3）授業料の負担と教科書が高いこと[32]

『国語読本』の価格比較[34]

	小学校（値下げ前の価格）		公学校	
巻数	売値	頁数	売値	頁数
1	8銭	54	10銭	52
2	10	78	10	72
3	10	90	13	78
4	10	96	18	90
5	10	102	20	102
6	10	108	20	102
7	10	114	23	106
8	10	116	23	108
9	10	123	23	120
10	12	134	23	120
11	12	130	23	134
12	14	138	23	136

ゆえに民衆党の今後の課題として、学費を軽減し、貧困児童を容易に就学させることができるよう、授業料徴収撤廃および教科書の大幅な値下げを要求することを蒋は提唱した。授業料廃止に関する運動については豊原店員会および総工会の「小公学校授業料撤廃に関する建議」（『台湾民報』昭和四年一月二七日、昭和五年二月八日）が二回にわたって提出されているが、財政困難でなかなか採択とならなかった[33]。教科書に関しては、教育費の負担が大きい貧困家庭の児童のための価格値下げをする要望があった。次に『国語読本』の価格比較した表を見てみよう。

この表によると公学校の教科書は小学校のものと比べ、頁数はほぼ同じであるが、一～三巻を除いて公学校の教科書のほうが二倍近く高いことが明らかである。しかも、小学校の場合二割の値下げが予定されている。『台湾民報』（昭和五年六月二八日）では「公学校教科書三割減価せよ」という要求が出されている。三割減価せよという根拠は、公学校教科書は台湾総督府文教局の管轄にあり、書籍会社の利益がなく、公学校教科書の原価の六割で生産できることと、指定販売人の利益一割を見込んでも三割の値下げが可能となるということにあった。[35] 台湾民衆党の教育政策は義務教育の実現を支持していたが、具体的な運動としては貧困児童のために授業料徴収撤廃運動および教科書の値下げ運動を行ったのである。

3　王敏川《おうびんせん》（一八八九～一九四二）

王敏川は台湾中部の彰化《しょうか》に一八八九年三月二二日に生まれた。父王延陵《おうえんりょう》は「漢字仔仙」と呼ばれたことから漢文に造詣が深い。一九〇九年に台湾師範学校を卒業後彰化公学校の教師となる。教職についてから一〇年後に日本に留学する決心をし、早稲田大学政経科に入学する。一九二一年に台湾に戻り『台湾民報』記者となり、同時に台湾文化協会に加入し台湾議会設置請願運動に積極的に関わった。[36]

王敏川は台湾文化協会のなかの三つの流れのうち社会主義的傾向が強く、連温卿《れんおんきょう》とともに農民組合を組織し、蔡培火、林献堂、そして蒋渭水などと決別していく。王は『台湾民報』では教育関係の記事を数点書いており、初等教育、漢文教育、女子教育について発言をしている。

王敏川の「公学校教育改善論」（『台湾民報』大正一三年一一月一日）によると、公学校教育はもっとも重要で、改革すべき点は「普及と効果」であった。「普及」とは無学の人を各家庭からなくすことで、「効果」とは勉学が実際に生活において役立つことであった。[37]

王は公学校教育改善に対する希望を六点にわたって述べている。第一は義務教育実施に関する希望である。大正一三年の時点で、台湾総督府の三〇年間の教育成果として台湾人児童が通う公学校の就学率は男子五二パーセントで女子一四パーセントであるが、学校が不足していることから義務教育実施が実現困難なら、学校増設か学級増加を願うというものである。第二は、台湾人の中学校進学の狭き門に対してで、公学校の教育内容は日本人が主として通う小学校と比べ教育水準が低く、同等のレベルにもっていくべきだという。その方法として、中学校の入試問題は小学校の教科書から出題されていることから、公学校の教科書も小学校と同等のものを使うことを指摘した。第三は、公学校の教員の質に関わる問題で、小学校と比べて公学校には代用教員が多いことから、公学校において正教員を充てることで改善することをあげた。

さらに第四として、台湾人児童が学ぶ公学校の授業で日本語を重視することにより生じる問題についてふれている。家庭では台湾語を話し、日本語を母語としない一年から四年生（六〜九才）の児童にとっては、日本語のみの授業はとても負担が大きいことから、台湾人教師が担任となり、台湾語で授業を行うべきだと王はいう。とくに修身、漢文、算術などの学科で、台湾語を禁止し日本語だけにすると各科の習得力が低下することから、四年生以下の担任には台湾人教師（師範学校卒業同等の力を持つもの）がなり、五年生以上は日本人の教師が受け持つのが理想であるという。もし、日本人教師が四年生以下を受け持つ場合、台湾語を学ぶべきことを王は提案している。[38]

第五は、第四と関連しているが、教授方法として、一方的暗記による「注入式教授法」を改めて、むしろ児童の興味や理解力に重点を置いた「啓発教育」が望ましいという。そして、最後の第六では、公学校における漢文科を随意科ではなく必修科に見直すことを提案している。

漢文教育について、王敏川は「奨励漢文的普及」（社説）（『台湾民報』大正一三年一一月二一日）で、漢文がいかに重要なことであるか、その理由を次のようにあげている。

（1）日華親善の媒介となる
（2）中国、南洋等の発展に不可欠
（3）日常生活にとって重要[39]

しかし、台湾総督府は漢文を奨励せずに、むしろ阻止抑圧している。たとえば、漢文を教える書房に対して厳しい取り締まりがあるので、貧しい者は漢文を学べない。裕福な者は漢文教師を雇えるが、そうできない者のために、各地に漢文講習会を開設するか、または書房を認可すべきであると王は言う。台湾が日本の植民地になった当初書房は一七〇あり、総数二万近くの生徒が学んでいた。しかし、大正一一（一九二二）年では、九四の書房でわずか三六七八人しか在籍していなかった。王は、台湾総督府に対して具体的漢文教育の奨励策として、公学校では漢文を必修科にすること、書房を認可し、漢文講習会を設置し、また漢文書籍が容易に購入できるように希望した。

王敏川は早くから、女子教育に関心をもっており、『台湾民報』の前身の『台湾青年』（大正九年九月一五日）の「女子教育論」においても、家庭教育の重視と台湾の自治実現のための女子初等・中等教育普及を説いた。また、「希望女子教育的普及――常設女子師範」（『台湾民報』大正一二年四月一一日）では、女性蔑視などの因習にとらわれ、見識の低い女子は子女を十分育てられないと言い、初等教育における台湾人女子児童の就学率は男子五二パーセントと比べて一四パーセントと低いことから女子師範の設立が急務だと主張する[41]。

王敏川は、台湾文化協会設置当初は台湾議会設置請願運動に関わり、啓蒙運動をかかげてきたが、家庭教育、女子教育、社会教育の重要性を説いてきた。また、彼は前述した蔡培火と蔣渭水に比べると、単なる近代知識の普及だけでなく台湾の自治独立に向けて個人の政治的関わりを強調していた。このことは、王敏川の記事「論立憲的教育」（『台湾民報』大正一三年八月二一日）に見られる。立憲的教育の目的は自主独立の人物を養成することにあり、人格教育を重視し、自由な活動によって自覚的な人物、道徳上支配を受けない、自由な判断ができる人物を養成し、国家政治・政策に参加でき、立法により税の使い道を進めることができる人々を教育することにあった[42]。

以上、台湾文化協会を中心とした日本統治下台湾民族運動に関わる代表的人物三人の教育意見および要求を見てきた。この三人の教育認識を比べてみると全員台湾議会設置請願運動に関わりながらも、教育に関する関心の的が各々異なっている。蔡培火はローマ字普及運動を軸に台湾人の新知識の拡大と意思の表現を試みた。蔣渭水は台湾初の政党台湾民衆党を結成し、党の教育政策に掲げられている義務教育の実施を具体化するうえで、当面の課題として授業料撤廃と教科書価格値下げ運動を提示した。王敏川は一九二七年の台湾文化協会の分裂を契機に農民運動を主体的に展開していくが、王の関心は社会教育、家庭教育、女子教育および漢文教育で、社会の改革を望み、また運動を教育と密接に関わらせた。

すなわち、先にも掲げた台湾文化協会の分裂に至るまでの三つのグループは、その代表的人物の教育思想および運動の相違に代表されるように、各々独自の思想を展開していった。それをまとめると（1）蔡培火、林献堂は「民族主義派」に属し、台湾文化協会の伝統をもって民族自決を達成しようとした。蔡培火の合法的議会設置運動およびローマ字普及運動は、この流れをよく表している。（2）蒋渭水を代表とする「全民運動派」は辛亥革命の影響を受けた民族運動と階級運動を合併させ、台湾人全体を組織しようとした。彼の義務教育実施の運動は、多くの台湾人住民の要望でもあった。（3）王敏川、連温卿を中心とする「社会主義派」は、農民運動を展開し、植民地民族解放として実現し、台湾の民族独立を達成しようとした。王敏川は初等教育、女子教育、漢文教育を通じて台湾の社会改革を実現しようとしたのである。

〔註〕

（1）日本統治下台湾の民族主義教育要求に関しては弘谷多喜夫「日本統治下台湾の民族運動と民族主義教育要求の展開――一九二二～二六年」（代表阿部洋、平成四・五年度科学研究費補助金研究成果報告書『戦前日本の植民地教育政策に関する総合的研究』一九九四年、一〇一～一一八頁）がある。

（2）白話文とは、口語体の文章で、中国の初等学校でも使用されていた。台湾民報社の創設記念として白話文研究会が一九二三年四月から組織化された。

（3）『台湾新民報』の日刊発行五周年の昭和一二（一九三七）年では、発行部数が五万部となった。

（4）「本報十年略史」、『台湾民報』第三二二号、昭和五年七月一六日、二頁。『台湾民報』は東方文化書局の復刻版（一九七三年）を使用。

（5）呉三連、蔡培火等『台湾民族運動史』、一九八六年、自立晩報（台北）、三三三頁。

（6）楊肇嘉「台湾新民報小史」、『台湾新民報』第三二二号、昭和五年七月一六日、一九頁。

（7）許世楷「解説」、台湾資料保存会『日本統治下の台湾民族運動』下、一九六九年、風林書房、三頁。

（8）林柏維『台湾文化協会滄桑』一九九三年、台原出版社、九五～一四八頁参照。

（9）張炎憲「序・台湾人的文化自覚運動」、同上書、八頁。

（10）蔣渭水「五個年中的我」『台湾民報』六七号、大正一四年八月二六日、四三頁。（宮川次郎『台湾の政治運動』昭和六年、台湾実業界社（台北）、一二二～一二三頁所収）。

（11）黄昭堂『台湾総督府』一九九一年、教育社、一三八～一三九頁。

（12）拙稿「日本統治下台湾における台湾人父兄の教育要求――『台湾民報』・『台湾新民報』を中心に」『土曜日』第二号、一九九三年三月二五日、三六～四九頁。

（13）前掲書、『台湾民族運動史』、三六六頁。

（14）同書、三六七頁。

（15）前掲書『台湾の政治運動』一五六頁。

（16）『台湾民報』二七九号、昭和四年九月二七日二頁。

（17）前掲書『台湾の政治運動』一九六～一九七頁。

(18)『台湾民報』一八七号、昭和二年二月一八日、一〇頁。
(19)『台湾民報』二一〇号、昭和三年五月二七日、三頁。
(20)『台湾民報』三〇五号、昭和五年三月二二日、一〇頁。
(21)『台湾民報』三一九号、昭和五年六月二八日、二頁。
(22)前掲書『台湾文化協会滄桑』二一六~二一七頁。
(23)吉田荘人『人物で見る台湾百年史』一九九三年、東方書店、一二三頁。
(24)同書、一二五頁。一九九二年四月一〇日に『台湾青年』から『台湾』へと改称。幼・少・青・壮年・老の区別なくすべての層を対象としたので。
(25)『台湾民報』一三号、大正一二年一二月一一日、一四~一五頁。
(26)『台湾民報』一四号、大正一二年一二月二一日、一二~一三頁。
(27)同書、一四頁。
(28)『台湾民報』三七七号、昭和六年八月一五日、一二頁。
(29)前掲書『人物で見る台湾百年史』、一三二頁。
蒋渭水に関しては次の論文がある。伊東昭雄「蒋渭水と台湾抗日民族運動――台湾文化協会の分裂まで」『横浜市立大学論叢』人文科学系列、三〇巻二・三合併号、一九七七年三月、一七九~二〇四頁参照。
(30)蒋渭水は大安医院で内科、小児科、花柳科(性病科)の診療を行った。同上書四八頁参照。
(31)『台湾民報』二一七号、大正一三年九月一一日、一頁。
(32)『台湾民報』三二二号、昭和五年七月一六日、三頁。
(33)『台湾民報』二一七号、大正一三年九月一一日、一頁。『台湾民報』二九九号、昭和五年二月八日、一〇頁。
(34)『台湾民報』三一六号、昭和五年六月七日、二頁。
(35)『台湾民報』三一九号、昭和五年六月二八日、一〇頁。
(36)楊碧川「『抗日過激』的『台湾青年』――王敏川」、張炎憲、李筱峯・荘永明等『台湾近代名人誌』第三冊、一九八七年、自立晩報、七七~九二頁参照。
(37)『台湾民報』二巻二二号、大正一三年一一月一日、五頁。
(38)同書、五~六頁。

(39)『台湾民報』二巻二五号、大正一三年一一月二八日、一頁。
(40)同書。
(41)『台湾民報』二巻一九号、大正一三年一〇月一日、一頁。
(42)『台湾民報』二巻一四号、大正一三年八月二一日、六頁。

第8章　近代日本の台湾認識

――『台湾協会会報』・『東洋時報』を中心に

明治二八（一八九五）年五月八日、日清講和条約が批准され、台湾は日本最初の植民地となり、以後五〇年間、日本の統治下にあった。本章の目的は、台湾在住の日本人および国内の日本人は台湾・台湾人に対してどのような認識を持っていたか、また、台湾・台湾人観が時代とともにどう変わっていったのかを明らかにすることにある。

台湾が日本の植民地となってから三年たった明治三一（一八九八）年四月に、台湾に官吏として滞在した人たちを中心に台湾協会が発足した。同年十月から月一回発行された『台湾協会会報』[1]は、台湾の事情を日本に紹介する啓蒙雑誌であったが、台湾に関する談話や記事は、当時の日本人が台湾・台湾人をどう見ていたのかを考察する手がかりとなる。

『台湾協会会報』は、明治四〇（一九〇七）年一月まで通算一〇〇号発刊されたが、日露戦争後、韓国が保護国となり満州が租借地となったことから、台湾協会の事業関心が台湾から韓国・満州へと移行していく。それゆえ、台湾協会も台湾だけに活動範囲を限定しないよう、会の名称を明治四〇年二月に東洋協会に変更し、会報も『東洋時報』とし、一〇一号から大正一〇（一九二一）年十二月の二七九号まで発行された。なお、大正一一（一九二二）年一月、会報は『東洋』と改称され、昭和一七（一九四二）年十二月まで発行された。[2]本章では、『台湾協会会報』と『東洋時報』に現われた明治三一（一八九八）年から大正一〇（一九二一）年までの台湾・台湾人に関する記事を通じて、当時の日本人の台湾認識がいったいどのようなものであったのかを検討する。

第一節　台湾協会の設立をめぐって

設立の気運

台湾協会の前身は、明治三〇（一八九七）年四月につくられた台湾会である。この会は、台湾総督府に在職した官吏などで日本国内に戻ってきた者や、台湾および「南清地方」に旅行した者が旧交を温めるためのもので、年一回会合が開かれた。台湾協会設立の中心人物である初代民政局長水野遵は、明治三一年三月の第二回目の会合で、一晩の談話に終わらないように「一種の社交的の倶楽部即ち協会のようなもの」を作る提案をした。その理由を、「元来欧羅巴の諸国が其他に向つて植民を為すには、大抵先つ以て基本国に於て国民の準備即ちアスソシェーシヨン社交的協会の設あることは、諸君の御承知の通りでございまするが、如何せん日清戦争の戦捷の結果として台湾が我領土に属しましたのは、日本に於て其準備のなき中に台湾が我手に這入つたと云ふのであります、全く欧羅巴の先進国が植民地を得たとは、順序を転倒して居ります」（『台湾協会会報』一号、明治三一年十月二十日。以下「協会報」と略す）と語り、植民地として台湾を得たことを契機にヨーロッパ諸国に存在する協会にならって、その設置の必要性が急務であることをあげたのである。

台湾協会の設立

台湾協会の創立大会は明治三一（一八九八）年四月二日に開かれた。創立委員は、水野遵、牧朴真、野村政明、頭本元貞、大倉喜八郎、横山孫一郎からなり、会頭はかつての第二代目台湾総督で、当時陸軍大臣であった桂太郎が推薦された。明治三一（一八九八）年の台湾協会の規約では、その目的を「台湾ニ関スル諸般ノ事項ヲ講究シ台湾ノ経営ヲ裨補スル」（『協会報』一号、明治三一年十月二十日）としていた。桂会頭が台湾協会の設立演説で次のように述べている。「二十七八年の間に我帝国には二十万の兵又二億円の資を費し」、その結果長く記念すべき新版図台湾が手に入ることになり、政府だけではなく国民が植民地に対して「相当の施設」をなすことがもっとも必要であるとした。桂の言う「相当の施設」とは、協会の目的とする九つの事業からなっている（『協会報』一号、明治三一年十月十二日）。

（1）台湾に視察員を派遣し、台湾の真相を知らしめる。
（2）台湾物産の蒐集。
（3）台湾に行く者、台湾から日本に来る者の便宜を図る。
（4）台湾にて事業を起こす者の便宜を図る。
（5）台湾語の練習の場をあたえる。
（6）台湾会館、台湾人が日本にきたときの宿泊施設を作る。

（7）会報の発行。
（8）台湾に関する講演会を開く。
（9）台湾人留学生の監督保護。

以上の活動のなかでも台湾協会の主たる活動は、『台湾協会会報』発行と台湾語を主に教える機関として設立された台湾協会学校の運営であった。台湾視察、台湾に関する講演会、台湾協会学校での学生に対する話などは会報に収録されており、また、以上の事業活動の報告は詳しく会報に載せられている。

東洋協会に名称変更

日露戦争後、台湾協会の活動範囲が台湾に限定されず、韓国、満州へと拡大されていくが、これを契機に明治三九（一九〇六）年十二月二十七日の台湾協会臨時総会の決議によって、翌明治四〇年二月一日以降東洋協会と改称すると同時に事業を韓国、満州へと拡張することになった。東洋協会の規約には、「本会は東洋に於ける平和文明の事業を裨補するを以て目的とし台湾韓国及満州に於ける諸般の事項を講究し以て彼我の事情を疎通し相互の福利を増進するを務むるものとす」（「協会報」一〇〇号、明治四〇年一月二十日）とあり、東洋における平和と文明の事業を推進することとしている。

明治四〇年二月三日に開かれた台湾協会の大会における、桂会頭の名称変更に関する説明によると、

「時勢は変遷いたして参りまして、三七、八年の戦役の結果、又其の後の条約に依りまして、韓国は我保護国となり、又満州に於きまして、租借地といふものが、出来ましたのでございます。而して我協会が設立致しました協会学校に於て、養成いたしました所の人間は、既に満州に、已に韓国に参って居るのでございます。又政治上の関係に於いてこそ違ひまするが、内地と満韓の間に於ても、均しく我々は彼の事情を審かにし、我の事情を彼に審かならしむる点については、前きに協会が台湾協会に於て、仕事をいたしました如く、種々なる方面に於きまして、協会として尽くすべき必要があると感じましたのでございます。依って事実に於ては、既に協会の養成した所の人は、彼の地方に参って、仕事に従事して居る。即ち時勢は之を促して、其の必要を感ぜしむるといふに付きまして、協会は台湾協会の基礎の上に之を推拡いたしまして、之を満韓に及ぼすといふことの必要を感じました故に、今度会規を改正いたしまして、名を改めた次第でございます」[3]と述べ、名称は変更したものの台湾協会の基礎のうえに事業を拡大する旨を力説した。したがって、東洋協会発行の『東洋時報』では、台湾よりも韓国、満州に力点が置かれながらも、台湾関係記事が登場している。

第二節　台湾協会学校の設立と変遷

設立をめぐって

台湾協会が設立された明治三一（一八九八）年四月から二年後に台湾協会学校が創立された。台湾協会の目的の二本柱は、台湾事情の紹介と台湾および南清地方の事業に就く人材の養成であった。『台湾協会会報』の主な記事は、台湾の視察談、物産の紹介、統治問題、他国の植民地の紹介によって占められているが、なかでも台湾協会学校学生に対して行われた入学式、卒業式、および講演会などの話のなかで、学生に対する期待や台湾観を見ることによって、台湾が当時どのように位置づけられ、認識されていたのか、また台湾認識がどのような変貌を遂げていったのかが明らかになる。

台湾協会学校設立にあたって、台湾協会設置の中心人物水野遵の「京都支部設立に就て」（『協会報』八号、明治三一年五月二十日）という記事によれば、「本協会がもう少し整頓致しまして、資金が多くなりますと一つ内地に学校を拵へ、台湾語を教える事に致したい。それは何の為めに致すかと申せば、即ち欧羅巴などでも皆同様でござります、例へば印度に於ける英吉利の役人は、先つ以て幾分か印度語を覚えて、それから印度へ行って二年の間語学をして、初めて本官になると云ふ事に為つて居ります。日本人で支那語の使へる人でも、台湾の語は解りませぬ、支那の官話は通じませぬ様な事で、極く不便な事で、商売をするにも、裁判をするにも二人宛の通弁を要するので、誠に迷惑な話しでござります。其故台湾へ行つて商売を致さうとか、或ひは役人を致さうとか云ふ志のある人々の為めに台湾語を教へ、それから漸次普及すると云ふ事に致しますれば、至極宜からうと思ひます」と、台湾に行って商売に従事する人、役人になる人のために福建省の方言である台湾語を教える学校を日本国内に設立したいという希望があったことが分かる。

具体的な設立案は、明治三三（一九〇〇）年二月十二日に石塚剛毅が台湾協会評議員会に提出した「植民学校設置の建議」に見られる。その趣旨は、台湾統治の困難は、「我行政官吏及一般国民に植民的知識の欠如」があることに根ざしているので、「有為適任の人材を養成」するために、尋常中学校卒業程度を対象とする学校を設置し、「心身共に強健なる学生を羅致して専ら新版図の行政官及び外交官并に領事官たるに適応すべき人材を養成」するというものであった（「協会報」一七号、明治三三年二月二十日）。なお、学科としては、「支那語（台湾土語を含む）、英語、露語、朝鮮語、国際公法、国際私法、行政学、経済学、外交史、植民史、憲法」（同上）が、計画されていたのである。

その後すぐに明治三三年四月に設立が決定され、同年九月に東京麹町の和仏法律学校を仮校舎として開校される運びとなった。[4] 台湾協会学校の目的は、「台湾協会学校規則」によると、「本校ハ台湾及南清地方ニ於テ公私ノ業務ニ従事スルニ必要ナル学術ヲ授クルヲ目的トス」[5] とあり、台湾のみではなく、台湾の対岸の福建省を中心とする中国南部が、事業の対象であった。

また、「台湾協会学校設立趣意書」は、台湾と南洋との関わりを重視している。台湾が日本の領土となって五年たち、治安は一応安定したかに見えるが、台湾の資源開発は遅れているとしてこれを遺憾とし、台湾の重要性を次のように強調する。「抑々台湾の地たる、西に支那大陸を控へて、南に南洋諸島を望み、独り通商貿易の策源地たるのみならず、其陸の産する所、其海の蔵する所、もし能く之を開かん乎、内は則ち三百万衆を養ひ、外は則ち四隣の需要を充たすに足り、真に帝国の重鎮にして南方の宝庫たりと云ふべし」[6]。新領土の経営を成功させ、資源開発を可能にするためにはまず、言語に通じ、台湾の事情に通じる人材を養成する機関が必要だと説いたのである。

台湾および「南清地方」の公私の業務に従事するものを養成することが、台湾協会学校の主たる目的であったが、台湾総督府はどのようにこの学校を位置づけていたのか。児玉源太郎総督時代の民政長官後藤新平は台湾協会主催の会合における演説で、台湾総督府の台湾協会学校に対する期待を次のように述べる。

「抑も台湾に於ける人才の欠乏は実に甚しく、公私共に其不便を感ぜること名状すべからず、是に於て総督府は人才養成の急務なるを思ひ、官立学校設立の計画を立てたり。然るに協会の達識なる夙に此計画を為し、総督府に先じて学校を設立したり。総督府は最早や官立学校設立の必要を見ざるに至りしと同時に弥々協会を依頼せざる可からざるに至れり」（『拓殖大学六十年史』、一九六〇年、七一頁）。

後藤は台湾協会学校に対しては、絶大な信頼を寄せ、協会の力を借りる代わりに財政的援助を約束したのである。そして実際に、明治三四年度より、台湾総督府より毎年一万円の補助があたえられた。

台湾協会学校学生に対する講話にみられる台湾認識

台湾協会の主要事業は『台湾協会会報』を通じた台湾事情の紹介および台湾協会学校の運営であった。『台湾協会会報』の記事には、協会経営の学校の様子が詳しく報告されている。ここにはまた台湾協会学校学生に対して台湾協会および学校関係者、台湾総督府行政官、植民地研究者、財界・政界の著名人から挨拶や講演が寄せられている。これらを通じて彼らが、どのように台湾を捉えていたかを追ってみたい。

台湾協会学校は台湾という特定の地域名がついているにも関わらず、台湾のみを限定したものではなかった。このことは桂太郎台湾協会学校初代校長の仮開校式の演説に見られる。「台湾の対岸たる南清は其の種々の点に於て台地と密接の関係を有し併せて我が本土との関係も亦密接ならんとす。是れ本校に於て台湾に於て公私の事業に従事せんとする者の外併せて南清に於て商工業に従事せんとする者を養成する所以也」（「協会報」二四号、明治三三年九月二十日）と、対岸の福建省に行くという心構えを持って勉強するよう激励した。

桂太郎は明治二九（一八九六）年六月二日に第二代台湾総督になるも、わずか四ヵ月で松方正義内閣の陸相となり総督を辞したが、彼の南進論に対する考えは早くから見られる。伊藤博文首相に対する台湾総督就任後の桂の意見書（明治二九年七月）では、対岸の福建省の厦門港を交通の要衛として捉え、南洋諸島の関わりで台湾の地勢は、「独リ南清ニ対スルノミナラス、更ニ南方群島ニ羽翼ヲ伸張スルニ適宜ノ地位ヲ占ム、現今厦門ヨリ南洋ニ向テ労働者ノ出稼スル者ノ実ニ拾万ノ多キニ達シ、随テ南洋貿易ハ米穀雑貨極メテ多キニ達シ、将来台湾ヲ根拠トシ南洋ニ向テ政事商事ノ勢力ヲ伸張スル、又固ヨリ難事ニアラス」[7]と、台湾と南方との関わりを重大なものとして位置づけた。

阪谷芳郎も開校式の演説で、台湾の産業は大いに発達するものとし、「地味豊沃林産に農産に特殊の産物極めて多く樟脳、茶、砂糖を初めとして米の如き藍の如き産額とても亦極めて夥しその他金鉱あり砂金あり一々枚挙に遑あらず」と述べたが、台湾において働くものがいないことを嘆いた。しかし、対岸および南洋が産業上極めて有望であることを学生たちに説得した（「協会報」二四号、明治三三年九月二十日）。

後藤新平は、台湾協会学校の最も熱心な支持者で、植民地統治の経験のない日本にとって、植民の理想よりも実務に従事する人物を養成することが重要であるとして、台湾協会学校に大きな期待をよせた。また役人よりも商工業のことに通じる人の育成を望んだ。

後藤は台湾協会学校でしばしば講演をしているが、その中でも、明治三四年十二月十七日に行われた「台湾協会学校学生諸君に望む」で当時の日本国内における台湾のイメージがいかに否定的であったかについてふれている。台湾は周知のとおり日本最初の植民地となり、領台当初は大きな期待があったが、膨大な費用がかかり台湾経営の困難にともなって、その反動から、「台湾と云ふものは恰も厄介者であるかの如く今日は考へて居のみならず、総ての事は悪いことは台湾と云ふことのやうに考えて居る。其の証拠には決して頭の禿ることが台湾から流行したことはないけれども、台湾坊主と云ふ名を、如何なる事で名づけたかと云ふことに依つても分る」と述べた。これは、「朝野の人挙つて悪いことは台湾と云ふことを附くるが宜しいと云ふことに、デフィニションが定つて爰に至つたものである、決して昔から流行して来たものでも何でもない」とし、こういった考えは台湾を統治するうえで問題であるとした（「協会報」四〇号、明治三五年一月二十日）。

台湾協会学校は日露戦争を機に、台湾よりも朝鮮、中国に卒業生の活動範囲が移っていくが、明治三八年八月の第三回卒業式の挨拶のなかで、後の台湾銀行頭取の添田壽一は、西洋列強の中国における競争のなかで、物品の販路を拡大していく上で、日本人が、「事情も能く分つて居りますし、又凡て習慣其他が似て居る点もありまするのみならず就中台湾に於ける日本の経験は支那の啓発誘導と云ふ上に大に益する所がある」と、台湾統治の実績をふまえてその視線は中国へ移動する。また台湾協会学校の学生に対しては、「支那の語学を学び支那の事情に通じ、又支那人の特性たる忍耐、勉励、勤倹、凡て所謂辛抱強いと云ふ所の性質を備へて実際に働く人物に依頼する外はない」（「協会報」八三号、明治三八年八月二十日）という期待をよせている。

『台湾協会会報』では亜細亜という用語があまり使われていないが、日露戦争後、亜細亜が使用される。韓国は、日露戦争後日本の保護国となるが、桂太郎校長は「学生諸君に告ぐ」という演説で、日英同盟の主意が「亜細亜の安全」を保つものとし、「誰が此清国の保全をし、韓国の保護をし、亜細亜の安全を保つかと言へば、即ち我々日本人は之に向つて大なる責任を以て此仕事をせなくてはならぬ」（「協会報」八九号、明治三九年二月二〇日）と、韓国および中国が台湾協会学校学生の重要な仕事の対象となることを力説した。

台湾協会学校卒業生の進路を見ると、明らかにその活動範囲が日露戦争後、台湾から、朝鮮、満州に移動していることが分かる。明治三六年七月卒業の第一期卒業生四五名のうち、二一名が台湾総督府に採用されているが、日露戦争後の明治四〇年卒業の第三期卒業生中、台湾・南清が六五名、満州・北清が五〇名、韓国が五八名、日本国内は二二名、その他（米国留学）が二名であった。[8]

さらに、明治四二年四月の第七期卒業生の就職先地域では、台湾協会学校創立以来の卒業生総数三八五名中、いちばん多いのは韓国で一一六名、ついで中国五八名、そして台湾は四九名となっている。大正と昭和期に関しては、次の表に地域別の推移が見られる。

台湾協会学校の卒業生の進路を見ると創設当初就職先は台湾中心であったが、特に日露戦争を契機に韓国が増加し、ついで満州が続くが、第一次世界大戦以降は南洋が増加してくる。

小松原英太郎第二代校長は大正六年四月の入学式において、台湾の薄れゆく存在に対し、日本にとって台湾が重要な地位を占めていることを再認識させようと試みた。小松原は、新入生に対し、「台湾は南洋と密接なる関係を有していて、実にわが南洋発展の門戸である」と語り、「台湾語は、謂わば南洋語であって、南支那地方にも通用するものである」と力説した。卒業生総数の三分の一が朝鮮において活動しているにも関わらず、「本年の入学生の志望は、支那語が最も多く、台湾語および朝鮮語ははなはだ少ない。もちろん支那語は、将来満州支那において仕事をなし、支那と関係ある諸会社等に入るには最も必要であって、対支関係の益々頻繁ならんとする今日において大いに有望なるものに相違ないが、俄に支那語の方面ばかり偏して多くなり過ぎては、将来就職上の困難もあろうと思う」と、「支那語」希望者の偏りを危惧した。また、朝鮮に関しては、「北満州および露領西伯利地方との関係が密接であって、将来日露の関係はその面を一新するであろう」[10]と、朝鮮をロシアとの関連で重視し、朝鮮語学習の必要性を説いたのである。

台湾協会学校卒業生総数の就職先地域[9]

就職先地域	大正 8(1919)年	昭和 4(1929)年
台湾	85	75
朝鮮	336	288
満蒙地方	146	197
支那中部	75	89
支那南部	8	
シベリア	8	–
樺太	–	3
南洋	17	17
その他の外国	11	27
内地	353	929
不明	36	45
計	1,075	1,690

台湾協会学校に一年遅れて設立された上海の東亜同文書院や外国語学校、高等商業学校との競合関係について、小松原校長は、以下のようにふれている。つまり、外国語は外国語学校に及ばないし、物理や簿記その他のことを掌握する点においては高等商業の生徒には及ばない。「支那語」は東亜同文書院に負ける。「併しながら如何なる困難にも堪へ、如何なる任務を命ぜられても困難を厭はずして其任に就いて、堅忍不抜の精神を以つて其の事に当るといふ点に於ては本校は本校の特色を有つて居る」と、「我邦唯一の殖民学校」（『東洋時報』一八七号、大正三年四月二十日）としての自覚を促した。台湾語と朝鮮語の奨励は、語学においては他の学校に勝るからであった。

朝鮮における三・一独立運動は、日本の植民地統治の軌道修正を余儀なくさせた。東洋協会学校幹事永田秀次郎は台湾協会学校の学生に対し台湾人、朝鮮人に対する差別意識を改めるよう迫った。

「我々日本帝国国民は、今日に於ても尚昔日の小日本の考であって、或は台湾人朝鮮人等の新附の民衆に対して軽侮の態度を改めず、又中国人に対しても善隣の誼を敦うするの心得を欠いて居る。之が為に朝鮮の騒擾を招いたり、中国に於ける日貨排斥を見るに至った。勿論之は単に我々国民のみの罪ではないけれども、我々の従来の心得方も悪かったのである。例へば、台湾人を土人と呼び、朝鮮人を『ヨボ』と云ひ、中国人を『チャンコロ』と嘲るが如きがその著しきものである。苟も真に東洋の盟主を以て自ら任じ、東洋平和の擁護を以て天職とする偉大なる国民としては、余りに無自覚なる言動であったと思ふ[11]」。

台湾協会学校の学生に対する話のなかからどのように台湾が位置づけられ、認識されていたかを見ると、台湾が未開拓の農産物や資源を有していることは認めていても、政治的・軍事的・資源的関心事は、日露戦争後、朝鮮、満州へ移っていったことが分かる。また台湾協会学校の学生も卒業後の仕事を台湾から朝鮮、満州へと求めていくこととなる。しかし、台湾に関する記事は『台湾協会会報』および『東洋時報』に絶えず登場した。次に、これらの雑誌にみる台湾観、台湾人呼称の問題および台湾人観、台湾の物産、台湾の風俗風習、台湾人から見た日本人の台湾・台湾人認識について検討してみよう。

第三節　『台湾協会会報』・『東洋時報』にみられる台湾・台湾人認識

「南進論」をめぐって

近代日本における「台湾」は、日本最初の植民地であったにも関わらず、経済、政治上の関心事が日露戦争後、朝鮮、満州に移ったことによって、その存在は際立ったものではなかった。しかし、日清戦争の結果、台湾が日本の領土となったことで、台湾を足掛かりに対岸の福建省および南洋に飛躍するといった「南進論」をめぐる論議が活発に行われたのである。

「南進論」をめぐる論議は、在野にも積極的なものがあった。たとえば、明治二八（一九八五）年に出版された民友社編の『台湾』に、「台湾は実に日本南進の基点にして、退ては以て南関門を扼すべく、進では南洋群島に臨むべし。且は以て南方支那を牽制するに足るべし[12]」とあるように、台湾に留まることなくさらに南洋群島および中国南部を意識していた。また、明治三〇（一八九七）年出版の松島剛・佐藤宏編の『台湾事情』は、「今や台湾、我手に落つ、恰もよし大日本膨張の機に合せるを、若し治績緒につき、拓殖の功挙がるに及はば、此地我鵬翼を延ばすの根拠となるは自然の勢なり、南を望まば比列賓は已に咫尺の間に在り、南洋諸島は飛石の如くに相連り、香港、安南、新嘉坡も亦遠きにあらず、皆な邦人の雄飛を試むべき地たり[13]」と、日本人が南へ躍進する拠点としての台湾の重要性を説いたのである。

『台湾協会会報』に紹介された『京華日報』の記事「台湾の経営」（明治三一年十二月十一日）は、「南進論」の顕著な例として取りあげられよう。その主旨は、新版図台湾の経営方針を日本本国と同一性質のものとし、さらに「常に日本国家及び国民のあらゆる方向に膨張せんことを希望し、あらゆる所に日本的の種子を蒔き、あらゆるものを日本化すべしとなす」と、台湾を植民地ではなく、「帝国本国的」とし、さらにそれを南洋に拡大していこうとした。そして、南進の方法を以下のように述べる。つまり、「南進主義は、已に日本的事物の誇張の方向として殆ど一国の国是たり。日本若し南進せんとせば成らん限り足場を長く南方に延長し、且つ之を堅くせざる可からざるなり。其兵略の点よりするも、亦商業の点よりするも南方版図は固く之れを日本本国的となし、最も枢要なる部分となさざる可からず」（『協会報』三号、明治三一年十二月二十日）。

こういった積極的な「南進論」が唱えられた一方、日本最初の領土である台湾の経営に膨大な費用がかかった。明治二九年から三六年までの軍事費をのぞく国庫補助費が総額二、九八二万となり国内財政のかなりの負担となっていた。そして、台湾を一億円でフランスに売却せよといった台湾放棄論まであった。[14]

台湾協会学校の学生に対する前述の桂校長の「南進論」に関する話のなかでも触れられた台湾と対岸福建省と南洋との関係については、第四代台湾総督児玉源太郎の「台湾統治の既往及将来ニ関スル覚書」（明治三二年六月）において、その経営方策が継承されている。

「一、南進ノ政策ヲ全ウスルニハ、内統治ヲ励シ、外善隣ヲ務メ、可成国際上ノ事端ヲ生スルヲ避ケ、対岸清国並ニ南洋ノ通商上ニ優勢ヲ占ムルノ策ヲ講スル事。

二、本島民ヲ統治スルノ全効ヲ収ムルニハ、唯島内ノ鎮圧ト其民心の収攬ノミヲ以テ主眼トスヘカラス。必ス対岸福建省、殊ニ厦門ノ民心ニ注意シ、其帰向ヲ察シ、反射的ニ島民ノ安堵ヲ図リ、統治ノ目的ヲ達スル方針ヲ採ル可キコト」[15]と、台湾の統治が台湾島内のみに留まらないことを重視していたのである。

対岸福建省の経営をどうするかということに関しては、交通の要地厦門《アモイ》における商権の拡張が重視された。厦門は一八四二年の南京条約において開港された五港の一つで、「最も船舶の出入が便利で安全な風光明媚な外国人居留地としては最適の地」であった。日本国内の新聞『国民新聞』（明治三二年八月三十日）の「厦門の専管居留地」という記事は、厦門は「我が台湾と一葦帯水を隔てたる群島の一にして台湾と福建省との関鍵たり」と重視した。また台湾は経済上、政治上、常に厦門に牽制、支配される位置にあることに触れ、「厦門は発電所にして、其の原動力は、台湾に向て、種々の活動をなしつつ」あると説いた。[16]

しかし台湾から逃れた元抗日軍によって厦門東本願寺が放火されたということをめぐる厦門事件が明治三三年に起こった。新聞『日本』（明治三三年九月十七日）は、厦門の暴挙は台湾総督府の失政の結果起こったもので、「厦門における日本勢力の頓挫は直ちに台湾の統治に影響し、台湾の失敗亦た厦門の領事の威信に影響」することから、日本政府および台湾総督府が中国政府に抗議しなければ、今後の台湾統治および台湾の資源の開発に影響を与えると訴えた。[17]

台湾視察談にみられる台湾

『台湾協会会報』および『東洋時報』には、台湾視察談が多く載せられているが、学者、政治家、実業家が実際見た台湾の印象を通して、当時の台湾が日本人にどう受けとめられていたかを追ってみたい。

大阪商船会社社長で後に原敬内閣の文相となった中橋徳五郎の「台湾土産」では、実際に台湾を訪ねてみると、台湾は熱いといわれるが、冬は日本国内と約一〇度の差があるが、夏は日本国内の大阪と変わらないという。また、「台湾」という名称については、否定的なイメージがあるので、「南洋道」に変更すべきだと提案した。その理由は、「彼の人は台湾行きだとか、彼の者は台湾ものだとか、台湾の落武者だとか云ふことを能く聞き、又能く言ふが、之は困つた話である」とし、北海道はかつて蝦夷といったが改名したので、「台湾も台湾と云へば明治七年の西郷都督の生蕃の征伐だとか、二八年には我々の親類が死んだとか、疑獄事件が有つたとか云ふことを連想するが故に、此際南洋道と何とか立派なる以前と一向関係のなき美名に変ずることを必要と思ふ」(『協会報』八号、明治三二年五月二十日)と、今までの悪い台湾イメージを払拭するために「南洋道」という新名称を提案した。しかし、これは中橋だけの思いつきではなく、台湾総督府がすでに提案していたことに賛成するとして語られたものである。

南洋道という名称は、明治四一（一九〇八）年十二月九日の『報知新聞』の記事「南洋道新設」に見られるが、琉球、台湾、奄美大島を合わせ亜熱帯地方の一政庁を作り「南洋道庁」として殖産工業を図るというものであった。『琉球新報』（明治四一年十二月十六日）は沖縄の独立会計を主張し、南洋道庁設立に反対する立場をとった。こういった声が反映されてか、結局南洋道庁は設置されなかったのである。[18]

台湾人の呼称と台湾人をめぐって

日本統治下台湾において、日本人は台湾人をどういう呼称で呼んでいたのか、また日本人は台湾人をどう見ていたのであろうか。台湾人の呼称に関しては一般的には、台湾が日本の領土となった当初は、一番多い漢民族系住民を「土人」、先住民族を「生蕃《せいばん》」と呼んでいた。弘谷多喜夫の論文「台湾人呼称について」では、台湾接収当初の公文書に見られるのは「土人」呼称が多いが、法令などでは「本島人」と呼ばれ、日本統治下台湾では、概して「本島人」または「台湾人」と呼ばれていたという。[19] しかし、『台湾協会会報』・『東洋時報』では、実際どういう使われ方をしたかを見てみよう。

様々な呼び方がされ、同一人物の同一記事または談話でも台湾人呼称が一定していない。『台湾協会会報』創刊号の台湾協会設立の中心人物水野遵の演説筆記「台湾協会の経過に就いて」は、台湾協会の事業目的の一つとして台湾人を日本国内にできるだけ多く訪問させ、その便宜を台湾協会が図るという内容であるが、これは、台湾人呼称がいかに使われているかを知るための好材料である。「又台湾人が内地へ参るには、内地と台湾とを結付けるのが大なる必要のことでございます、是は明治二八年から樺山総督の方針でございました、幾ら日本が強い、日本は支那に勝つたと云つても、なかなか此の支那人殊に祖先から台湾に植民して居る者には、台湾と云ふ事より外に何にも知らない、先づ之を内地に伴れて来て鉄道に乗せれば、成程吾は前年上海まで船に乗つて行つたが、支那にはケ様に長距離の鉄道はない、日本はえらいと云ふので、初めて日本の事が分る、今でも総督府の方針はでき得らるる丈は土人を内地へ出すやうになつて居ると考へます」(『協会報』一号、明治三一年十月二十日)。

ここの水野が対象としているのは、すべて漢民族系住民であるが、日本本国に対して彼等を「台湾人」および「土人」と呼び、さらにそれをあえて先住民族から区別する際には、「支那人」と呼んでいる。このほかにも、水野は「台湾人民」、「台湾島民」という呼称も同時に用いている。

桂台湾協会会頭も台湾人呼称に関しては多様な使い方をしている。「台湾協会の設立に就て」(『協会報』一号、明治三一年十月二十日)では、台湾協会の事業の目的の一つとして「台湾の産業品及び台湾人民の嗜好に適しまする所の本土の商品を蒐集致し、彼我商業の発達を図る」と、ここでは「台湾人民」を用いている。しかし、同じ創刊号の「台湾所感」では、台湾統治に関して、「下級行政に於ては勉めて土人をしてこれに参与せしめ、以て新政の貫徹を計るに在り」と、「土人」という名称を同時に使っている。

台湾総督府国語学校長の町田則文は、「創業時代の台湾教育」という一一回にわたる連載（『協会報』四四～五五号、明治三五年五月二十日～三六年四月二十日）を書いている。[20] そのなかでは「台湾人」、「土人」、「台湾土民」、「台湾人民」が使われているが、台湾人と土人という呼称が頻繁に用いられている。

台湾人呼称の問題について台湾課長の森田茂吉は「台湾視察談」（『協会報』九号、明治三一年六月二十日）のなかで、今まで日本人は台湾人を「台湾土人」と呼んでいるが、改めるべきと提案する。森田によると、「土人と言ひますと北海道土人保護法と云ふものが出て土人と云ふと直ぐアイヌを予想」するが、台湾人は、台湾在住の日本人と雑居し、商売をしており、農業をし、社交上も「立派な住民」と認められる。むしろ問題は、台湾在住の日本人にあり、台湾人に対して商業上、社交上全く信用がなく、一獲千金を夢見る者が多く素行も良くない。森田は、「台湾協会として其台湾の状況を能く知らなければならぬ責任を以ておる協会である」ことから、協会員が台湾人を「台湾土人」と呼称するのは不適切であると考え、「台湾土人」と言うことを廃止する建議を台湾協会に提案した。

このほかに台湾人呼称の問題に関しては、明治三七年二月二十日に台湾教育会で行われた那珂通世《なかみちよ》の講演筆記「台湾人に関する意見」でふれられている。那珂は初めての台湾訪問で、日本人を内地人、台湾人を土人、本島人と呼ぶことを知るが、日本本国でこの名称を使う場合、台湾の土人、台湾の本島人と地名を付けないと分からないという。また内地人も、日本では台湾は外地に当たるので外地人と呼ばなければならないとする。そこで、那珂は台湾人を「漢人」、日本人を「和人」と呼ぶように勧める。

『台湾協会会報』では、台湾人と土人という名称が多く、日本統治下台湾において一般的だとされる「本島人」は日露戦後定着していくようである。

台湾の風習について

台湾の植民地経営の基盤を形成した児玉源太郎総督時代の民政長官後藤新平は、台湾統治の基本方針として「無方針主義」を打ち出した。つまり、統治の対象となる台湾人の性格や風習を十分知った上で政策決定すべきで、そのためには綿密な調査事業を行わなければならないことから、統治の方法を考究中の現在は、無方針で望むというものであった。台湾は日清戦争の結果日本最初の植民地となったが、欧米の植民地の場合、あらかじめ植民地となる地域を宣教師などが調査をしているにも関わらず、台湾に関しては予備調査が十分なされてこなかった。後藤は土地調査、人口調査、旧慣調査等を行なうが、統治当初は、旧来からある風俗風習に関しては急激に変更しない漸進的な政策を採った。

台湾に従来から伝わる習慣に関しては、台湾銀行頭取添田壽一は、台湾協会での講演「植民談」で、「旧慣などをいぢくるといふことは甚だ不得策」とし、日本人は物事に対して潔癖症であるが、「余り潔癖に流れては、却つて民心を収攬することは出来ない、風俗習慣などはどうでも宜しいことで、それをやかましく言つては大きな仕事が出来ないといふ憂ひがありはしませぬか」(「協会報」三二号、明治三四年五月二十日）と、急激な変化を望まなかった。

ここでは、台湾の風俗風習のうち辮髪、纏足、阿片について取りあげる。

1　辮髪

日本統治下以前から行われていた三つの風習、辮髪、纏足、阿片のうち、最も早く淘汰されたのは辮髪であったが、それは台湾における武力抵抗運動が、明治三五年に一応弾圧され、続々と断髪者が増加したからである。台湾南部が一番抵抗運動の根強い地方であったが、抵抗運動の激しかった台南地方の噍吧哖（タバニー）においても断髪者が五千人に及んだ。また台南地方の山間部の住民は、台湾総督府の弾圧を逃れるため六、七千人が断髪したとある。「断髪者の服装は概して支那服を着け居れども其中有力者は洋服又は日本服を用ふるものあり」（「協会報」四五号、明治三五年六月二十日）で、また、明治三五年を境に各官庁は多少の誘惑はしたが、強制を用いなくとも自然に断髪者が増えていった。

台湾における辮髪に関しては、明治三二年四月二十一日の『読売新聞』に「台湾土民の断髪を厳行すべし」という記事が載り、日本国内でも辮髪廃止の問題に関心が寄せられていた。その内容は台湾を領土にしてから五年の年月が経ったが、台湾統治策が難航しているのは、辮髪を断てないことに一大原因があるとする。その理由は、対岸の福建省、広東省からは中国人が雑貨または阿片の密輸をし、また台湾の「土匪」に兵器を与えているが、辮髪の風習が行われていることによって台湾の住民と中国本土の住民の区別がつかないことに求められる。また、台湾で断髪しているものは「官衛の小使、生意気なる軽薄者、囚人及び帰順土匪、土匪の嫌疑者等あるのみ、而して順良忠実なる紳士紳商は却て之を嫌忌せり」で、台湾総督府は「速に断髪を履行し、同時に囚人及土匪の如き、不良の徒には辮髪せしめ、以て良民と不良の徒として一目鑑別」しやすいようにすべきであるとした。さらに、辮髪は「愛親覚羅氏が支那統一の政略に出しものにして、実に満州の土風のみ、而して彼はこれに依て能く支那統一の目的を達したり、今台湾は既に我領土にして、其民は悉く我皇の臣民なり、尚ほ何の必要有てか此蛮風を存せんや」と結んでいる（「協会報」八号、明治三二年五月二十日）。

辮髪が保存されなければならない理由が、那珂通世《なかみちよ》「台湾人に関する意見」に述べられている。第一の理由は、台湾がもし日本の領有より離れ、再び清国に帰属した場合、辮髪をしなければ不都合であるという心配に根差しているからということ。第二の理由は、嫁を娶るに断髪をしていなければ、良縁に恵まれないという現実であった。那珂は、この理由はもっともであるとしながら、辮髪に対する意見としては、明朝を清が滅ぼしたときに辮髪を強制し、従わなかったものを無数に殺害することによって辮髪を断行したことから、「之を拒み死を厭はざりし程嫌忌せられたる制度なれば、日本は之を除くに如何なる方法をもってするも決して圧制と謂ふ可からず」として、歓迎されるであろうと考えたのである（「協会報」六五号、明治三七年二月二十日）。

明治四四（一九一一）年二月十一日に断髪会が台北で起こり、百余名の断髪者を出したのを契機に風俗改良会が漸次設立された。しかし断髪・纏足解除が普及するのは総督府始政二〇年を迎える大正四（一九一五）年からであった。吉野秀公『台湾教育史』には、「大正四年始政二十年記念として六月十七日頃より断髪解纏足をなす者漸く多く同年八月迄に断髪纏足者百二十余万人に達した。是等は対岸支那に於ける断髪解纏足と起を一にするものである」[21]と記されている。おそらく辛亥革命を機に中国では、辮髪、纏足が行なわれなくなったであろうと思われる。

2 纏足

纏足は宋末より行われ、長い歴史をもつことから、この風習がなくなるのは辮髪よりも困難であった。纏足の方法はどのようなものであったのかについて、『台湾協会会報』の「台湾婦人の纏足について」（一九号、明治三三年四月二十日）で、次のように紹介されている。

「纏足の習風ある家にては、貴賤貧富に論なく、競ふて女脚を纏小し、唯だ其小ならざらんを恐る有様なり、俗に纏足の美を称して、三寸の金蓮と云へども、実際は尚ほ之より小なるものあり。（略）女子早きは四五歳、遅きも十二三歳に至れば、先づ蹈趾を基準として、他の四趾及之に連繋する蹠骨楔状骨を共に激しく蹠面に向て屈折せしめ、恰も内反馬蹄足の如き形と為し、（略）各関節は何れも脱臼若は半脱臼の状態になるが故、足蹠はために甚だしき凹陥を呈し、足背は著しく穹隆するに至る、故に各趾節は極めて薄弱にして、爪甲の如きは只痕跡を止むるのみ。之に反して足背より見るときは只一蹈趾を存ずるのみなるが、其蹈趾の発育は比較的佳良なり（略）纏足を行ふ材料は幅二寸余、長さ五尺許（略）の帛にして、之を以て脚の前後及び中部に緊束し、脚底より脚蹠の屈折点に至らしむるなり、此の如く為したる後、華麗なる繍鞋を穿たしめ、鞋後厚布を縫接して、足省裡に配し、繍鞋の両辺に紐襻を付け、脚帯を通じて足首に捲着するなり。（略）猶足蹠凹陥し、足背穿隆して、前低下に向ひ踵部との平衡を得ざるを以て、繍鞋の間より跟下に高さ一二寸の木片を挿入して、脚底の平均を保ち以て歩行を助くる也」。

なお、纏足の弊害は、纏足をはじめているときは、大変な苦痛をともない、「食欲を減じ、身体羸痩して、顔貌蒼白、一見虚弱質小児の如く、動作不活発にして、沈鬱性と為り、甚たしきは下脚の麻痺を来すものあり」というものであった。しだいに慣れると、各趾間は密着し皮脂の分泌物は腐敗分解し、悪臭を出す。したがって絶えず洗浄が必要とされるが、皮膚が柔らかく、傷つけば、ペスト、破傷風にかかる危険をともなう。また運動ができないため、「筋肉の発育を妨げ、血液の循環食物の消化共に不活発にして、前身の新陳代謝作用を亢進せしむる能はざる等、衛生上に害を與へ身体を累弱せしむること少なからざるなり」ということになる（「協会報」一九号、明治三三年四月二十日）。

明治三三（一九〇〇）年三月に「天然足会」が結成され、纏足を解いたものには一足一円二十～三十銭の靴が与えられた。しかし、明治三八（一九〇五）年十月十日の時点では纏足者八〇万六一六人、女子人口の五六・九パーセントを占めていた。[22] 多くの害があるにも関わらず、大正年間に入っても多くの台湾の婦人は纏足を続けたが、その理由は、男子が大金をもって嫁を娶り、外出を禁止したことと、女子の足の小さいことを「婦女の身体の最重要な部分と為」したことによる。[23] また、日本統治下台湾における女子の就学率は、纏足が解かれるまでは、なかなか上がらなかった。

3　阿片

台湾の阿片政策は急激な阿片の禁止または取り締まりをするのではなく、徐々に減少させるという目的の下に吸飲者の登録制度を導入した。この阿片専売制は、台湾総督府の収入増をもたらし、たとえば明治三〇年では、阿片収入は台湾特別会計の三〇パーセント、翌三一年では四六パーセントに達していた。[24]

阿片吸飲が中国で慣習化されたのは明代末のことで、ほぼ三百年の歴史があり、この間法を設けて輸入禁止、あるいは厳刑酷罰を定めたが、阿片は根強く広まった。日本統治下台湾では、後藤新平民政長官の意見を基礎に明治三〇年一月に「阿片令」が発布され、阿片の風習を台湾人の吸飲者に限り特許制にし、公医の指導のもと、また学校における阿片の害毒防止教育の普及が行われた。阿片吸飲者は台湾総督府の予想では一八万人とされていたが、結局登録したものは五万人弱であった。しかし、明治三三（一九〇〇）年三月の統計を見ると一六万九、六一四人の阿片吸飲登録者がおり、これを頂点として、明治末年では、八万七、三七一人、大正末年では三万一、四三四人、としだいに減少していった。[25]

後藤民政長官は「阿片の厳禁、断髪の履行、纏足の解令論の如き之を行はずんば台湾統治の策なしともまで極言し国民亦之に帰嚮せんとしたるにあらずや」(「協会報」一六号、明治三三年一月二十日)と阿片、断髪、纏足廃止の論調が、日本国内の世論として強かったことを台湾協会での講演「台湾の将来」で触れた。それにも関わらず、台湾人の旧慣をふまえた植民政策を実施したのである。明治三〇(一八九七)年五月八日の台湾住人の国籍決定のとき、台湾人は阿片、辮髪、纏足について存続を願った。[26] 当時の台湾総督児玉源太郎は急激に禁止を実行しなかったが、これは後藤の方針に基づくものであろう。

大正七年に明石元二郎総督は民政長官下村宏に対して「台湾を日本の領土とするためにここに来て台湾人を日本化さうと欲してゐる」[27] と言った。同化主義がこのころから徹底されていったことを、この言葉が明らかにしていると言えるだろう。その後さらに皇民化が昭和一二年より徹底されるが、大正中頃までは台湾の習慣事情に合わせた政策が採られていたのである。

第四節　台湾人からみた日本人の台湾認識

「一台湾人の告白」

『台湾協会会報』・『東洋時報』の記事において台湾人の意見や声が表されるのはきわめて少ない。だが、これは日本統治下台湾においてどの言論機関においても共通してみられることであった。ただ、台湾人が発行する唯一の新聞『台湾民報』・『台湾新民報』には、台湾議会設置運動を軸に台湾人による自治の実現を中心として、様々な意見および要求がみられる。[28]

『東洋時報』にも台湾人の台湾総督府の政策に対する批判に対する考え方および日本人観が分かる記事が掲載されている。それは、大正九年三月と四月（二五八号〜二五九号）の呉道士《ごどうし》「一台湾人の告白」で、台湾人の立場から日本政府当局者、台湾の施設当事者、日本の知識階級に対して、「極く沈痛なる心の底に蟠つて居る所の思ひ」を七点にわたって述べている。

第一は、日本人役員の台湾人に対する態度の問題である。例として、神戸に上陸する台湾人女子学生が自分の名前を林（ハヤシ）と言ったことに対して「誤魔化すな、お前は林（リン）だろう」と頭から叱ったという。日本化と言いながら、こういった役人が存在するという矛盾を指摘している。

第二は、台湾人の中国への渡航についてである。渡航は、日本経由に限られていたが、これは台湾総督府が台湾と中国本土の切り離しを意図していたからである。この点について、中国との貿易その他の経済関係では、台湾人が日本人と共同で仕事をした方が日本にとっても得策ではないかという。

第三は、教育、とくに中等・専門教育の機会均等についてである。台湾人のための中学校を日本国内の学校と同じレベルにし、日本国内の専門学校に通えるようにしてほしいと言うものであった。この点に関しては、大正一一年の「新台湾教育令」によって若干改正されることになる。

第四は、日本人の台湾人に対する差別意識の問題である。台湾在住の日本人は台湾人を上下関係でしか見ない。それは施政、社会、教育、結婚、会社設立において顕著である。

第五は政治についてである。日本人の下級官吏を一掃し、自治機関を整備し、植民地議会を開設することによって、台湾人自らが政治に参加することが必要であるという。呉道士は、「文化の程度、民力の発展に相応はしき政治機関を設けることは政治の要諦である」としている。また、自治要求と商工業の自治組織である商業会議所の設置を認めるよう要求している。

第六は、日本人警官の台湾人に対する差別待遇で、日本人と台湾人が争った場合、日本人の方に非があった場合でも台湾人が不利になる点をあげている。

第七は、朝鮮の三・一独立運動の余波で、台湾における新聞に朝鮮という二字をことごとく載せないことによって、朝鮮関係の情報を閉ざしていることに触れている。

また、最後に台湾人から見て日本人はおどろくほど台湾のことを知らないことをあげている。「何分にも台湾人といへば直ぐ生蕃と取違へて断定し（略）又台湾の土地と云へば直ぐ蛮界其物の如くに考へたり、或は春夏秋冬マラリヤの猛烈に蔓つて居る所と考へたり、或は海岸に行けばバナナ又はパイナップルの畑がある所のやうに考へるとか或は台湾人が内地に来るといふことを予告するといふと、直く生蕃が来るもののやうに考へて殆ど其の三百万の支那系統の福州人並に広東人を以て僅か十三四万しか居ない生蕃と混合して仕舞ふ」。こういった日本人の台湾・台湾人認識を改めるために台湾総督府が日本国内の雑誌、新聞、その他の刊行物で「所謂効果あるプロパガンダ」を盛大に行ってほしいと提案する。

「台湾事情の宣伝」

前述の記事に反応してか、『東洋時報』の次号二六〇号（大正九年五月二十日）で、「台湾事情の宣伝」という文を東洋協会が公表した。台湾がどんな所であるかという問いに答える形で説明しているが、台湾が領土となってから二〇年以上たっても、台湾を知っている人はきわめて少数で、「台湾の事と云へば甚だ無頓着で理解に乏しく又新附の同胞に対してもその同情が少ない」ことを遺憾としている。この宣伝文によると、第一次世界大戦後の日本国内の日本人の台湾イメージまたは台湾認識がどのようなものであったか、また東洋協会の宣伝文では、どのように台湾の現情を説明しているかを次にまとめてみる。

（1）日本国内では台湾といえば生蕃《せいばん》ということを連想する。これは大いなる誤謬。台湾の人口は三五〇万、その内生蕃はわずか八万人。山地の奥深くに住み、鉄道附近には現れない。
（2）台湾の文化の程度は日本と変わらない。普通教育、専門教育も進歩している。日本国内に大学を始め六百余名の留学生が学んでいる。
（3）台湾はマラリア、ペスト、コレラなど悪疫の流行地と思っている。また禿頭病までも台湾坊主と言って台湾固有の病気だと思っている。今日の台湾における衛生状態はきわめて進歩している。マラリアは市街地にはまったくない。病院は完備し、道路も清潔。
（4）台湾は「南方の楽土」。門司から二昼夜で着く。一年中花が咲き、米が二度穫れ、バナナや蜜柑ができるところ。
（5）日本人は島国根性があり、中国人、台湾人、朝鮮人を軽蔑する。世界から孤立することになる。台湾人や朝鮮人に対する言葉使いや態度に注意すべき。
（6）台湾人の呼称に注意。「台湾の土人」と言ってはいけない。台湾人と呼ぶべきであるが、「台湾人」、「日本人」は「等しく是れ、我が日本国民の一人であつて同じく我殿下の赤子」であるから、日本人は「内地人」、台湾人は「本島人」と呼ぶべき。

前述の「一台湾人の告白」とこの宣伝文が書かれたのは大正九（一九二〇）年三月から五月の間であるが、第一次大戦後、台湾に対する認識を再検討する機運になった。これは、朝鮮の三・一独立運動、中国の五・四運動の影響で、民族自決運動が台湾人の間でも高まった。また、大正九年三月には東京で台湾人留学生の組織、新民会が結成され、台湾議会設置運動の中心人物林献堂が会長になり、翌大正一〇年二月に台湾議会設置請願運動がはじまっている。

東洋協会が出した宣伝文は呉道士の「一台湾人の告白」の訴える日本国内の台湾に対する知識不足に関しては、答えている。しかし、台湾人の要求する議会設置運動については、触れていない。また、台湾人呼称に関しては、呉道士も「台湾人」という呼称を使っているし、台湾民族運動に関わる人々も、「台湾人」と自らを称していた。本島人と呼ぶようになったのは、むしろ田健次郎総督時代に強化された同化主義政策以降であることが「台湾事情の宣伝」にも明らかにされている。


『台湾協会会報』・『東洋時報』を通じてみた台湾認識の変化は、大きく分けて三つの時期に分けることができよう。第一時期は日清戦争後、台湾が日本の領土となったときで、台湾の位置づけおよび価値について日本国内でも大いに論じられた。また、財政的負担が大きく、帝国議会でも財政独立をめぐって議論があり、また台湾統治に関しても「六・三法問題」をめぐって論争があった。第二時期は日露戦争後で、韓国が保護国に、満州が租借地になったことから、台湾に関する関心が急激に薄らいだ。このことは、台湾協会学校卒業生の進路を見ても一目瞭然であった。第三時期は第一次世界大戦後で、それまで知られていなかった台湾を再認識する気運が起こるが、その契機は台湾議会設置運動を軸とする民族運動の高まりと、台湾を日本と一体化する内地延長主義との関連で台湾人に対する意識と態度を改める気配が強まったことである。

日本人の台湾認識を知る手がかりとして、多くの日本人が実際に台湾を訪問した旅行談や視察の報告が、『台湾協会会報』・『東洋時報』に記録され、台湾・台湾人観を知るうえで参考になる。概して、台湾人認識は好意的なものが多く、露骨な偏見や差別意識は見当らない。しかし、台湾協会の目的は台湾事情の紹介および日本国内の台湾関係記事の報告にあったが、たとえば、紹介されなかった記事に明治三六（一九〇三）年大阪で開催された第五回内国勧業博覧会で、アイヌ、沖縄、台湾、朝鮮の女性を「人類館」で見せ物にして、問題となった事件がある。[29]『台湾協会会報』には、第五回内国勧業博覧会に関する報道はあるが、人類館事件のことには触れていないなど「政治的」であったことは免れない。

とはいえ、台湾の自治組織設立を支援する意見、台湾総督府の統治に対する批判、日本人の問題行動などが随所に表れ、明治三四年十月から大正一〇年十二月までの台湾に関する情報は検討に値する。また、多くの記事が口述筆記なので、その語り口から、当時の率直な台湾・台湾人観を知ることができる。

〔註〕

（1）『台湾協会会報』（復刻版）全一二巻、別巻一巻（ゆまに書房、一九八八年）。なお、別巻に上沼八郎の解説「台湾協会とその活動」五〜六五頁が収録されている。『台湾協会会報』の発行部数は、創刊号が六〇〇〇部、二一〜

四号は一五〇〇部、五号は二〇〇〇部、七〜八部は三〇〇〇部印刷された（『台湾協会会報』九号、明治三二年六月二十日、六九頁）。

（2）『東洋時報』から『東洋』に改題された理由はあまり明確に説明されていないが、『東洋』の創刊号の編集後記によれば、『台湾協会会報』が発行されてから二五周年を機に『東洋』と改められたとある。また、第一次世界大戦後の世界の植民地における民族自決運動の高まりに対応するため、「文化主義」という新主義・主張が掲げられたことも改題の理由としてあげられている。ここでいう「文化主義」とは、「人類の平等を意味し、人間の優劣強弱を度外視する」ことにより、植民地と本国の「共存同融」を目指すものであった。（『東洋』第一号、大正一一年一月二十日、一八九頁）。

（3）『拓殖大学八十年史』（拓殖大学創立八十周年記念事務局、一九八〇年）一一一頁。

（4）明治三五年五月に東京、小石川区（現在は文京区）の茗谷町に新校舎を建設した。台湾協会学校の名称は次のような変遷を経て現在の拓殖大学に至っている。前掲書『拓殖大学八十年史』七七四〜七八三頁の「学校法人拓殖大学略年譜」より作成。

台湾協会学校
明治三三（一九〇〇）年六月設立認可（同年九月開校）
台湾協会専門学校
明治三七（一九〇四）年四月改称
東洋協会専門学校
明治四〇（一九〇七）年二月改称
京城分校（朝鮮）
明治四〇年十月開校（大正七年四月、分離され、東洋協会京城専門学校となり、大正九年五月、私立京城高等商業学校と改名し改組）。
東洋協会旅順語学校および東洋協会大連商業学校
明治四三（一九一〇）年九月開校
東洋協会植民専門学校

大正四（一九一五）年八月改名
拓殖大学
大正七（一九一八）年四月改名（専門学校令）
東洋協会大学
大正一一（一九二二）年六月改名（大学令）
拓殖大学
大正一五（一九二六）年十二月再改名
紅陵大学
昭和二〇（一九四五）年十一月改名
拓殖大学
昭和二七（一九五二）年十月再改名

（5）『拓殖大学八十年史』前掲書、七一頁。
（6）同書、七〇頁。
（7）上沼八郎「台湾協会とその活動」（『台湾協会会報』別巻）二〇頁。出典は国立国会図書館憲政資料室所蔵。『桂太郎文書』。
（8）『東洋時報』一〇九号、明治四〇年十月二十日、七八頁。
（9）『拓殖大学八十年史』前掲書、二一一、二七二頁。
（10）同書、一九六〜一九七頁。
（11）同書。二三〇頁。
（12）民友社編『台湾』明治二八年、一四七頁（中国方志叢書台湾地区一〇六、成文出版社有限公司、民国七四年）。
（13）松島剛、佐藤宏編『台湾事情』春陽堂、明治三〇年、十三頁（中国方志叢書台湾地区一一四、成文出版社有限公司、民国七四年）。
（14）『拓殖大学六十年史』（拓殖大学創立六十年史編纂委員会、一九六〇年）二七〜八頁。
（15）鶴見祐輔著『後藤新平』第二巻（勁草書房、一九六五年）四一八頁。

(16)『台湾協会会報』一二号、明治三二年九月二十日、七七頁。
(17)同書。厦門事件に関しては、許世楷『日本統治下の台湾――抵抗と弾圧』(東京大学出版会、一九七二)一一六～一一七頁参照。
(18)又吉盛清著『日本植民地下の台湾と沖縄』(沖縄あき書房、一九九〇年)二六五～二六九頁。
(19)弘谷多喜夫「台湾人呼称について」(『釧路短期大学紀要』第一七号、一九九〇年三月)二〇頁。
(20)町田則文の記事は、もともと『教育時論』明治三五年二月五日から明治三六年二月二十六日の間に、一一回にわたって書かれたものが、二ヵ月遅れで、『台湾協会会報』に掲載されたものである。
(21)吉野秀公著『台湾教育史』(自費出版、一九二七年)三七四頁。
(22)王育徳著『台湾――苦闘するその歴史』(弘文堂、一九七四年)二四二頁。
(23)瓦金生「台湾婦人の纏足」、『東洋時報』二二九号、大正六年十月、三八頁。なお、纏足については、岡本隆三『中国の奇習――纏足・性と官能の開発』(弘文堂、一九六五年)を参照。岡本は、民国二〇(一九三一)年以降に中国で纏足が顕著に行われなくなると指摘している。同書、一九〇頁。
(24)劉明修著『台湾統治と阿片問題』(山川出版社、一九八三年)一〇七頁。
(25)同書、一一二、一二〇四頁。
(26)『台湾協会会報』二〇号、明治三三年五月二十日、二六頁。
(27)山崎繁樹、野上矯介著『台湾略史』(東京宝文館、一九二七年)一八三頁。
(28)『台湾民報』創刊号(一九二三年四月十五日)～三〇五号(一九三〇年三月二十二日)、『台湾新民報』三〇六号(一九三〇年三月二十九日)～三七四号(一九三一年七月二十五日)復刻版、全一四巻(東方文化書局、台湾、一九七三年)。
(29)『日本植民地下の台湾と沖縄』前掲書、二六二～二六三頁。
補筆：二〇六～二〇七頁の台湾協会の事業は九つとなっているが、「台湾協会規約」には十番目の事業として台湾に関する書籍の蒐集が記されている。(「協会報」第一号、明治三一年十月二十日)

第9章　日本統治下台湾における台湾人父兄の教育要求

——『台湾民報』・『台湾新民報』を中心に

日本最初の植民地台湾において、徹底的な日本語による「同化教育」政策が明治二八（一八九五）年から昭和二〇（一九四五）年の五〇年間にわたって行われた。しかし、日本統治下台湾における台湾総督府の同化教育政策はどのような過程を経て形成、展開されていったのであろうか。さらに、教育を受ける側の台湾人は台湾総督府の教育政策に対してどのような反応、つまり、日本統治下台湾において実施された教育に対して、いかなる批判、不満、要求を持っていたのであろうか。

日本統治下台湾における台湾総督府の教育政策の基本方針は、初等教育における徹底的な日本語教育の浸透であったが、それに対し台湾人父兄はどのような教育内容を望んでいたのであろうか。日本が台湾を領土とする以前には、科挙考試を受けるための準備教育機関である府県儒学と書院があったが、これらはすべて廃止された。ただ、民間によって設立された漢文を教える私塾・書房は、根強く存続し、台湾総督府が設立した台湾人児童のための初等教育機関・公学校が設置された明治三一（一八九八）年では、一七〇〇の書房に約三万人が学んでいた。台湾人の武力抵抗運動の鎮圧および財政独立の実現を経て、日本の台湾統治が確立したのは日露戦後で、このころから台湾人の公学校の就学率が急速に拡大していく。しかし、公学校の普及にともなって、台湾人が日常生活に必要な漢文を学ぶ機会が失われていくが、本章では、公学校教育における漢文科設置要求をはじめとする台湾人父兄の諸要求がどのようなものであったのか、またそれらがどの程度受け入られたのか、あるいは無視されたのかを検討する。従来の台湾教育史研究では、台湾総督府の教育政策および台湾における学校制度の変遷が主として論じられているが、被支配者の台湾人、特に生徒の親の教育要求を中心に考察したものは少ない。[1]

第一節　公学校の父兄組織とその活動

台湾人児童を対象とした初等教育機関である公学校における父兄の組織がいつどこで設立されたかは不明であり、またその名称も「父兄会」、「児童保護会」、「保護者会」と一定していない。ただ、公学校では、「保護者会」が多く使われ、中等学校等では「父兄会」が一般的な名称となっている。『台湾民報』には台湾人父兄の活動が「地方通信」欄にしばしば登場する。紙上に、「父兄会」という名が最も早く登場する記事は「桃園公学校の父兄会――漢文科再設を決定」(第七四号、大正一四年一〇月一一日)[2]で、学校当局に陳情書として提出したものである。なおこの詳細は漢文科設置要求の項で後述する。

監督機関としての父兄組織

公学校の父兄の要望が実質的に力を持ちだすのは、大正末年である。『台湾民報』の「対学校教育の監督」(一一八号、大正一五年八月一五日)では、まず父兄が公学校教育の内容に関心を積極的に持ち、学校当局を監督する必要性を説く。その理由は、第一に公学校に対して台湾総督府の監督機関があるが、形式を偏重することから、ややもすれば学校当局は設備の装飾にばかり気をつけ、教育内容の充実は重視しないのではないかということ。第二に、自由教育思潮が盛んだが、往々にして放任主義がとられていることから児童は無駄な時間を過ごしているため監督が必要であるということ。第三に、公学校では、台湾人に対する差別感情を抱き、台湾人児童の教育に対して誠意がみられないこと。そのうえ風紀問題を起こし、また児童に対して体罰を加え、その虐待方法が残酷であるということから日本人教員にしばしば問題があること。

以上の学校教育上の欠陥を改善するためには、父兄個々人の力では不十分で、「児童保護会」がその任にあたり、「家庭と学校の連絡を図り、学校教育を積極的に援助すること」と、「監督機関として学校当局を警醒する」こととされた[3]。また、保護者のみに留まらず、学識者の協力と参加を必要とし、「幹事処理会」を設置し、対外的交渉を受け持つといった提案が同記事でなされた。また、保護者の意見と社会の教育世論を統合的に捉え、学校教育の充実を図り、施設面でも積極的に援助する機関の組織作りを提唱した[4]。

台中市曙公学校の「児童保護会」

右記の提案を受け入れたと思われる父兄組織の顕著な例として大正一五年四月に創設された台中市

曙公学校の「児童保護会」が『台湾民報』に報道されている。台中市曙公学校は大正一五（一九二六）年四月の創設で、児童保護会も創立以来熱心に活動し、非常に顕著な成績を上げていた。会長は鄭《てい》松筠《しょうきん》。会長就任時は三七歳で、教員養成機関である国語学校を卒業し、数年間教職に就き、その後、東京の明治大学に学び、台湾に戻ってから弁護士になるが、台湾文化協会の活動に積極的に参加し、台湾民報社の監査役を務めた。[5] 副会長の陳玉は台湾陸軍建築部に勤め、のち雑貨商となるが、『台湾新民報』の取次兼駐在員であった。[6]

曙公学校の場合、会長・副会長は両者とも『台湾民報』・『台湾新民報』との関わりが深いことから前述した「監督機関」としての保護者会の形態に近く、父兄以外の有識者からなる幹部三、四〇名が大正一五年六月一二日、学校を訪問し、設備、授業方法、管理などの実態を聞き、学校と協力して児童の教育の充実を図ることとなった。

曙公学校の「児童保護会」の事業活動は次のようであった。

（1）運動器具を寄付する。体育科の充実。

（2）児童文庫を設け、課外読本をそろえる。上級学校受験のため、児童が自習できるように。

（3）貧困児童に対する補助費

（4）衛生専員（看護婦）を毎日学校へ送り、トラホームの無料治療を行う。

（5）漢文科は第四学年から随意科として置かれているが、第一学年から必修科にするよう学校当局に対して要求する。[7]

ところで、台湾における初等教育は大別すると台湾人の主として学ぶ公学校、日本人を対象とする小学校に分けられる。大正一一年の「新台湾教育令」ではこの区別は日本語を家庭で常用するかどうかという基準で分けられることになり、ごく少数の台湾人しか小学校に学ぶことしかできず、また台湾在住の日本人が公学校に学ぶこともごく稀であった。[8]

公学校と小学校との間には設備、教員の資質、教育内容などにおいて、歴然とした差別があった。公学校は就学希望者が多数あっても財政難から設立できなかったり、逆に極端な例ではあるが、基隆《きいるん》郡金山《ぐんきんざん》地方ではたった一人の日本人児童のための小学校が設立されていたりした。[9] また公学校には代用教員が多く、[10] 小学校より程度の低い異なった教科書が用いられ、教育内容に関しては、小学校の方がはるかにレベルが上であった。たとえば、公学校から小学校に編入する場合、一年降級となったのである。中学校の入試は小学校の教科書から出題されたので、教科書の異なる公学校出身者にとっては狭き門であった。[11] 台湾人父兄は公学校の教育内容の低下を嘆き、学校当局に対して公学校の教育レベルを上げ、上級学校入学のための準備教育をするよう要求した。その結果、台中市曙公学校にみられるように、上級学校入試のため課外で図書館の本を使い受験勉強の手助けとなる配慮がされた。

曙公学校の保護会の注目すべき活動は、毎日看護婦を学校に送ったことである。昭和七（一九三二）年に保護会が看護婦一名を雇った。これが台湾の学校看護婦の最初となった。翌八年には台中市が二名の看護婦を採用し、台中市内の四校の公学校を巡回させ、その後各一校に配置したのである。[12]

父兄組織の一例として台中市曙公学校を取りあげたが、曙公学校の場合は、台湾文化協会をはじめとする台湾民族運動の高まりとともに、台湾人父兄が学校当局に対して陳情や要望の形で公学校教育充実に向けて声を発している。次に、台湾の各地方において具体的な要求がどのようなものであったかを取りあげていこう。

『台湾民報』・『台湾新民報』に見られる父兄の教育要求を整理してみると、全般的な教育世論のうち、顕著な教育要求は次の三点に集約できよう。

（一）公学校における漢文科の必修と授業用語としての台湾語を用いること、（二）中学校進学に関する準備教育の徹底、（三）公学校教員の体罰に対する抗議である。『台湾民報』・『台湾新民報』にあらわれた全体の教育要求のうち第二点の公学校と第三点の中学校に関する部分が台湾人父兄の教育要求と重なっているが、具体的な活動を追ってみよう。

第二節　台湾人父兄の教育要求

公学校における漢文科と台湾語をめぐって

1　公学校の漢文時間数の推移

台湾が日本の領土となってからも、漢文を主体に教える台湾人の初等教育機関「書房」が存続したが、明治三一（一八九八）年に設置された公学校が整備されるに従い書房は漸次廃止の運命をたどった。公学校が設立された年の公学校数七六、在籍児童数六、一三六に対し、書房数は一、七〇七、児童数二九、九四一とが示すように、設立当初公学校は生徒募集が困難であった。しかし、公学校は、漢文を積極的に授業科目に取り入れたり、台湾語によって授業用語を用いたり、また学校開始の時期を書房の開始時期である二月にすることにより、就学率を拡大したのである。そして、台湾の財政独立が決定する明治三八年には、公学校の児童数が書房のそれよりもうわまわり、「新台湾教育令」が公布された大正一一（一九二二）年には公学校が五九二、児童数が一九五、七八三と台湾児童の約三割を収容するに至ったが、一方書房はわずか九四校、児童数三、六六四人に減少した。[13]

公学校における漢文科は「新台湾教育令」公布を機に随意科となるが、公学校設置以降漢文科の授

表1　公学校の漢文授業時間数の推移[14]

学年	1	2	3	4	5	6
明治 31. 8	12(読書)	12(読書)	12(読書)	12(読書)	12(読書)	12(読書)
36. 5	5	5	5(女2)	5(女2)	5(女2)	5(女2)
40. 2	5	5	5	5	4	4
45. 1	5	5	4	4	4	4
大正　7. 3	2	2	2	2	2	2
10. 4	1	2	2	2	1(男)	1(男)
11. 2	(2)随意科	(2)	(2)	(2)	(2)	(2)
昭和 12. 1	廃止					

(注：明治36年の公学校学校規則改正では、3年生以上の女子生徒は漢文の時間数が週2時間のみとなっている。また、大正10年には、第5学年以上の男子のみに漢文が課せられた)。

業時間数はどのような変遷をたどったのか。

公学校設立当初、漢文は、「国語・作文」の科目に含められていた。「国語」の授業は「常ニ土語ト対照セシ其主義ヲ会得セシメ[15]」るのが目的で、台湾語が授業用語として用いられた。明治三六(一九〇三)年五月の「公学校規則中改正」では、作文、読書、習字の教科を「国語」に統合し、漢文を独立した科目にした。この時、漢文の時間数は週六時間であったが、公学校の整備・拡張とともに、だんだんと減少していく。『台湾教育沿革誌』によれば、大正二(一九一三)年一月に官庁の命令・告示・諭告などの漢訳文を廃止し、これ以降漢文の必要は日々減少したといわれるが、[16]「台湾教育令」発布の前年の大正七(一九一八)年三月に週二時間と大幅に削減されたのである。[17]そして、大正一一(一九二二)年の「新台湾教育令」では、漢文科が週二時間の随意科となり、ついに、昭和一二(一九三七)年、一月一五日公布の「公学校規則改正」によって、漢文科が廃止されたのである。

2　漢文科設置運動の機運

『台湾民報』、『台湾新民報』に見られる台湾人父兄の切実な要望は何といっても公学校における漢文科を設置することであった。大正一一年以降、随意科となった漢文科を設置するかどうかは、公学校長が権限を委任されており、基本的には漢文を教えないという方針がとられていた。にもかかわらず、父兄の漢文科設置に対する思いは根強く漢文科設置および必修科復活運動が台湾各地で展開されたのである。

早い時期の漢文科設置に対する要望は台湾で最も早く拓けた地方である台南州に見られる。台南州教育係の調査によれば、公学校の本校一三七中八六校、分校四八中二七校と約半数以上が漢文を教え、漢文科を設置しようとしている公学校がだんだんと増加の傾向にあった。[18] また、台中部の台中州南投郡南投公学校は大正一三（一九二四）年から漢文科を廃止したが、それ以来「一般父兄及び生徒は非常に不便を感じており、同地の有識者一同が協議の結果、漢文科復設の陳述書を学校当局と州当局に提出した。現在漢文復興の声は大に振い各地において漢文科復設置を願う努力がなされている」と、『台湾民報』（第三巻、六号、大正一四年二月二一日）では漢文科設置運動の盛り上がりを伝えた。

3　桃園公学校「父兄会」の場合

さて、漢文科設置の要求は実際には、どのように出され、またどのような経緯を経てその要望が実現したのであろうか。台湾北部の桃園公学校の父兄の多くは、公学校を六年で卒業しても社会の要求に応じる事ができないことから漢文科復興の必要性を感じ、漢文科再設を学校当局に陳情した。しかし学校当局の反応は馬耳東風で、父兄の要望をまったく受け入れなかった。そこで父兄の有志が街役場に対して漢文科再設を頻繁に促した。街役場は父兄の要求を相当に考えなければ、将来公学校の入学が著しく減少すると見込んで、大正一四年九月二四日に、各父兄を召集し街役場内にて協議会を開催した。この協議会の構成員は『台湾民報』の記事には明記されていないが、おそらく父兄の代表、校長を含む公学校の責任者および街役場の教育担当者が出席していたと思われる。学校側はこの問題に関してはきわめて怠慢であったが、父兄の要求を無視することができず、これを受け入れた形で、漢文科の再設置が決定したのである。[19]

4　漢文科設置の意味

なぜ漢文は台湾人にとって重要なのか、その理由は台湾中部の嘉義の第一、第二公学校および女子公学校の父兄会と同窓会の交渉委員六名が提出した漢文科設置理由書にみられる。[20]

（1）東洋文化は漢文を以て主となす。もちろん台湾人も台湾在住の日本人もみな漢文の学習が必要。
（2）台湾人は事業において漢文が必須。漢文を学ばなければ事実に従事することは不可能。

（3）対中国貿易において取引上漢文は不可欠。
（4）漢文は台湾人の祖先伝来の文化で、すでに東洋文化の中心をなす。

漢文が台湾人の生活上また台湾人の固有の伝統文化として重要なことから、嘉義ではいったん随意科となったが、その後漢文科が廃止されていた。このことに対し父兄は、大いなる不満を感じ、児童を公学校に入学させず、書房で漢文を学ばせたのである。漢文科を設置している公学校は出席率が良く、郡視学《ぐんしがく》もこのことを重視した。しかし、手島庶務課長は代表委員の漢文科設置の理由を退け、「ただ漢文を学ぶことを説くのは時代に逆行している」と片付けた[21]。

桃園公学校の保護者会の漢文科設置の理由も漢文の必要性を説いたものである。昭和四（一九二九）年三月一六日に約四〇〇名の父兄が出席し、教育改善に関する要求を提出した。一つは、八才から入学する児童にとって日本語だけでは授業が理解できないので、台湾語も使用すること、もう一つは漢文は実際生活において不可欠で、漢文を必修科目にせよというもので、上級学校に進学できない者は商店や会社に雇われるが漢文の読み書きができなければ生活上困るというものであった。しかし校長は、「公学校の教授法は、台湾総督府の方針によるもの」と、父兄の要望を受けつけなかったのである[22]。

5　公学校漢文科に対する批判

公学校の漢文科の内容に関しては、『台湾民報』第一〇〇号、「公学校の漢文科」でふれている。公学校の漢文科が至る所で熱烈に希望され、復活したものの公学校の漢文教科書を読みこなせない教員が多くおり、教員の学力を充実すべき点が述べられている。また、「教科書の文章が古くて難しく、時世の要求に適合せず、当局は中国の平民千字課を参考にして新教科書を編纂することを切望する」と公学校の内容の充実が一大急務であると主張した。[23] さらに、『台湾民報』第一四七号の「公学校の漢文教授と台湾の旧式書房」では、公学校で漢文科が復活されても教授法に無理があり、絵に画いた餅のようなもので、公学校の教育には大きな期待がもてないとのべている。つまり、漢文は公学校において、日本語で説明されるが、漢文の文意は日本語で十分解説できないことから台湾語によって説明されるべきものとした。旧来の書房で教えられている古典中心の材料にも問題があり、教材は、胡適によって提唱された白話文を使用すべきという。その理由は、学習が容易で、自己の考えを書き表わすことが可能で、また中国本土の初等教育機関でも使用されているからということであった。[24]

6　台湾総督府の漢文科に対する規制

漢文科設置の要求運動の盛り上がりに対して、台湾総督府が規制を加えるのは、昭和六（一九三一）年からである。台湾北部の新竹州の公学校に対し漢文科廃止の通達が州下の各公学校に下された。しかし、各地方の父兄は廃止に猛然と反対し、むしろ教材、教授法を改めるべきことを主張した。昭和六年五月八、九日、新竹女子公学校および第一公学校で保護者会が開かれ、授業料廃止と漢文科廃止絶対反対が決議された。

新竹州の教育課が密かに各公学校に調査を依頼した結果、家庭では日本語を多く使い、漢文が分からない親が大部分で、漢文を学ばない子どもが圧倒的多数を占めているという報告がまとめられ、州当局者の話では、公学校の漢文科では、台湾語で説明されていることから、「国語普及上大きく矛盾」しているので、絶対廃止すべきであるという意見であった。[25]

7 漢文科の廃止

そして、ついに昭和一二（一九三七）年一月一五日の「公学校規則改正」によって、漢文科が廃止されることになった。その理由は、「国語普及の徹底に務べきは、台湾教育令第四条に明示せる所であるが、公学校の随意科目たる漢文科は、兎角支那人心理を換気し、前期方針と背馳する微妙な作用があるので、国民精神涵養上、これを廃止するものである」ということであった。[26] またこの他の理由としては、「最近に至る迄は、日常の通信、対岸との貿易関係等所謂環境の実情より、随意科目として置かれたものであるが、今や日常の通信も少数の老人以外は国文を以て行はれ、対岸との貿易も漢文を習得せしめる必要が大いに減じたので、存置の重大意義も殆ど消滅したのである[27]」と、公学校児童の生活環境の変化によって、漢文科はもはや不要で廃止に至ったのである。

この改正規則が公布される前年の昭和一一（一九三六）年の公学校における漢文科の設置状況は六二五校中五五校と一割にも満たなかった。日本語による同化教育政策の実施過程で、台湾人父兄の漢文科設置の要求は少なくとも大正末年から昭和六年までは根強くまた各地において広がりをもったのである。そして、新聞紙上の漢文欄廃止にともなって公学校教育における漢文科が廃止され、台湾総督府の強行な政策によって「皇民化教育」が徹底されていくのである。

中等学校進学準備に向けて

1　中学校進学の状況

台湾人父兄の公学校教育に関するもう一つの関心事は中等学校の進学準備であった。大正一一（一九二二）年の「新台湾教育令」発布によって中等教育以上に関しては、日本人も台湾人も同じ学校制度のもとで学ぶ共学制が施かれた。しかし、実際には公学校を卒業する台湾人生徒のうち中学校をはじめとする中等学校に進むものは九牛の一毛であった。大正一四（一九二五）年の場合、三八〇万の台湾人のうち中学校入学者は一六九六名、一方、台湾在住の二〇万人の日本人のうち中学校入学者は一一五一名で、受験者と合格者の比率は、台湾人一五・七七パーセントに対し、日本人は四二・一四パーセントと、いかに台湾人生徒にとって中学進学が狭き門であるかが分かる。[28]

『台湾民報』第二巻第二二号の王敏川《おうびんせん》「公学校教育改善論」によると、公学校の教育内容は小学校と比較して教育程度が低く、同等のレベルにもっていくべきだという。その方法としては、中学校の入試が小学校の教科書から出題するので、公学校の教科書も小学校と同等のものを使うこと、また公学校の教員は、小学校と比べて代用教員が多いことから、公学校において正教員を充てることで改善すべきとしている。[29]

2 新竹中学校の入試について

台湾人生徒の中学校進学に関して具体的な父兄の不満を見てみよう。新竹中学校の例を見ると、昭和二（一九二七）年度の入学試験状況は、日本人の入学志願者は九〇余名で五割が合格したが、台湾人の場合は、志願者五〇〇余名に対し約二割以下しか合格できなかった。入試の結果に対し台湾人父兄は非常に憤慨し、大木校長に対し、回答を求めた。校長の回答は、台湾人生徒の成績が日本人生徒に及ばないので入学できなかったというものであったが、台湾人父兄は公学校の教科書からも、なぜ出題しないのかその根拠を問うた。校長はこれに対し、台湾総督府の方針に従っている旨を伝えたが、父兄は納得しなかった。[30]

翌年度の新竹中学校の入試結果は、日本人の入学希望者一二〇余名中四八名合格で倍率は二・五倍。台湾人の場合は七六〇余名中四三人合格で倍率は一八倍に及んでいる。この年度の日本人合格者は半数以上を占め、年々日本人合格者の比率が高くなっている傾向にあった。また、台湾人入学者の定員数が明らかでないので、日本人・台湾人共通の試験は形式のみであった。新竹州《しんちくしゅう》、苗栗《びょうりつ》の父兄は入試の結果に対し大いに不満の意を表し、父兄大会を開き、入学試験の成績を学校当局に対して公表するよう迫った[31]。

3　公学校長に対する不満

『台湾民報』の「各地通信」欄には、公学校の日本人校長および教員が台湾人児童の中等学校進学準備にきわめて怠慢であるという父兄の不満が報告されている。不熱心な教員が多いことが、児童の学力低下につながっていることは校長の管理責任であるということから校長が糾弾の対象となっていた。

たとえば大湖郡卓南公学校長は、大正一三（一九二四）年就任以来、校務および教育方面で非常に怠慢で、校長の妻も教員であることから、台湾人女子生徒に家事などの不必要なことをさせたため、その生徒の成績は極端に落ちた。中等学校の合格者が非常に少なく、大正一一（一九二二）年一二月の中等学校入学者は二〇人であったのが、大正一三年以降は三人と激減した。このため父兄は大会を開き、校長に対し、「悪質な教員を早急に駆逐しなければ、子弟の前途を誤らせることになる」と問責した[32]。

台中州員林郡の田中公学校長の場合も父兄の不満の対象であった。田中校長は一〇年来勤務しているが、就任後数年は頑張ったものの、ここ数年来公学校の費用が毎年増加し、学校の設備も整頓せず退廃している。また、上級学校の進学率も毎年減少しているので、父兄は公学校教育に対し失望したと報道されている。[33]

台湾南部の高雄州鳳山公学校の場合、中等学校進学の準備を無視する校長に対して怒りが爆発した。鳳山公学校では、山口校長が就任して以来、とくに農業方面に力を注いできた。これについては、鳳山街の父兄はあまり好感を持っていなかった。『台湾民報』二四四号では、「農業奨励して、普通教育を軽視しては、一層反感を買うことは当然」であると述べられている。また農業奨励といっても、特別な栽培法ではなく、素朴な野菜の栽培が大部分を占めている。そのうえ、「大部分は教師の食卓に上る」ので生徒も張り合いがなく、また作業用の鍬鋤やバケツはいっさい生徒自身の負担となっている。農業教育重視が学力の低下につながり、近年来鳳山公学校から上級学校への入学者が著しく激減しているのもこのためだと父兄は思っていたのである。[34]

4　中等学校進学と父兄の希望

台湾人の中等学校進学に対する希望は強く、たとえば、潭子公学校の父兄は児童の教育に熱心で、学校当局に様々な要望を陳述してきた。それによって校長がしばしば更迭されている。昭和五（一九三〇）年に岡部校長が就任したが、熱烈な指導精神が見られず、放任している傾向があった。

というのは、校長就任後の翌年、中等学校を受験した生徒が一人もいなかったからである。これを知った父兄は受験準備に対して、教員が不熱心であることを攻撃した。また不満を感じている生徒で、他校に転校したい者に転校の証明書を交付しないことが槍玉に挙がった。父兄代表三名（林焌烜《りんしゅんかん》、王火煌《おうかこう》、林澄州《りんちょうしゅう》）が校長に対し、「今後熱心に教育すること、保護者会を組織すること、学校と家庭との連絡をはかることによって地方教育を向上せしむべし」と、警告した。[35]

日本人児童が多数学ぶ小学校の教員は夜遅くまで受験勉強を見るのに対し、公学校教員が中等学校受験に不熱心なことが、しばしば父兄の攻撃の的となったが、父兄の希望を満たす台湾人教師もいた。台湾南部の高雄州岡山公学校高等科の一年担任の馬清江は非常に熱心で、中等学校進学希望者に対し勤務時間外に特別に指導した結果、一二名中一一名が合格したが、これは全台湾公学校中でも第一位の合格率であった。そこで岡山庄の父兄は馬氏の努力に対し表彰することにした。[36]

しかし、中等学校進学を希望する者の中で、裕福な家庭の生徒だけが優遇されているといった批判が、『台湾民報』一四三号に見られる。つまり、公学校において「優劣両様の教育があり、差別意識がある」と指摘している。本来、公学校の目的は「生活上不可欠の知識を受ける所」で、優等生の優越感を助成し、劣等生が自暴自棄に陥る弊害が生じると危惧されることから、比較的学力の低い生徒を重視すべきであることが叫ばれたのである。[37]

公学校教員による体罰に対する抗議

『台湾民報』には、教員の素行問題および児童に対する体罰問題がしばしば登場する。ここでは主として父兄による公学校教員の児童に対する体罰・暴力反対をめぐる動きを取り上げたい。

汪知亭《おうちてい》『台湾教育史料新編』は、日本統治下台湾の教育の欠点の一つとして公学校の教員が頻繁に体罰を行うことをあげている[38]。しかし、従来の台湾教育史研究では台湾各地方の詳細な事例報告がなされていない。ここでは三例を取りあげる。

・全身を殴打——学校当局へ抗議

台中州《たいちゅうしゅう》豊原郡《とよはらぐん》翁子《おうし》公学校第二学年の受け持ちである台湾人廖某《りょうなにがし》が生徒連三春《れんさんしゅん》（一一歳）の頭部をはじめ全身を殴打した。理由は、授業中数字を書くときに間違い、教師の注意を受けたが、正しく書くことができなかったというものである。この件に対して父兄は、昭和三（一九二八）年六月二二日に媽祖《まそ》宮内にて父兄大会を開き学校当局へ抗議することに決定した[39]。

・同盟ストライキへ

台中州員林郡《いんりんぐん》の公学校生徒邱家岩《きゅうかがん》は昭和三（一九二八）年六月二〇日に公学校の運動場でボール遊びをしていたところ、教師の逆鱗にふれて殴られ、二寸の傷を負わされた。七月三日に三八名の生徒が一斉に同盟ストライキを行い、父兄大会を開き糾弾する計画を立てた[40]。

・教育界の一大恨事

草屯《そうとん》公学校の村田訓導《くんどう》は昭和五（一九三〇）年四月二六日に、林松根《りんしょうこん》一四歳を殴り、林は意識不明となった。その後手足が動かず、高熱を発し、精神異常をきたした。父兄は、「暴力教員」の責任追求および殴られた林松根の容体を調べることを当面の課題とした[41]。

このほかに大正末年に台中州の教育界にて教師が生徒を殴打する事件が多発し父兄が疑義を申し立てたと報告されている[42]。また台湾南部の斗六《とろく》公学校の日本人教員は「素性横暴で毎々藉端毒打生徒」で、六年生の臨時授業中に字の書き方を知らなかった生徒を強く殴打して負傷させた[43]。

従来の台湾教育通史および研究にはほとんどといって良いほど、台湾人児童に対する暴力や体罰の問題を取り扱ったものがない。ここでは僅少の例しかふれていないが、台湾人父兄の体罰反対要求や抗議の全貌が明らかにされることによって、植民地台湾における教育の実態の一面が究明されるであろう。

以上『台湾民報』・『台湾新民報』に見られる台湾人父兄の要求を追ってみたが、なかでも公学校の漢文科の存続、中学校進学のための準備教育の実施、そして公学校教員の体罰に対する抗議が主たるものであった。台湾人父兄の声が『台湾民報』・『台湾新民報』に発せられるのは、大正一五年から昭和一二年までで、この期間は台湾議会設置運動をはじめとする台湾人の民族運動の時期と重なる。とくに台湾唯一の政党台湾民衆党は台湾大衆の要望する現実的な問題を重視したため、台湾人父兄の切実な教育要求を組み入れていったが、これは民衆党の要綱に明確に現れている。

台湾総督府の教育政策過程に台湾人父兄の声がどの程度反映されていたかは、さらに検証が必要であろう。しかし、台湾人父兄は、少なくとも公学校の漢文科再設運動、中等学校進学に向けての準備教育、体罰反対運動にみられるように公学校の学校当局にとって無視できない存在であった。台湾人父兄の教育要求を見ることによって、日本統治下台湾の教育政策が、台湾人が真に望むものとどれだけかけ離れ、またその望むものに対して、どう対応していたかが分かる。日本統治下台湾の総督府の教育政策の根本は初等教育を中心とした日本語による同化政策の徹底と勤勉な労働力の養成にあった。政策として初等教育を重視していたにも関わらず、統治下当初の台湾人の抵抗運動の弾圧、鉄道、道路、港湾等の建設、産業振興、山地開発のための高砂族の鎮圧などの事業を優先させることによって、昭和五、六年までは、台湾人児童の初等教育の就学率は三割程度であった。台湾人は就学率の拡大と義務教育の実現を望んでいたが、台湾総督府は日本人の小学校教育に対しては積極的であるにも関わらず、台湾人の公学校教育に対しては消極的という「一二三政策」しかとらなかった[44]。公学校の教育内容に関しては、日本語教育は避けがたいものとして受け止めながらも、台湾固有の伝統文化の象徴である漢文と台湾語を最低限保持しようとする願いが公学校における必修の漢文科設置と台湾語使用請求運動として展開されていった。しかし、この要求も、昭和六年に台湾総督府の規制のもと先細りとなり、ついに昭和一二年には公学校の教科目中、漢文科は廃止されるのである。

また、中等教育以降の教育機関では、少数の日本人が大半あるいは半数以上を独占するといった差別教育を貫いていた。最高学府の台北帝国大学にいたっては膨大な費用を使いながらも昭和六年の時点では、収容する台湾人学生は在学生一八三名中、わずか二一名だけであることから、むしろ公学校費に使われるべきであるという批判があった[45]。また、台湾人が強く望んでいたのは中等教育の充実で、公立中学校の増設が困難なことから、私立中学校設立を強く要求したのである。しかしこれに対して、総督府は徹底して拒否したのである。

〔註〕

（1）台湾人父兄の漢文科設置運動に関しては、李園会『日本統治下における台湾教育の研究』台湾省立台中師範専科学校、一九八一年、一三三〇頁参照。台湾人の教育要求に関する最近の研究としては、雑誌『台湾』・『台湾青年』を中心とした弘谷多喜夫「日本統治下台湾の民族運動と民族主義教育要求の展開――一九一一～一九二二年」（『国立教育研究所紀要――戦前日本のアジアへの教育関与』、第一二一集、平成四年三月、九三～一一〇頁）がある。

（2）『台湾民報』第七四号、大正一四年一〇月一一日、五、六頁。

（3）「対学校教育的監督」、『台湾民報』第一一八号、大正一五年八月一五日、三、四頁。

（4）同書。農村の公学校教員は官僚的で、たとえ父兄に意見や不満があっても、あえて口を開けないので、学校を監視し、父兄を支援する機関をぜひとも設置すべきことが提案されている。

（5）『台湾人名事典』復刻版、日本図書センター、一九八九年、二八七頁。（原本は台湾新民報社編『改訂台湾人士鑑』、昭和一二年）。会長の鄭松均は明治二四年一二月生まれ。長女素素は大正一〇年生れで、当時曙学校の一年生に在籍していたと思われる。

(6) 同書、二四九頁。

(7)「台中曙公学校——児童保護会的事業」、『台湾民報』第一三二号、大正一五年一一月二一日、三頁。

(8) 共学の実態をみると、公学校の日本人生徒数は、大正一〇年で五人（台湾人一六九、五四二人）、昭和一年で、一二人（台湾人二〇九、五九一人）、また小学校に学ぶ台湾人生徒は大正一〇年で二一三人（日本人二一、一五七人）、昭和一年で一、一三六人（日本人二四、七二一人）と、相互にきわめて少ない。矢内原忠夫『帝国主義下の台湾』、岩波書店、一九八八年、一六〇頁。

(9)「世界稀有の珍聞、小学校一つに只一人の生徒——内地人本位政策の好例」、『台湾民報』第二二一号、昭和三年八月一二日。一〇頁。

(10) 前掲書、李園会『日本統治下における台湾初等教育の研究』下巻、一四九三〜一四九四頁。

(11)『台湾新民報』第三五六号、昭和六年三月二一日、九頁。

(12)『台中市概況』昭和一二年版、台中市役所、昭和一三年、三九頁。

(13) 拙稿「台湾における書房教育の一考察——その実態と変遷」（京都精華大学紀要『木野評論』第一四号、昭和五八年三月二〇日、四一〜六二頁参照）。

(14) 台湾教育会編『台湾教育沿革誌』昭和一四年（古亭書店、一九七三年復刻版）、一二三三、二七一、三二三、三三三、三六一、三八八頁より作成。

(15) 前掲書、『台湾教育沿革誌』、一二三一頁。

(16) 同書、三八七頁。

(17) 前掲書、矢内原忠夫『帝国主義下の台湾』、一六二頁によると、日本統治下台湾において同化を教育政策の方針として宣明したのは、「大正七年明石総督の赴任に際して明白に同化を以て施政の方針と為すに至り、爾来国語教育及び国民道徳の教授を以て普通教育の根本たることを確立し、教育の力を以て本島人及蕃人の同化を計らんとしつつある」とあるように、漢文科が著しく減少された大正七年と機を一にしている。

(18)「特設漢文科之学校」、『台湾民報』第二巻二二号、大正一三年一一月一日、一三頁。

(19)「桃園公学校之父兄会——決定再設漢文科」、『台湾民報』第七四号、大正一四年一〇月一一日、五頁。

(20)「要求公学校複教漢文——郡当局倒反禁止書房」、『台湾民報』第二三二号、昭和三年一〇月二八日、四頁。六名の交渉委員として、蘇考徳、王甘棠、林玉書、方展玉、鄭石為と林木根が選出された。

(21) 同書。
(22) 「桃園:児童保護者会――要求改善」(地方通信)、『台湾民報』第二五四号、昭和四年三月三一日、六頁。
(23) 『台湾民報』第一〇〇号、大正一五年四月一一日、三頁。
(24) 同書、第一四七号、昭和二年三月六日、二~四頁。
(25) 『台湾新民報』第三六四号、昭和六年五月一六日、四頁。
(26) 前掲書、『台湾教育沿革誌』、三八八頁。
(27) 同書、三八七頁。
(28) 『台湾民報』第八一号、大正一四年一一月二九日、一頁。
(29) 同書、第二巻二二号、大正一三年一一月一日、六頁。
(30) 同書、第一五四号、昭和二年四月二四日、一〇頁。
(31) 同書、第二〇三号、昭和三年四月八日、六頁。
(32) 同書、第一六二号、昭和二年六月一九日、一〇頁。
(33) 同書、第一八八号、昭和二年一二月二五日、六頁。
(34) 同書、第二四四号、昭和四年一月二〇日、一〇頁。
(35) 『台湾新民報』第三六一号、昭和六年四月二五日、八頁。
(36) 「訓導熱心教誨―父兄們擬欲表彰―入学試験成績很好、遠近学子争投門下」、『台湾新民報』、第四一〇号、昭和七年四月九日、三頁。
(37) 『台湾民報』第一四三号、昭和二年二月六日、四頁。
(38) 汪知亭『台湾教育資料新編』、台湾商務印書館、民国六七年、五二頁。
(39) 『台湾民報』第二一四号、昭和三年六月二四日、六頁。
(40) 同書、第二二四号、昭和三年九月二日、六頁。
(41) 『台湾新民報』第三一二号、昭和五年五月一〇日、二頁。
(42) 『台湾民報』第一三一号、大正一五年一一月一四日、一六頁。
(43) 同書、第一七二号、昭和二年九月一八日、八頁。
(44) 『台湾民報』第一二六号、大正一五年一〇月一〇日、一頁。

(45)『台湾新民報』第三六二号、昭和六年五月二日、一三頁。

第10章　日本統治下台湾における台湾教育会

台湾は明治二八（一八九五）年四月に日本最初の植民地となるが、その後五〇年間の統治下における教育政策過程は、いまだ十分解明されていない。当時台湾では、主として台湾総督府によって独自の教育政策が展開されていったが、それに対する現場教員および教育関係者の関わり方や、多くの教員が会員となっていた台湾教育会の組織および活動の実態を探ることにより、当時の台湾の教育政策形成過程の実情をより明確にしてゆく必要がある。

ここでは、三つの時期区分を用いて台湾教育会の活動を検討してみることとする。第一期（明治三四年〜四四年）は、『台湾教育会雑誌』が同会の中心的活動となり、教育における多くの意見や要望が発せられ、さらに台湾総督府への意見書や建議までもしばしば提出されるなど、台湾教育会の諮問機関としての役割が、積極的に演じられた時期である。しかし第二期（明治四五年〜大正一〇年）では、同会の拡大、支部化とともに、幻燈および活動写真会や日本語普及を中心とした通俗教育事業を重視する活動内容へと展開されていく。さらに第三期（大正一一年〜昭和二〇年）では、第二期の事業を継続しながらも、台湾総督府学務課の学事奨励および社会教育事業を多額の学租財団の補助をもとに実施、運営していくようになり、同会の事業経営的活動が顕著になってゆく。

台湾教育会が設立された翌明治三五年度『台湾総督府学事第一年報』では、台湾教育会を「雑誌ヲ発行シ」、「教育全般ノコトヲ研究スル団体」[1]として紹介している。しかし、昭和一二年度『台湾総督府学事第三六年報』には、「社団法人台湾教育会ハ本島（台湾）ノ教育ニ関係アル有志ノ団体ニシテ台湾教育ノ普及改善ヲ計ルヲ以テ目的トシ（略）専ラ総督府ノ教育方針ニ遵ヒテ学事ノ奨励及社会教育ニ関スル事業ヲ遂行シツツアリ」[2]とある。つまり台湾教育会は台湾総督府の政策に従属しながらも学事奨励および社会教育事業を行う教育団体として位置づけられている。本章では台湾教育会の設立経緯にふれ、その活動の三期を順に紹介することにより、その実態がいかなるものであるかを見てみよう。

第一節　台湾教育会の設立

設立に至るまで

台湾教育会設立以前の台湾における教育会としては、まず台南教育会があげられる。これは、明治三〇（一八九七）年に設立され、同三三（一九〇〇）年に解散した。また、台中教育会が明治三二年に設立された。「時ノ県官其他学事関係者及本島人有志者ヲ会員トシ漸次隆盛ニ趣キシカ同三十四年十一月廃県ノ際解散セリ」[3]と『台湾総督府学事年報』にある。

台湾教育会は、明治三四（一九〇一）年に設立されるが、明治三一（一八九八）年九月に組織された国語教授研究会がその前身である。同研究会の目的は、「本会ハ本島人ニ国語ヲ教授スル順序、方法、程度等ヲ研究スルヲ以テ目的トス」[4]で、メンバーは、国語学校教員が中心で、当初一一名を数えた。

うち半数は、台湾総督府民政局学務部長の伊沢修二が日本国内で募集し、日本統治下における初期の公立小学校の教員となるために養成された講習員出身者からなる。なお、台湾人児童公学校用『国民読本』（明治三四～三六年）編纂にあたっては、この研究会で決議されたことが基本となるなど、顕著な実績が残されている。

設立をめぐって

明治三四（一九〇一）年二月一七日の「国語研究会」（前述した国語教授研究会からの名称変更年度は不明）の総集会において、平井又八ほか八名から「国語研究会の組織変更の建議」が次のように提出された。

「国語研究のことたる固より教育上忽緒に附すべからざる重要の挙なれども方今台湾教育の趨勢は、その研究をかかる一局部の事業に専にするを許さず、是其の組織を変更してその研究の方針を汎く諸種の方面に向けんとするにあり[5]」。

この建議は採択され、国語研究会は、ついに総集会が開かれた同日に台湾教育会と改められたのである。役員は、会長が石塚栄蔵参事官長、のち内務局長（在職期間：明治三四・三～三七・二）。副会長は松岡辯《まつおかべん》学務課長（明治三五年退職）、幹事長は田中敬一国語学校長（明治三三・八～三九・九）、また、評議員は二五名から構成され、実質上運営に携わった。会合は、通常会が隔月に開催され、総会は毎年一回行われた。

次に台湾教育会規則の大要を掲げる。

第一条　本会は台湾教育の普及改進を図るを以て目的とす（第二条省略）
第三条　本会は事務所を台湾総督府国語学校内に置く
第四条　本会に於て執行すべき主要の事業左の如し

1　教育社会の意見を発表すること
2　教育学術の事項を研究すること
3　教育上主要の事項を調査すること
4　教育学術に関する講談会および講習会を開設すること
5　教育に関する雑誌を発行しおよび教育上有益の図書を印行すること[6]

これら台湾教育会の主要事業のうち、最も重要な活動は、『台湾教育会雑誌』の発行で、これには、教員をはじめとする教育関係者の意見発表、教育に関する調査事項、講演会などが掲載され、台湾教育界の世論発表の場となった。

第二節　台湾教育会の活動

第一期　初期活動期（明治三四年〜四四年）

台湾教育会の会員数

表1　台湾教育会会員数

年代	会員数	年代	会員数
明治 34（1901）	214	大正 9（1920）	3918
35	425	10	5300
36	757	11	5229
37	768	12	5511
38（1905）	835	13	5539
39	917	14（1925）	5859
40	1050	15	5925
41	1077	昭和 2	5975
42	1184	3	6977
43（1910）	1412	4	7088
44	1568	5（1930）	7351
45	1689	6	7763
大正 2	1870	7	7869
3	2084	8	7990
4（1915）	2211	9	8235
5	2472	10（1935）	8556
6	2795	11	8813
7	3000	12	9868
8	3362		

出典：『台湾総督府学事年報』および『台湾教育会雑誌』より作成

台湾教育会会員の推移は上の表に見られる。

明治四〇（一九〇七）年の台湾教育会会員数は一〇五〇名、うち学校教員は、七二四名。台湾全土の学校職員は九四六名なので、学校教員の七七パーセントが台湾教育会に加盟していたことになる。[7]台湾人会員に関する統計は未確認であるが、明治三五（一九〇二）年の台湾教育会会員数は四二五名に対し四九名の台湾人教員が会員となっている。[8]

なお、内田嘉吉会長が台湾教育会の第一期の事業の主たるものは「従来着手したのは雑誌の刊行と時々講演会を催して来たと云ふ此の二つに過ぎません」[9]と述べたことに活動状況を現わしている。

台湾教育会の運営経費

台湾教育会は明治三五年二月に会費制度をとり、会員一人につき月額二〇銭を徴収している。台湾人会員に関しては会員数増大を計るため、日本人会員の半額である月額一〇銭とした。ここでは明治三七（一九〇四）年二月の第四回総会における会計報告を一例として検討したい。

（表2）から明らかなように、収入の大半は台湾教育会の会費による。また、支出の大半を雑誌の編纂・印刷・通信運搬費に関わるもので占められている。しかし、会費の納入は毎年一、四、七、十月の四期に、各三ヵ月分前納することが会則に規定されているにも関わらず、会費未納者が多く、明治三七年の会計報告では会費未納額が一年間で五〇〇円に達している。退会者が多くて困った様子は、「退会者が、多くは何の通知もなく退会せらるること多く、随て会務の整理上に

表2　台湾教育会会計報告（明治37年2月1日）

収入		支出	
会費	935円500	図書雑誌印刷費	653円878
雑収入	31円060	備品費	10円800
繰越金	469円853	筆紙墨文具	10円850
		通信運搬費	48円825
		編纂嘱託報酬	140円500
		雑費	163円785
	1436円103		1032円888
		収支差引残	430円525

出典：『台湾教育会雑誌』第23号、明治37年2月25日

おいて、第一、其退会者の会費は未納とし計算せられ、第二、雑誌は無用の部数を多く印刷するなど、種々なる不整理の原因となる」と、退会の際は直ちに通知を願うと訴えていることからうかがえる。[10]

『台湾教育会雑誌』

台湾教育会発行の『台湾教育会雑誌』第一号は明治三四（一九〇一）年七月二〇日に創刊されるが、当初は三ヵ月に一回発行、第六号から二ヵ月に一回、そして明治三五年一〇月二五日の第七号より毎月発行となる。『台湾教育会雑誌』は明治四五（一九一二）年には『台湾教育』と名称が変更される。さらに表紙の図案を新しくし、台湾教育に関する写真を増加するなどの工夫が施された。このようにして『台湾教育』は、昭和一八（一九四三）年一二月まで発行された。『台湾教育会雑誌』の発行部数は明治三四年の創刊当初一回四五〇部であった。明治末年では、年間二〇、八九〇部、大正末年では、年間七八、九七三部、昭和一四年では、一ヵ月に一一、九四四部発行されしだいに増大の結果となった。[11]

第一〇号（明治三六年一月二五日）より『台湾教育会雑誌』に漢文欄が加えられるが、その理由は「従来本島人の本会に入会せしものなきにあらざるも其の人員の僅少なるは雑誌中漢文欄の設けなきも亦其の一因なりと思料せらる」[12]ということであった。

台湾教育会の意見および要望

吉野秀公の『台湾教育史』によると、「雑誌は当分隔月に発行されたが当初は其目的たる教育社会の意見を発表することに忠実であって非常なる活動をした」[13]とある。台湾教育会の総会ではしばしば台湾教育に関する意見や要望が出され、『台湾教育会雑誌』の会報欄に報告された。ここでは、教授法、視学制度、および義務教育に関する意見と要望を紹介したい。

『台湾教育雑誌』の編集方針としては、台湾各地の教員が「親しく教育上に於て実験調査したる事項およびその地方に於ける直接間接に教育に関係せる状況をば詳細に記述して通信せられん」[14]ということであった。次の文にも見られるように、台湾の実情を考慮すべき意見が登場する。

「各国に各国の教育法がある如く、台湾には台湾的教育法なかるべからずと信ず」。つまり現行の教育法を見ると内地のものをそのまま移植しているにすぎない。動植物を見ると、台湾には水牛、山羊などの動物や蘭、檳榔樹、甘蔗などの植物がある。その飼育法、培養、施肥、繁殖の方法は各々異なっている。教育も同じでこれら動植物を育てるのに内地と同じ方法では困る。「吾人は当局者、教育者及特に教育会なるものに望む。要は、台湾的教育法如何の研究にあるなり」[15]。

さらに台湾教育会は設立当初、台湾総督府に対して意見書を提出した。その内容は左記の通りである。

明治三四（一九〇一）年一二月には、台湾人児童を対象にした初等教育機関である公学校の規則改正に関する意見を臨時会で決議した。意見書の主旨は「夏期休業ヲ農繁期其ノ他特殊ノ事情アル場合ニ繰代フルコトヲ得」ること。また、公学校の教科に関しては「教科目ヲ修身、国語、算術及唱歌トシ女子ノ為裁縫ヲ加フ土地ノ状況ニ依リ漢文及実科ヲ加ヘ唱歌ヲ省キ女子ノ為体操ヲ欠クコトヲ得[16]」であった。明治三一年に公布された「公学校規則」で定められた教科は修身、国語、作文、読書、習字、算術、唱歌、体操であったが、この台湾教育会の意見書では国語、作文、読書、習字を一括して、国語科とした。また、漢文を読書から分離させ、もし加える場合は、国語の時間を減じて漢文科として設置するよう提案した。

表3　公学校教科課程表の比較

台湾教育会の意見

科目	1年	2年	3年	4年	5年	6年
修身	2	2	2	2	2	2
国語	17	17	18	18	18	18
算術	5	5	6	6	6	6
唱歌	1	1	1	1	1	1
体操	3	3	3	3	3	3
計	28	28	30	30	30	30

＊漢文を加えるときは、6時間とし、国語の時間を減ず。唱歌を省くときは国語を増す。裁縫を増すときは体操を減ず。

公学校規則改正（明治37年3月11日）

科目	1年	2年	3年	4年	5年	6年
修身	2	2	2	2	2	2
国語	10	13	14	14	14	14
算術	4	4	4	5	5	5
漢文	5	5	5	5	5	5
体操	2	2	2	2	2	2
裁縫			3	3	3	3
計	23	26	27	28	28	28

＊女子の場合、漢文は3年から6年まで各2時間ずつ。

出典：台湾教育会編『台湾教育沿革誌』、271~272頁、昭和14年

この台湾教育会の意見を基本的に組み入れたのが、明治三七（一九〇四）年三月に公布された「公学校規則改正」である。新規則と台湾教育会の意見書と大きく異なる部分は、次の表に見られるように国語と漢文の授業が別に設置されていることである。

意見書のほかにしばしば、建議が台湾総督府に提出された。その一つとして「視学制度設置に関する建議

案」が、明治三六（一九〇三）年二月六日の総会にて可決される。（提出者　赤松三代吉、前田孟雄）。同建議案の主旨は、視学制度は欧米、日本にはあるが台湾にはなく、「視学制度ヲ設置シテ教育ノ革新統一ヲ図ルコトコレ本島ノ経済上ソノ必要ヲ感ジテ已マザルモノナリ」で、台湾全島を二区または三区に分け、「本島の事情に精通し、本島の教育を指導し得る学識位置あるものを選びて、専ら視学に従事せしめ」よというものであった[17]。

この建議案は同年四月一四日の評議委員会で可決され、総督府に提出された。すぐには実現しなかったが、明治四二（一九〇九）年に台湾において視学制度が設置され、ついに地方視学は大正七年に実施されたのである。

また台湾教育会が台湾総督府に対して提出した他の建議としては、「亡台湾教育家招魂祭開設建議」（明治三六年四月一四日）、「公学校の基本財産蓄積方法に関する建議」（明治三六年四月一四日）、「台北に教育倶楽部を設置する建議」（明治四一年二月二日）がある。この第一期の特色の一つは、以上のように台湾教育会が台湾総督府の教育政策に対して意見書や建議を積極的に提出していることにあるが、明治末年になると、支部会の組織化が活発になり、通俗講演会が各地で開かれるとともに、会員も徐々に増え、地域的な広がりを見せるようになる。

第二期　通俗教育期（明治四五年～大正一〇年）

この期は通俗教育に重点が置かれる。内田嘉吉会長は、「通俗教育委員を置きましたこと等は、近頃の主なる施設でありまして、本会規則の目的を遂行するために最も必要なる手段と考えるところでありますP[18]」、と通俗教育に力点を置くと説明している。

明治四四年六月二日、文部省にて開会された「通俗教育委員会」で提出議案を検討した結果、幻燈映画・活動写真会、巡回図書館、講演会を全国の教育会、青年団がその責務を負うこととなり、その活動を実施するためにこの通俗教育委員は設けられたのである。

幻燈・活動写真会

通俗教育の第一歩は、幻燈・活動写真会で、明治三九（一九〇六）年、岡田米吉が日露戦争の活動写真を映写したのが、台湾においては最初であった。（日本国内では、明治二八年に活動写真が映写された）。特に台湾ではマラリアなどの伝染病が問題だったので幻燈・活動写真会にて、「伝染予防注意ヲ宣伝シ」、「予期以上ノ効果ヲオサメタリ[19]」とある。

さらに日本国内における台湾事情の紹介が大正九（一九二〇）年三月九日から四月二七日まで行われた。これは国内から教員などを募集する目的で開かれたもので、その折には通俗教育委員が四名派遣され、昼は講演、夜は活動写真会が企画された。

台湾教育会撮影の活動写真の内容は、台湾事情が大半であった（例：台北市、日月潭、製脳、糖業）。その他、皇族関係、教育、衛生（マラリア、コレラ予防）、日本各地の紹介（京都、奈良）が映写された。

活動写真は公学校などで写され、観覧者は、大正八（一九一九）年で一二五、七〇〇人に達している。[20]

日本語教育の普及

この他に、第二期の台湾教育会の活動として顕著なものは、学校教育外の日本語教育の普及である。大正三（一九一四）年を第一回として、日本語の普及奨励を目的として「全島国語演習会」が毎年一回台湾の主要都市で開催され、昭和一三（一九三八）年までに計二五回行われた。毎回一〇〇人以上の出演者を数え、のべ二五〇〇人が参加したが、出演者は国語講習所生徒、国語保育園園児、公学校生徒、男女青年団員など、幅広く各州庁より選抜された。出演の演目は、会話、談話、唱歌、舞踊、洋楽、剣舞、劇などであった。[21]大正七年度『台湾総督府学事第一七年報』には、「殊ニ婦人出演者ノ年ヲ追ヒ増加シ国語ノ普及上興ッテ力アルヲ認メタ」[22]と、婦人の出演者が年々増加していると報告されている。

台湾における日本語普及事業は明治末年頃より活発になるが、主な普及機関として大正三（一九一四）年設立の国語夜学会と、翌大正四年台湾総督府施政二〇年記念として設立された国語講習会があった。国語夜学会の会期は三ヵ月で、毎夜一時間、礼儀・作法・国語を教えた。国語講習会は、婦女子を対象にしたもので、週二時間、礼儀・作法・国語・裁縫を教えた。[23]台湾教育会は、この二つの日本語普及機関に対して、大正六年より指導・監督者を派遣し始め、その充実を計った。

「教育上有益の図書を印行すること」は、台湾教育会創立当初の規則に掲げられているが、その一環として大正年間に入って主に日本語普及のための書物が中心に出版されるにいたる。その代表的なものは大正四年刊の『国語捷徑《しょうけい》』で著書は国語学校助教授の宇井英《ういはなぶさ》と劉克明《りゅうこくめい》で、大正八年までに一四版を重ねた。この書物はいわば台湾各地方において開催された国語研究会、青年会、夜学会などで日本語を迅速に学ぶための会話テキストである。ただ、台湾語の訳が逐一付けられていることから、日本人にとっての格好の台湾語学習書にも使用できた。[24]出版時は四、〇〇〇冊にすぎなかったものが、翌年は三一、〇〇〇冊と大幅に増刷され、その後も昭和初年度まで毎年五千から一万部発行されたのである。[25]

第三期　教育事業拡張期（大正一一年～昭和二〇年）

大正一一年に台湾教育会の事務所が台湾総督府内務局学務課内に置かれ、台湾総督府の教育事業をより広範囲に実施することになるが、『台湾総督府学事年報』の台湾教育会に関する記述も第二期と第三期で明らかな違いが見られる。それは、第二期末の大正一〇年度『学事年報』では、台湾教育会を「時々集会ヲ開キ或ハ学術講演会ヲ催シ各種図書ヲ刊行シ毎月機関雑誌台湾教育ヲ発行シ以テ本島教育ノ改善普及ヲ図レリ」[26]と紹介しているが、第三期に入る翌大正一一年度『学事年報』では「総督府ノ施政方針ニ遵ヒテ学事奨励並ニ社会教育ニ関スル各種事業ヲ遂行セリ」[27]と位置づけ、台湾教育会の活動が雑誌・図書出版、講演会開催から、学事奨励および社会教育に関わる諸事業へと転換されていくことが明らかである。

学租財団の補助

このように、第三期に台湾教育会の事業活動が大幅に拡大された理由に、大正一二（一九二三）年より学租財団から多額の補助を得ることができるようになった点が挙げられる。この学租財団は、明治三四（一九〇一）年一一月に設置されたものであるが、日本統治以前の台湾に存在した教育機関である儒学および書院が所有していた土地建物などの財産を台湾総督府が没収し、それから得る収入を運営に充てたのである。大正一二年七月には、財団法人学租財団と改称され、主として毎年台湾教育会に学事奨励および通俗教育のために補助費を出すことになった。[28]

この学租財団からの補助は、大正三（一九一四）年の幻燈および活動写真兼用機械貸し出しなどにおける諸費として始まり、その後毎年通俗講演会の諸経費および通俗教育施設経費として用いられただけだった。しかし、大正一一（一九二二）年度には、台湾教育会収入三三、八八七円のうち学租財団の補助が一九、一五二円を占め、翌一二年度は、同会収入七五、〇七四円のうち五六、七三三円と、補助の占める割合が非常に高くなっている。補助が急激に増える直前の大正一〇（一九二一）年度の収入が一三、一三四円だったことから考えるといかに通俗教育に対する補助が多大かが分かる。[29]

学租財団の台湾教育会への事業助成は次の具体的な活動に対してであった。

1　通俗教育活動写真の撮影および映写
2　国語演習会の開設
3　教育功労者の表彰
4　通俗教育用図書の編纂
5　講演会の開催
6　学校職員の研究奨励
7　台湾事情の紹介（台湾島外）
8　学事講習会

さらなる日本語普及活動

第二期に引き続き幻燈・活動写真会および日本語教育の普及活動が継続されるが、この第三期に台湾教育会の事業として新規に行われたものに、簡易な国語教本の編纂および雑誌の発行がある。大正四（一九一五）年刊の『国語捷徑』は継続されて使用されるが、それと並行して、大正一三（一九二四）年に『国語教本』が漢民族系台湾人のために、また、『コクゴノホン』が台湾先住民の高砂族を対象とした学校外の日本語教科書として出版された。

『国語教本』は『台湾教育』の雑誌広告によればわずか三ヵ月で初歩の日本語を理解することができ

るといった実用向きの日本語学習の入門書であった。[30]『コクゴノホン』は同じく広告によれば、高砂族の一部族アミ族に「国語ノ初歩ヲ習得サセルタメ」に編纂された。また、昭和七（一九三二）年には、青年のための読物として月刊雑誌『国光』、『薫風』、『黎明』が刊行された。このように、様々な対象を考慮したきめ細かい日本語普及活動が展開されていった。[31]

また台湾教育会の日本語普及事業の一環として、第一回「国語普及ラヂオ放送」が昭和五（一九三〇）年一月に台北、台中、台南の三放送局にて開始された。放送は月二回で、内容は国語講習所生徒と男女青年団員の日本語による発表で、この放送の経費は初代学務部長の伊沢修二の記念財団からの補助が充てられていた。[32]

学事奨励事業

第三期における台湾教育会のもう一つの顕著な活動は、日本人児童を主として教育する小学校および台湾人児童を対象とする公学校教員のための講習会を主催したことである。これは、大正一三（一九二四）年から、総督府から学租財団の補助を受け、同会が受け継いだものである。とくに公学校において、当時正教員が大幅に不足しており、たとえば大正一〇（一九二一）年の時点では三、七七一学級に対し、正教員は二、二七三（日本人九五九、台湾人一三一四）人のみという実態で、この他に無資格者が二、二七六人を占めていた。[33]こういった正教員不足を補うため、正教員の資格獲得の一助として開催されたのである。

また学事研究奨励をはかるために、台湾教育会は大正一一（一九二二）年一一月に制定された「学校職員研究奨励規定」に基づいて翌一二年に研究費の補助として二〇〇円を石井賢蔵の「公学校における体操科教授の実際」に、そして三〇円を石垣富次の「計数器製作」として与えた[34]。

さらに台湾教育会は、各種教育事業の奨励の一環として、昭和三（一九二八）年より、学租財団の補助を用いて農業教育振興のための指導員派遣をするにいたった。指導員は日本各地の師範学校および実業学校教員中より五名が選ばれ、台湾の各州から二校を指定し、巡回した。また同会は、私立学校に対する助成金も出すことになる。具体的には、紀元節に、私立学校中成績優秀校一一校に対して、助成するというものであった（昭和六年）。また、台湾教育会自体が同六（一九三一）年四月に私立台北女子高等学院を設立経営する。この学校の目的は「女子ニ須要ナル高等ノ教育ヲ施シ、特ニ婦徳ノ涵養ニ力ムル」ことであったが、当初は独自の建物もなく、州立台北第一中学校の寄宿舎の一部を校舎として使用していた。

社会教育事業

台湾教育会は昭和五（一九三〇）年度において、社会教育部を創設し、予算約四万五千円をもって各種の事業を行った。主な事業として、第二期に始められた教育映画の作成と映写、映画教育の奨励助成、国語演習会その他の国語普及と奨励、各種講習、講演および会合等が継続して行われた。また新規事業としては、昭和二（一九二七）年に第一回台湾美術展覧会が台湾教育会主催のもとで開催されたが、出展資格は台湾在住者、分野は東洋画と西洋画からなり、会場は最初台北市樺山小学校であった（会期は一〇月二七日～一一月一一日）。第二回からは展覧会図録を同会の補助の下で、作成し、配布した。のち昭和六年五月に教育会館が建設され、以降ここで展覧会が開催されるようになった。

その他の諸事業

以上、これまで述べた第三期における教育事業のほかに、台湾教育会は様々な事業を行った。第三期初頭の大正一一（一九二二）年には「新台湾教育令」が発布され、中等学校以上を台湾人と日本人の共学とし、日本本土の学制に則ることとした。このことが契機となり、台湾でも各種の校長会議、教育大会が開かれることになり、台湾教育会はそれらの会議を主催することとなった。

全国中学校長会議
大正一五年一一月
全国師範学校長会議
昭和二年一一月

全国実業学校長会議
〃　四年一一月
全国図書館会議
〃　四年一一月
全国盲唖教育大会
〃　五年八月
全国高等女子学校長会
〃　五年一〇月

さらに、第三期における諸事業として、芝山巌《しさんがん》の祭典の挙行（明治三八年より継続）、教育デーの催し（大正一一〜昭和二年）、台湾教育功労者の表彰（大正九年より継続）、教育展覧会（大正一二年、台湾総督府施政三〇年記念事業）、教育視察者派遣（昭和七年より、日本国内および朝鮮）などがあるが、ここでは詳細を省略する。

本章では、台湾教育会の設立および活動の概略と変遷を三つの時期区分に整理して検討してきた。第一期の活動は、講演会開催と雑誌発行が主たる活動であったが、設立当初は台湾総督府の諮問機関の役割を積極的に果たした。とくに『台湾教育会雑誌』を中心に多様な教育意見と要望が述べられ、また建議として総督府に提出された。

しかし、台湾教育会機関誌の編集書記である山口喜一郎が語るように「各自の意見を交換せんため設けたる機関雑誌のごときも、寄稿者の数極めて稀なるを見れば、以て八百の会員諸君の老成振りを察するにたる。偶四五人の人相会しきも肘をとりて語るも、談教育事業に渉るもの少く、碁の話玉突の話其多きを占むるにあらずや」（明治三七年二月二五日）[35]と、徐々に活気を失いつつあった台湾教育会会員の停滞ぶりが明らかになっていった。しかし第一期の台湾教育会が、雑誌発行や講演会活動を通じて、台湾における教員の意見や声を実際に反映させたという点を見逃すことはできないであろう。

第二期以降、現場教員の意見や声は台湾教育会の機関誌に登場しつつも、台湾教育会の活動は通俗教育事業に重点が置かれ、台湾教育会は拡大、支部化されるとともに、次第に理念や要望、意見を闘わせる場から、学務課主導の事業を消化する場へと、活動の主旨が変化、展開していったことが分かる。さらに第三期にいたっては、第二期の事業を継続、拡張しつつも、学租財団の多大な補助のもとに新規事業を興していくなど事業経営に着手するに至り、台湾教育会設立当初の立場からは全く異なったものになっていった。

〔註〕

（1）台湾総督府民政部総務局学務課、明治三五年度『台湾総督府学事第一年報』、明治三七年。

(2) 台湾総督府文教局、昭和一二年度『台湾総督府学事第三六年報』、昭和一五年。
(3) 前掲書、明治三五年度『台湾総督府学事第一年報』。
(4) 吉野秀公『台湾教育史』、昭和二年。自費出版、台湾、台北。一五六頁。
(5) 同書、一五四頁。
(6) 『台湾教育会雑誌』第一号、明治三四年七月二〇日。
(7) 『台湾教育会雑誌』第六八号、明治四〇年一一月二五日。
(8) 同書、第九号、明治三五年一二月二五日。
(9) 同書、第一二四号、明治四五年八月一日。
(10) 同書。
(11) 『台湾総督府統計書』明治三八年~昭和一四年より作成。
(12) 『台湾教育会雑誌』第九号、明治三五年一二月二五日。
(13) 前掲書、『台湾教育史』、一五五頁。
(14) 『台湾教育会雑誌』第一号、明治三四年七月二〇日。
(15) 同書、第四〇号、明治三八年七月二五日。
(16) 同書、第四号、明治三五年三月二五日。
(17) 『台湾教育会雑誌』第三八号、明治三八年五月二日。
(18) 同書、第一二四号、明治四五年八月一日。
(19) 大正八年度『台湾総督府学事第一八年報』、大正一〇年。
(20) 同書。
(21) 台湾総督府『台湾の社会教育』、一二七頁、昭和一三年。
(22) 大正七年度『台湾総督府学事第一七年報』、大正九年、一二二頁。
(23) 前掲書、『台湾教育沿革誌』、一〇四四~一〇四五頁。
(24) 『台湾教育』第二〇七号、大正八年八月一日。
(25) 大正四年度『台湾総督府学事第一四年報』、大正六年。昭和四年度『台湾総督府学事第二八年報』昭和七年。
(26) 大正一〇年度『台湾総督府学事第二〇年報』大正一二年、三一頁。

(27) 大正一一年度『台湾総督府学事第二一年報』大正一四年、三六頁。
(28) 台湾総督府『台湾事情』、大正一一年版、一六八頁。
(29)『台湾教育』第二二二号、大正九年一〇月三〇日。第二三五号、大正一〇年一二月一日。第二七〇号、大正一三年一二月一日。
(30)『台湾教育』第二七〇号、大正一三年一二月一日。
(31) 昭和七年度『台湾総督府学事第三一年報』によれば『国光』は毎号六〇〇〇部発行、『薫風』は毎号六五〇〇部発行、『黎明』は五五〇〇部発行された。翌年からは『国光』が一三〇〇〇部と増刷したが、『薫風』、『黎明』は、五三〇〇部しか発行されなかった。なお、『国光』は、国語講習所生を対象に、また、『薫風』、『黎明』は青年教育所生や青年団員を対象に配布された。
(32) 伊沢財団は昭和三年六月設立。資金四万七千円からなり、毎年の利子から一五〇〇円を台湾教育会に補助し、「国語普及ラヂオ放送」、「全島国語演習会」および「国語普及功労者の内地視察派遣」が台湾教育会の事業として行われた。『台湾事情』昭和九年版、一八二～一八三頁。また前掲書、『台湾の社会教育』、一二七頁。
(33)『台湾教育会雑誌』第二三〇号、大正一〇年七月一日。
(34) 昭和四年度『台湾総督府学事第二八年報』、昭和七年。
(35) 同書、第二三号、明治三七年二月二五日。

第11章　伊沢修二と視話法

――楽石社の吃音矯正事業を中心に

伊沢修二（一八五一～一九一七）は、明治・大正期の教育家で教科書編纂、国家教育運動、師範教育、音楽教育、体育教育、盲唖教育、台湾をはじめとする植民地教育および中国語の言語研究、吃音矯正事業などにおいて先駆的業績を残した。しかし、この一見多様な分野のなかでも、とりわけ言語に関する領域の根底に流れるものに視話法があり、伊沢の思想と行動を研究する上で、視話法との関係を明らかにすることは重要である。

伊沢はアメリカ留学中に電話を発明したアレキサンダー・グラハム・ベルから英語の発音矯正のために視話法を学んだ。日本に帰国後、彼の多方面にわたる活動のなかでこの視話法の原理が応用されていることに注目したい。とくに大病を患って回復した明治三四（一九〇一）年以降に『視話法』を出版してから死去する大正六（一九一七）年までは、視話法を基本として吃音矯正と中国語を主とした言語教育に多大な精力を費やしている。ここでは吃音矯正事業を中心に検討する。

本章では第一に伊沢が視話法にどのようにして出会ったのか、また視話法の由来と目的、そして伊沢の言語観と伊沢がどのような形で視話法を応用したのかについて述べる。第二に伊沢が晩年に情熱を注いだ楽石社の設立にふれ、楽石社の吃音矯正事業の実態を紹介したい。最後に伊沢が発明した「日本吃音矯正法」が矯正治療を受けた人々にどう思われていたのか、またどういう影響をもたらしたのか、そして今日において伊沢の吃音矯正事業がどう評価されているのかをまとめてみたい。

第一節　伊沢修二と視話法

伊沢と視話法との出会い

明治八（一八七五）年、伊沢は愛知師範学校長を経て、文部省より「師範学科取調」のため、高峰秀雄、神津専三郎の両名とともに留学生として米国に派遣された。伊沢がブリッジウォータ師範学校在学中、明治九（一八七六）年七月、米国独立百年記念博覧会がフィラデルフィアで開かれた際、田中文部大輔などが視察をかねて同博覧会に派遣された。伊沢もこの一行に加えられたが、この時伊沢は今まで見たこともないめずらしい掛図を見つけたのである。これが伊沢と視話法との出会いであるが、その様子を伊沢は次のように回想している。

「サテ田中大輔の一行及余等はヒラデルヒヤの博覧会に行き、共にこれを視察したのであつたが、其所に希臘文字でも羅甸文字でも無い、一種奇態な文字の掛図が有つた、そこでこれを同会の理事に質ねた所が、これは唖子に教へる文字だといふことで、余は奇異の思を為して、誰か実際此の文字で唖子に発音させるものがあるかと問うたれば、それはボストンに居るグラーム・ベル氏であるから、詳しいことは同氏に就いて質ねたら可からうといふことであつた、此話を聞いて余は暗夜に光明を得た程に喜んだ、唖子にさへも、ものをいはせることが出来るならば、通常人の余が発音の矯正を受け得られぬ筈はないと」[1]思ったのである。

伊沢はボストンのベルを訪ねて、英語の発音が非常に悪いのでぜひ矯正してほしいと頼んだ。ベルはちょうど電話機の発明事業に携わっており多忙であったが、日本語を学びたいとのことから、伊沢に視話法によって英語の発音を教えることになった。伊沢と視話法の出会いは後の活動に大きな影響を与えることになる。

視話法について

視話法とは何か。伊沢の説明によれば、視話法とは「人の口より発する音を耳で聴くことの代りに目で視るのである。即ち話を視る方法である」[2]。たとえば「書」はshū（中国語）と発音するが、日本の仮名では書けない。そして、耳で聴いても分からない。しかし、「口を開いて舌が何処へ行つて口の形がどうなるかと云ふ事を研究して、其通りにやれば僅の時間で誰にでも出来る」[3]と伊沢は言う。

視話法は一八六〇年頃にスコットランドのアレキサンダー・メルヴィル・ベル（グラハム・ベルの父）によって発明された。しかし、イギリスでは認められず、カナダに行き視話法を用いて聾唖者に発音させようとしたのである。しかし、「視話法は唖生教授のために発明」されたものではなく、その一つの応用にしかすぎない。メルヴィル・ベルがVisible Speech（視話法）を発明したがそれは、「万国普通に行はるべき音字を創作せんとの企図より出たるものにして実に言語学上の一大発明なり」[4]ということから、視話法は「万国普遍音字学」とも呼ばれ、この音字を用いれば、「世界いづれの国語の音韻にても悉く記し得るを以てなり」と伊沢は評価している。[5]

視話法は、また「生理的音字学」とも言うが、それは生理上の原理に準拠し視話文字がつくられているからである。[6] 次に身体構造の関連から形成される視話文字とその一覧を掲げておこう。

［資料1］視話文字と身体構造との関係[7]

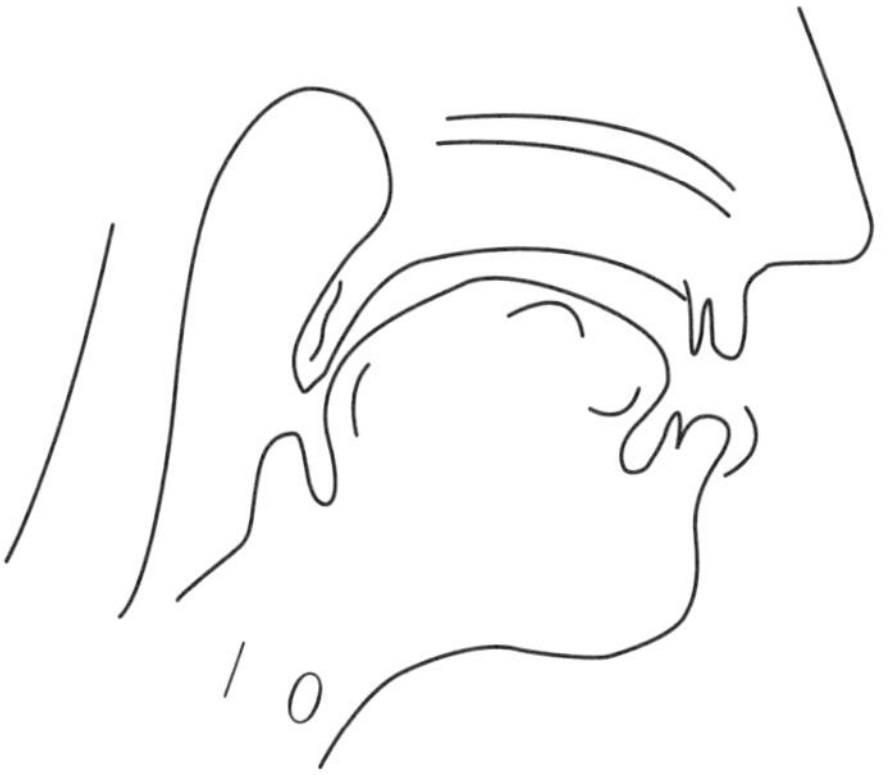

［資料1］の説明：

話し言葉は音声により成り立つことから、音韻研究を行うために音を出す身体の発声機に注目し、これらの構造から音の原子を作り、これを組合わせたものが視話文字である。発声機とは、唇、舌、口蓋垂、喉のこと。この図は人の顔を縦に割ったもので、それを右に向けたものである。）は唇を表し、）は舌頭、（は舌上、（は舌後、⁀は口蓋垂、0は喉の下の声帯が開いたもの、―は声帯が閉まり声が出る状態を表している。

これらを組み合わせたものの一例として「P」という

音は唇の）に、声帯をしめた状態の——を加えるとDという形になる。

［資料2］母音の形

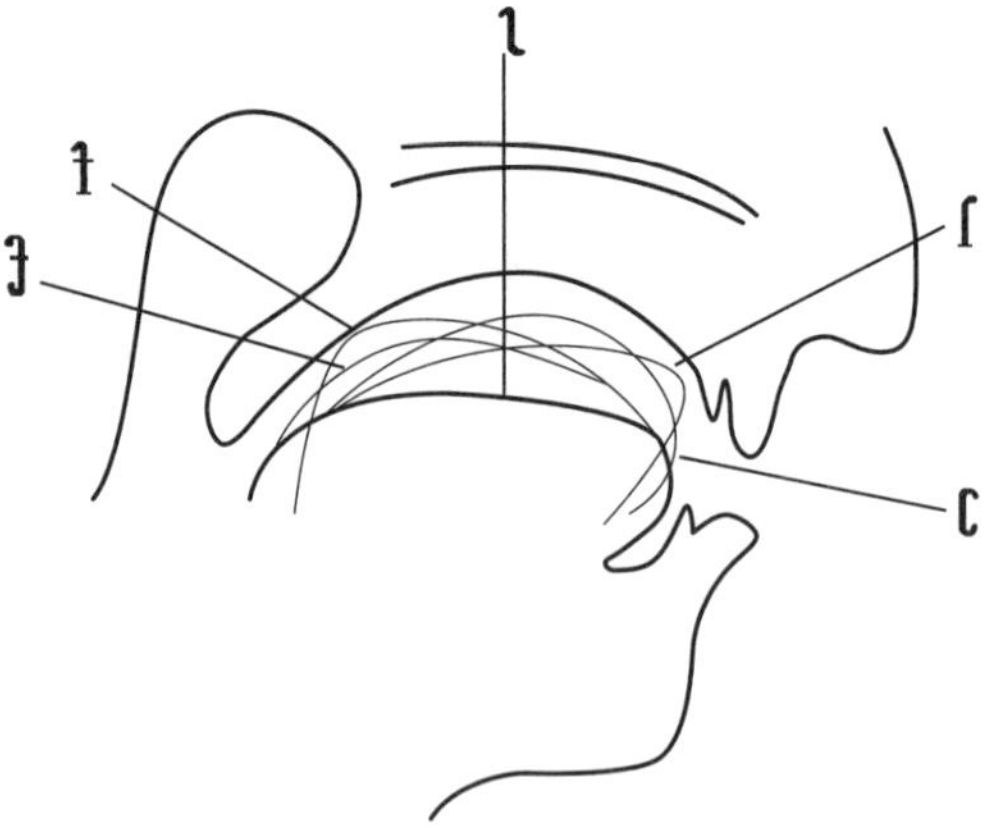

［資料2］の説明：

母音は声帯を閉めた時に出る声の符号「I」に舌の位置を示した点を付けることによって作られた視話文字である。

- ʅ　「ア」は舌の中程から発せられる。
- ʃ　「イ」は舌の前部の高い位置で発せられる。
- ƚ　「ウ」は舌の後部の高い位置で発せられる。
- C　「エ」は舌の前部が中程の位置で発せられる。
- ɜ　「オ」は舌の後部の中程に据え置かれ、口を丸くして発せられる。

五十音

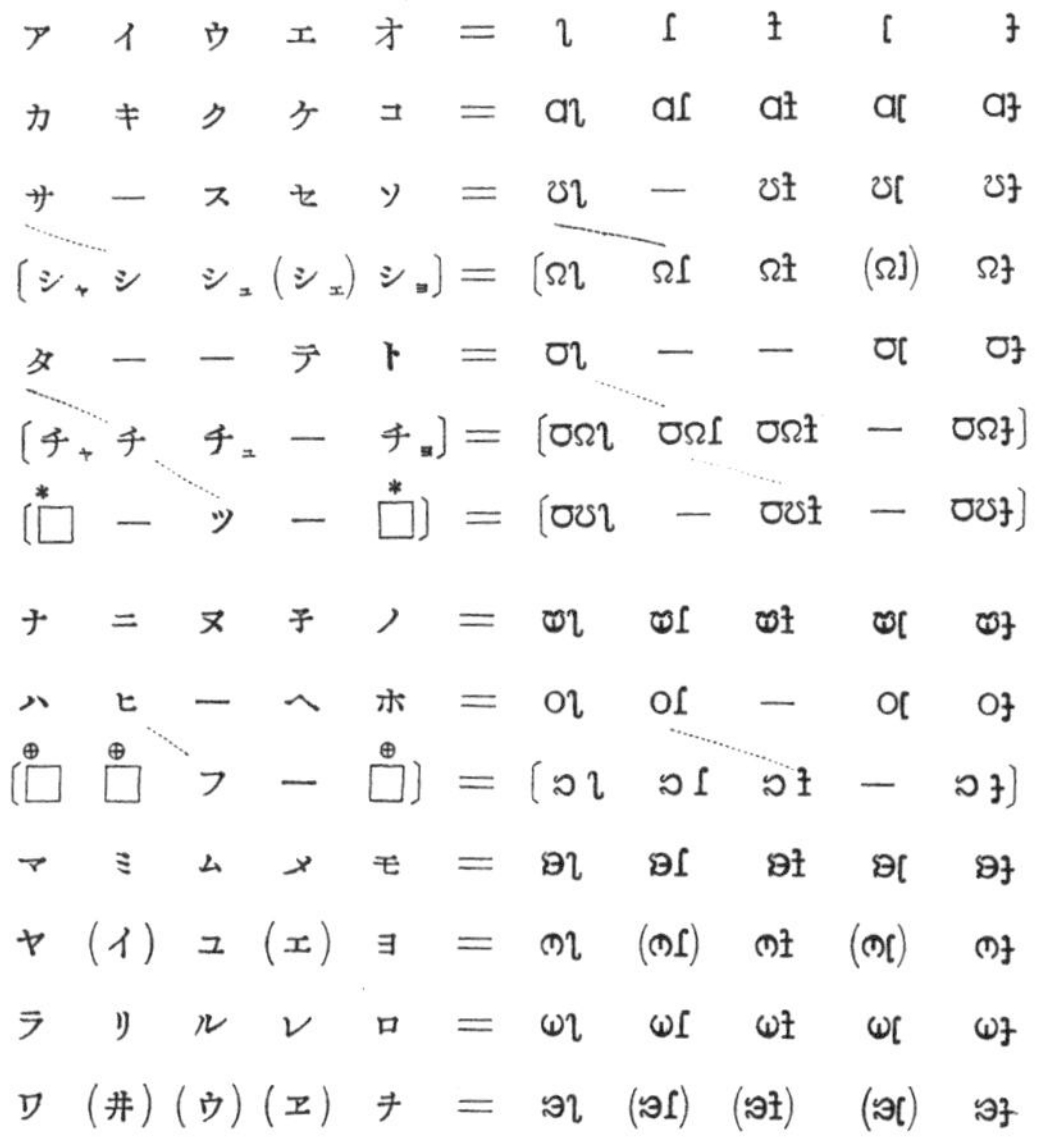

濁音

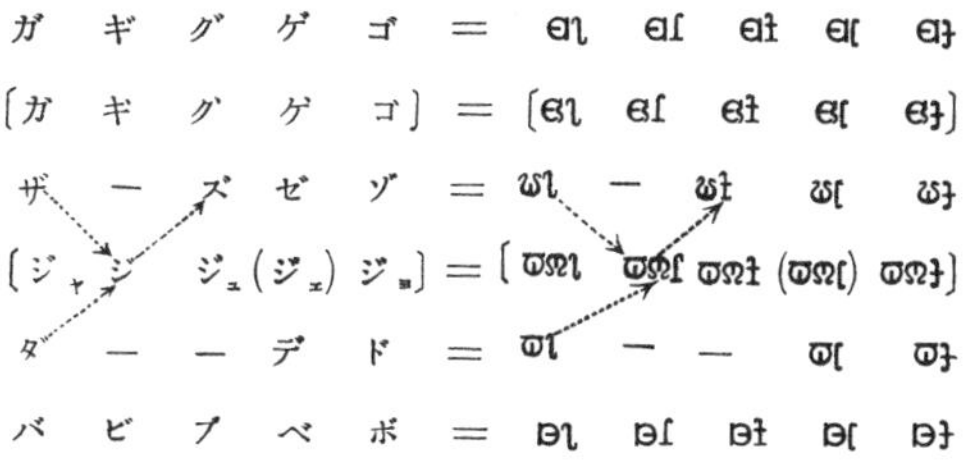

次清音

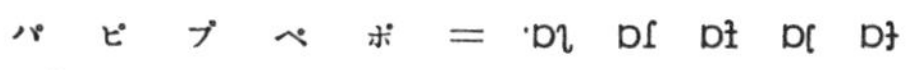

*支那及臺灣語學ニハ「ス̄ァ」「ツ̄ァ」ノ文字ヲ用ヰルコトトセリ。
⊕通例ニハ「ファ」「フィ」「フォ」ノ文字ヲ用ヰルコトアリ。

視話法の目的と伊沢の言語観

伊沢の視話法の根底にある言語観を見てみよう。伊沢によると人間が動物より優れているのは言葉をもっているからであり、人類は「コノ言葉ノ助ニヨリテ、同類互ニソノ意思ヲ交換シ、智恵ヲヒラキ経験ヲツミ、ツヒニコレヲ子子孫孫ニツタヘテ、今日ノゴトク、人類ノ地位ヲタカムルコトヲナシエシナリ。サレバ言葉ハ、人類特有ノ武器」である。「タダ人類ノ発音ヲ正確ニアラハシ、タヤスク同類ニ理解セシメ、ヒロク世界ニ伝播セシムルノ法ヲウルヲイフノミ」[9]。「言葉ハ人類特有ノ武器」であるという伊沢の「言葉」とは書く文字ではなく話し言葉としての言語で、音声としての言葉が重要な鍵となる。伊沢にとって、言葉というものは人間の音声より成り立つもので、その音声がすなわち言葉であると、言葉と音声が同じものであることを強調している[10]。伊沢にとって言葉とは「或ル人ノ口ヨリ発シテ他ノ人ノ耳ニ聞エ、以テ我考ヲ、他ニ通ズルコトノ出来ルモノ」[11]であり、人の考えを表すものとして漢字、仮名、ローマ字が存在するが、言葉を音声と媒介とした思想伝達の手段として重視している。

言語研究として音声から入ることの意味は伊沢の視話法の応用にも顕著に表れている。次に伊沢が視話法をどのような形で彼の多様な活動の中で応用していたのかを見てみよう。

伊沢と視話法の応用

伊沢は視話法をどのような形で応用していたのであろうか。明治三七（一九〇四）年七月の視話法講習会では、伊沢は自分自身の体験と行動が視話法といかに関わりが深いかを次のように語っている。「其後私は日本へ帰つて来て、或は唖子に物を言はせることもやつて見た。それも可なりに成功して居る。又自分の英語も甚だ不完全ではあるけれども、大概英語と聞えるやうな正しい英語と言つても宜いだろうと思ふだけに出来るやうになつた。又支那語を学ぶ事に付てもこれを応用しやうと云ふ事も多年考へて居つた。台湾へ行つても台湾人に日本語を教へるとか、或は日本人に台湾語を教へる事に付ても、この法（視話法）の字は用ひないが、其主義は余程応用したことがある。又唱歌にも発音の悪いのを正しくする為に、実地に行つて見たこともある。又東北地方へ行って彼の地方の人の訛りを正してやり、青森、秋田辺では余程能く行なわれて、実際効力があると云ふ報告を聞いて居るやうな次第である。また昨年以来は其応用上に就き一種の発明を為して吃音を治することを考へて今日まで殆ど四百人ほどに施して見たが大概見込み通り矯正することが出来た。（中略）今後私が諸君と共に研究して見やうと云ふのは、愈々之を清韓語に当嵌めて、清韓の語を学ぶ一番の基礎となる発音が容易に正しく出来るや否やと云ふ事を証明して見たいと云ふう考である」[12]。

先に述べた伊沢の言語観に即して見てみれば、伊沢の視話法の応用範囲が音声と密接に関わっていることは明白である。聾唖教育においては手話法を用いず、直接声を出して表現する口話法を、視話法を用いて実践した。伊沢はこのことに関してかなり成功しているといえるが、それは伊沢の次の試みから察することができよう。昭和一九（一八八六）年東京盲唖学校校長を兼任していた頃、はじめて聾者の矯正を実践した。訓盲院掛かりの小西信八が、伊沢から視話法を学び、日曜日ごとに訓盲院生徒古川金造も伊沢の所へ連れて行き、話せなかった古川が話せるようになった。

伊沢自身の視話法との出会いは自分の英語の発音を克服することから始まった。また中国語の研究も音韻学の分野から研究が進められた。台湾における植民地教育に関わる前に作成した『日清字音鑑』（明治二八年六月）では、ウェード式ローマ字記音法と片仮名を用いたが、『支那語正音韻鏡』（大正五年三月）では世界共通の記音法である視話法を用いて中国語の音韻の原理を解明しようと試みた。

また、伊沢は日本最初の植民地台湾において日本語による教育の基礎を築いたが、彼が台湾でまず最初に着手したのは日本人教師に台湾語を学ばせることと台湾語の会話の教科書と発音集「台湾一五音及字母表附八声符号」と「台湾一五音及字母詳解」を編纂することであった。伊沢は、明治二九（一八九六）年四月一五日から六月三〇日までの間、日本全国から集めた四五名の教員に対して、主として台湾語の発音と教室で使用する簡単な用語を教えた。

「此の講習員になって来た人は、府県の師範学校の卒業生であるから、勿論経験もある人で、教育といふ方は出来て居ります。唯土語が出来ないから、言葉を十分教へて、夫れから、此の土地人民の風さへ能く分かれば宜い（中略）夫れで、どう云ふ風にしてやつたかと云へば、先づ、一番最初に、決して会話などは教へない。単に、台湾の十五音の母音と云ふやうなものにつき、八声の練習のみをやつた。朝から晩までパアパア、パアパアとやつて居りました。（中略）台湾の八声は一寸聞いて直ぐ耳に這入るやうなものでは有りませぬ。熱心に其れを習つて黽勉努力した結果、幾等か真似が出来るやうになると、初めて耳が聞えて来るのです。凡そ人が言葉を習ふのは、耳からでは有りませぬ。幼児がウマウマと云ふのは、一年も二年も母の口を能く見て、口がどう動くか練習して、然る後に「ウマ」とか「アバ」とか「トト」とか「カカ」とか云ふのであります（中略）中年に外国語を習ふには、最初耳で聞くよりは、発音の理法に随つて目で見て後、耳で能く聞き、さうして会得して行くと、発音は出来ます。夫れで有りますから、講習員等は二十一日間、朝から晩までパアパアとやらせた。そこで台湾の八声は出来た。夫れをやつた後、四十日間は教場に最も必要な会話を教へました[13]」。

視話法を応用して、伊沢は唱歌を歌うために「正しい音」を学んだり、日本語の地方の訛りを矯正したりする試みをしているが、楽石社の活動として一番研究したいことは中国語と朝鮮語の発音が容易かつ正確にできる方法を開発するということであった。しかし、楽石社の事業で中心的な位置を占めたのは吃音矯正事業であった。その事業のために伊沢はどのような活動をし、どのような成果をあげたのかを次章で検討してみたい。

第二節　楽石社の設立とその事業活動

楽石社の設立をめぐって

楽石社は伊沢修二が中心となって、戦前の日本で吃音矯正を主とした言語障害治療を全国的な取り組みで展開した社会福祉組織として知られている。伊沢は明治三三（一九〇〇）年五月に腐敗性気管支炎のため入院し、一命をとりとめることになるが、病気回復後、貴族院議員以外の役職をすべて辞任した。明治三四（一九〇一）年四月には『視話法』を著し、このころを契機に視話法を軸に言語研究および吃音矯正事業を主たる活動とする。

明治三六（一九〇三）年三月二六日に伊沢は小石川の自宅で、楽石社を創立した。楽石社の名称の由来は小石川に住んでいることから「礫川」の礫という字にちなんで楽石とつけたとある。伊沢自ら執筆した「楽石社規程」には「楽石社ハ余ノ老余ノ事業トシテ営マントスル各種ノ実験ヲ為ス所ナリ」[14]とあり、伊沢は広範囲な実験を計画しながらも、とりあえず言語研究部を設置運営しようとしたのである。

楽石社言語研究部設置の目的は、音韻学および言語学を対象とし、その学理を応用することにあったが、具体的な事業内容としては次のようなことが掲げられていた。

（1）視話法ヲ伝習ス。
（2）正シキ日本語音ヲ伝習ス。
（3）正シキ英語音ヲ伝習ス。
（4）正シキ清国語音ヲ伝習ス。
（5）正シキ台湾語音ヲ伝習ス。
（6）方言ノ訛ヲ矯正ス。
（7）吃音ヲ矯正ス。
（8）唖子ニモノヲ言ワシム。[15]

これらの事業は、伊沢が今まで視話法の応用として実践してきたものであったが、よりいっそう研究を深めるため、多方面からの学習者および研究者を集めて研究体制を構築しようとするものであった。伊沢はこの事業のなかでも、視話法の講習を最も重視しており、毎週二回、土曜日および日曜日の午後に開講し、この講習を終えた者が「英語音支那音及台湾語音ノ伝習、並ニ方音ノ矯正[16]」が受けられることとした。

しかし、趣意書によって募集した結果は意外であり、一二、三才から五〇才までの者わずかに七名で、吃音矯正希望者のみであった。伊沢がこの七名を相手に末弟の末五郎を助手として小石川の自宅の十畳座敷で事業をはじめたのは明治三六（一九〇三）年三月二〇日であった。[17]

楽石社設立以前の伊沢と吃音矯正

楽石社が設立されるまでに伊沢はいつ頃から、どのような契機で吃音矯正と取り組んできたのであろうか。

吃音矯正との取り組みはかなり遅く、伊沢が視話法を学んだアレキサンダー・グラハム・ベルが明治三一（一八九八）年一一月に来日し、東京盲唖学校で聾唖教育について講演をした際に伊沢は通訳を買って出た。このベルの日本滞在中に伊沢は吃音矯正治療の示唆を受けたのである。このことは、ベル来日後数年経ってから送ったベル宛て書簡の中で次のように言っていることから分かる。

「余在米の日、未だ此法（視話法）を以て吃音の如き言語障碍を救治するの教を受けざりしに、恰も其後恩師の来朝に会し、幸に其応用法の梗概を聞くを得たり。是れ余が吃音矯正に手を下すに至りたる嚆矢にして、爾後幾多の研鑽経験を積て、遂に日本吃音矯正法の発明を為すに至りたる所由なり」[18]。

ベルが来日した際に東京帝国ホテルにて面会した時に、伊沢はベルから「吃音の原因に就き御教示を厚く」してもらったのである。ベルから吃音矯正のヒントはもらうものの、伊沢は視話法に基本的には依拠しながらも、独自の「日本吃音矯正法」を確立するのであるが、ベルからの示唆をもとに、幼い時から吃音に悩まされていた末弟の末五郎に矯正を試みると、かなりの効果を見たのである。そそれから一、二年後に秋田県教育会の依頼で一四、五才の少年の矯正を試みている。そして、明治三六（一九〇三）年三月二六日に楽石社が正式に創立されてから、本格的な吃音矯正事業を開始するのである。

楽石社の吃音矯正事業とその成果

当時、吃音は薬物療法、電気療法、精神療法などの方法で治療が試みられていたが、これといった決定的な治療法はなかった。吃音は不治の疾患とされていた。しかし、伊沢は吃音を先天的な病や病気ではなく、一種の悪癖として捉え、これを「善導スレバ必ラズ根治シ得ル」と信じるのである。吃音矯正に用いた方法は「音韻、生理、心理教育等ノ理法」[19]で、練習法（マスクル・トレーニング）を独自に開発したのである。

明治四四（一九一一）年紀元節の日に行なわれた吃音矯正事業の報告ならびに終了者の成績発表会にて吃音の原因を伊沢は次のように説明している。

「此の吃りと云ふものは、色々複雑したものでありますが、大体の原因と見ることは喉頭の中にある声帯を、締付けるのが主要の原因である。併しそれよりもう一層深く立ち入つて見ると云ふと、実は声の出来る源から違つて居る点があります。どこが違つて居るかと云ふと、通常の人は声を作るには腹で気息をして声を作る、所が吃りは腹で気息をすることが大抵出来ぬ、それで気息も充分つけぬから声も十分に出来ぬ。横隔膜の伸縮によって呼吸を充分にするのでなければ十分の声といふものは出ない、所が吃る人の十人の八九人と云ふ者は横隔膜は使はれない、そこで咽に来て声帯を動す筋が締るから声が出ないと云ふのが先づ吃る一番の原因である。それであるからして声帯を楽に開閉が出来るやうにさせてさうして其の舌の前とか、舌の本と云ふやうな所を楽に自由に使へると云ふやうにすればそれで直るのであります」[20]。

伊沢の吃音矯正法では、まず声帯を楽にするため「ハヘホ」の練習を繰り返す。これで普通は三週間で直るが、速成講習では一二日間である。明治四三（一九一〇）年三月二六日の報告では、吃音矯正の成績を次のように伝えている。

普通伝習（三週間）　一六三八人
速成伝習（一二日間）　三六二人
中途中止　六三人

費用は吃音講習料は二〇円、別に練習費として一円二〇銭、楽友会費は一円二〇銭で、貧困者に対しては金額補助が適用されていた。

伊沢は大正六（一九一七）年五月三日に没するが、それまでに矯正した吃音者は五千人を超えている。吃音矯正の実績は次のようなものであった[21]。

吃音矯正全治者

一〇〇〇名　明治三九（一九〇六）年九月
二〇〇〇名　明治四三（一九一〇）年四月
二九八四名　大正二（一九一二）年
四五〇〇名　大正五（一九一六）年四月
五〇〇〇名　大正六（一九一七）年

さらに、伊沢の死後、楽石社の吃音矯正事業は伊沢の子息勝麿《かつまろ》（別名勝麻呂《かつまろ》）によって受け継がれるが、大正一一（一九二二）年には吃音矯正全治者は八、六一八名、昭和八（一九三三）年には二一、六二二名と伊沢が中心となって治療した数の四倍以上になっている。[22]

伊沢の吃音矯正法の独自性

伊沢の吃音矯正法はベルの視話法に基礎を置いているが、伊沢独自の改良がある。とくに、伊沢はまず中国語・朝鮮語の研究にあたっても改良すべき点を述べている。

「そこで私の考では成るべくベルの方法に従つて行きたい。徒らに改良などと唱へて故人のした事をむやみに打破るのは決して、良い結果がないからして、成るべくは全然旧来の方法に従って行きたい考でやつて来たのであるけれども、今後はどうしても之を少し変へなければならぬ時機になって来た。

（中略）清韓の語をやる時にはベルの拵へただけのものでは足らぬ。どうしても幾分か変へなければならぬことが起つてくる。併しながら矢張りベルのシステムに土台を置いてやつて行く積りである」[23]。

また伊沢は吃音矯正に関して、独自の改良を考案したことをベルへの手紙「日本語標準音及吃音矯正法発明に付きベル博士に送りたる書翰」（明治三六（一九〇三）年一一月九日）で伝えており、発明の要旨として、次のように主張している。

（1）声帯の張開と横隔膜を強く練習

（2）各語の子音を母音化し、続いて各子音に適当な母音を加え、発音する練習

（3）若干の新字を創造したので、それをセントルイスの世界博覧会にて日本語標準音および吃音矯正法の発明として展示したいが、世界ですでに実行されているかどうか

そして、世界で誰もしていないとの好意的な返答がベルからあったのである。[24]

吃音矯正事業を展開するにあたって伊沢は欧米において吃音矯正がどのようにおこなわれているのかを知る必要があった。そして、その前提で伊沢の方法がいかに吃音矯正において世界的に優れているかを立証したかった。明治四三（一九一〇）年冬、伊沢はヨーロッパに赴き、吃音矯正のオーソリティー、ドイツのグッツマン博士の研究を考察した結果、伊沢の研究の独自性を強調しようとした。

伊沢はだいたいにおいてグッツマンの吃音矯正の治療法と同じとしつつも、「併しながら理論の点に於いても実行上に於ても少しく異つて居る」と主張する。

1．グッツマンは吃音の原因を「脳神経即ち言語の中枢に変状があって、それが為に此の吃りが発

する」と言う。
2.第二にグッツマンは、「吃りになるのは生まれた時からして発音機関又は其の性質に、吃りになる性質を有つて生まれた」と言う。
伊沢は次のように反論する。「私はさうは思はない、即ち声帯を締る習慣が大原因であると認める」。また吃音は生まれたときからの性質であるということに関して伊沢は、「我々の経験では吃りと云ふことは模倣から来るのが一番多い、吃る人の真似をしてなるので、自発したと云ふことは殆ど極く罕にしか見ることは出来ない。（中略）即ち人の真似をすると云ふ習慣からして受けて、所謂悪習慣に伝染して、受けたものに違いない。伝染して受けたものに違いないからして、善い模範を以つて行つて練習させれば立派な完全の人になれると云ふことは明であると思ふ」という。

また、ドイツ語は語尾が子音でおわるが、日本語は母音で終わる。「ハー、ヘー、ホー」の練習をして声帯を開くことをする。一週間で声帯が開いたあとは母音練習をさせる。「グッツマンは非常に骨を折つて独逸語の吃りを直して居るが、独逸語は語尾を締めるか締めないかと云ふことを能く知って居らないやうである。（中略）前の言葉の終りの父音と後の言葉の始めの母韻とをくつ付けて発音させます。さうすればフアイナルコンソナントの処で声帯がしまらないから楽にいへるのである」[25]。

伊沢は声帯を開き、腹式呼吸を徹底することと、「ハー、ヘー、ホー」を中心とした発音訓練をすることによって吃音は必ず治るものと考えたものである。

第三節　伊沢と吃音矯正事業の反響と評価

吃音矯正事業の展開

伊沢修二の吃音矯正事業は戦前の日本における唯一の確立された治療方法であった。それは、日本全国のみならず日本の植民地にも及んで広く講演会、講習会、支部設立、また通信治療に至るまで幅広い治療活動が行われた。楽石社は明治三六（一九〇三）年に伊沢の小石川の自宅の片隅で細々とはじめられたが、吃音矯正の実績が顕著になり、明治三九（一九〇六）年には吃音矯正一千名の記念報告会が開かれ、この年の一〇月には大阪に吃音矯正出張所が設けられている。また翌四〇（一九〇七）年には、建物を新築し、楽石学院が建てられた。明治四二（一九〇九）年一月には吃音矯正の研究雑誌『楽石叢誌』[26]が発刊された。翌年、大阪支部が設立され、続いて広島支部、名古屋支部、兵庫支部が設置されたのである。

楽石社の事業が急速に発展していった理由として、かつての文部省との関わりおよび貴族院議員としての活動が伊沢の事業を世の中に認知させ、そのために援助を受けられるようになったことが挙げられる。明治四三（一九一〇）年三月には伊沢の吃音矯正事業の実績が認められ、内務省より一千万円が寄付されている。明治四四（一九一一）年一月一二日には一木内務次官および留岡孝助などが楽石社を訪問しており、留岡は、内務省は全国約四百ある中から一二四の慈善博愛事業に助成金を出しているが、楽石社は金額において二番目であると述べている。留岡は伊沢を「吃音矯正の元祖」とし、自分の施設の吃音者少年も楽石社で治療を受け完治したことに触れている。[27]

また、明治四四（一九一一）年四月には小松原文部大臣が楽石社を訪問し、無料吃音矯正受講者の話を聞き、効果が著しく、吃音矯正の事業の成績が顕著であることを確認した。文部大臣の訪問を機に東京市の小学校訓導で吃音矯正教師となる星野理三、加藤晋、清水鑑三、村上求馬の四人に免許状が授与された。

日本国内のみならず、伊沢は中国東北地方においても中国人に対して中国語による吃音矯正治療を行なった。中国は日本に比べて吃音者の数が多く、人口に対する比率は日本の二倍以上と推測されており、中国の人口四億人中少なくとも数千万の吃音者がいるという。大正五（一九一六）年、二三名の中国人吃音者が大連の公学堂に集められ、二三日間の矯正治療が実施された。矯正治療を受けた者は終了式において参列者の前で演説を行い、大きな賞賛を得たのである。[28]

この後、伊沢は視話法に基づいた中国語の研究に熱中するが、また米国での吃音矯正事業を推し進めるため旅券申請をする。しかし、大正六（一九一七）年五月三日に脳出血のため六七才の生涯を終えた。[29]

伊沢の吃音講習を受けた受講生の感想

伊沢は郷里の長野県高遠町の建福寺で大正五（一九一六）年一〇月に吃音矯正の講習会を開いた。講習期間は三週間であったが、治療を受けた六六歳の男性の感想を見てみよう。

「先生がやかましく注意されたのは発音する場合は姿勢を正しく起立すること。口形を正しくして大きな声を発することであった。その頃受講生は和服であったが姿勢を正しくする必要から懐に何も入れさせなかった。ふところに何か受講生が入れていると大変叱られた。先生は午前中基礎の指導をされた。午后になると講習性は独習で三峯川の河原へ行き矯正法の本を頼りに川の瀬音に負けない大声で発音の練習をした。先生の指導は極めて厳格で、二度注意して出来なければ両手で受講生の頬を撮み上げた。（中略）その期間中十六歳位の書生が先生に附添っていたが、その書生は時々受講生に先生は大変きつい、自分も先生に叩かれることがよくあると話された。先生の熱心な指導により、受講した吃音者は殆ど吃音が矯正された[30]」。

伊沢は吃音は必ず治るものとして捉え、腹式呼吸と発声法と、右記の受講生の感想にも見られるように、受講生の頬を撮み上げたり、書生を叩く厳格な指導法が用いられた。そしてこの熱烈な指導によって受講生のほとんどの吃音が矯正されたと言われている。

現在から見た伊沢の吃音矯正法

伊沢の吃音矯正事業は戦前の日本における唯一の組織的に確立された吃音治療法であった。しかし、現代日本の吃音矯正に関する治療方法から見れば、伊沢の吃音矯正法はどのように位置づけられ、評価されているのであろうか。内須川洸・神山五郎編『講座言語障害治療教育』［第五巻・吃音］（福村出版、一九八二年）には、伊沢修二の吃音矯正法の内容および治療法が具体的に紹介されている。「明治三六年、伊沢修二が東京に、わが国で最初の民間吃音矯正所『楽石社』を創設した。（中略）伊沢式吃音矯正法は（ア）呼吸練習（イ）発声練習（ウ）精神強化訓練を矯正の三本柱としている。呼吸練習では腹式呼吸によって正しい呼吸の仕方を訓練する。発声練習では日本語五十音のうち声帯を締めずにごく自然に発声出来る音としてハ行音をあげ発語の際に「ハ」または「ヘ」「ホ」の口形で呼気してから発語しようというもので、ハヘホ法ともよばれた。精神強化訓練では信念の養成に力を入れ、楽石社の吃音矯正教科書には『死を賭しても吃りを全治しなければならぬと発奮決心すること』とある[31]」。

さて、現在の吃音矯正方法から見て伊沢の吃音矯正法はどのように評価されるであろうか。伊沢の吃音矯正法は主として腹式呼吸の訓練、発声練習および精神面の強化からなっており、訓練可能な吃音者が対象となり、それ自体は大きな成果を上げてきた。しかし、吃音障害の原因として身体の欠陥、知能の発達の遅れ、情緒不安定などを有する医学的な療法が必要な吃音者については十分対応できなかった。また、家族を中心とする環境を考えるといった心理学的な方法も伊沢の治療法には採り入れられなかった。伊沢の吃音矯正法は戦後も行なわれており、前述した『講座言語障害治療教育』(第五巻・吃音)には、吃音矯正を受けている時はどもらないが、日常生活に戻ると吃音が治らないといった体験例が紹介されている。

現在でも、河西善雄『吃りの本質と克服――吃りの改善』に「吃りについては、その発症原因や治療過程をはじめ、学問的には未だ十分には明らかにされていない[32]」とあるように、吃音の原因解明と治療法は確立されていない。伊沢は「吃音は必ず治る」という強い信念と日常生活での絶えまない努力にかかっているという。この伊沢の思想はその後長く生き続け、伊藤伸二『吃音者宣言――言友会運動十年』(たいまつ社、一九七六年)にも言われているように「『治す』ことを前提に出発した吃音問題の歴史は、明治三六(一九〇三)年以来その前提を変えてはいない[33]」。伊沢の吃音矯正法は民間吃音矯正所で採り入れられた。戦後も楽石社の講習会を経て吃音を克服した人たちによって全国に設置されたのである。しかし、何週間か治療を受けて一時的に治ったとしても、一ヵ月、二ヵ月で元の状態に戻ってしまう。

伊藤伸二によれば、「『治す』前提を示され、『どもりは必ず治る』と宣伝された吃音者は、当然のこととして『治したい』と願う。そしてどもりを治す努力をする。自分で努力をして、または矯正所で指導を受けてどもりが治らなかったら、たとえ、一時治っても再発した場合は、吃音者は自分の努力不足を責める。さらには、『吃りが治らなくては自分の人生はない』とまで思いつめてしまう。

これらの吃音者は、治そうと努力すればするほど悩みが深まっていくという悪循環の中に入りこんでいってしまう」[34]のである。

民間の吃音矯正所で指導を受け吃音矯正法に疑問を持った人たちが中心となり、言友会が結成されたが、言友会の目的はどもりをどう治すのかではなく、どもりであるという現実を受け入れ、そして人としてどう生きるかを探ることにある。伊藤氏は「治す努力を否定をすることにより、言友会も吃音者もどもりのとらわれからぬけ出し、これまで費やしてきた治す努力を、よりよい人生を送るための努力に向けようとした」[35]と説明する。言友会は主として呼吸、発声練習よりも講談、演劇、社交ダンスといったクラブ活動や合宿などの活動を重視した。また全国的な支部の設置や他の障害者の団体との交流にも力を注いだ。

戦後の吃音矯正法は医学、心理学、教育学などを用いて展開され、昭和四〇年代前半頃から設置された小学校における「言葉の教室」や「言語治療教室」の設置により、吃音矯正所は減少していく[36]。しかし、現在でも伊沢が重視した腹式呼吸、発声訓練などを基礎とし、対話の練習や雄弁大会などを行う会合が開かれている。伊沢の開発した視話法を基礎とした吃音矯正法は戦前日本において画期的で唯一の治療法であったが、これをたたき台または批判の対象として、現在では多様なアプローチで吃音矯正の実践が行われている。

伊沢の多様な活動の中でも言語に関する領域では、視話法が多様な形で応用されていることを検討してきた。伊沢修二編『吃音矯正の原理及び実際』の解説では、視話法は次のように位置付けられている。

「教育行政家としての彼を別にすると、教育実践家としては、師範教育、音楽教育、聾啞教育、台湾での教育はすべて吃音矯正に集約され、言語というひとつのテーマを中心にしたバリエイションと考えることができる」[37]。

伊沢の思想と視話法の関連がここに指摘されているが、その関連が具体的にどういうことであるのか、また実際に晩年に精神的に実践された楽石社の吃音矯正事業の実態および伊沢の中国語研究の取り組みは今まで充分検討されてこなかった[38]。本章では、伊沢と視話法の結びつきを明らかにしようとしたが、現代において伊沢の発明した視話法を基本とした吃音矯正法がどう受け継がれているのか、または断絶しているのかを、さらに詳しく検討しなければならない。

〔註〕

（1）伊沢修二君還暦祝賀会編『楽石自伝教界周遊前記』明治四五（一九一二）年。（復刻版）『明治教育古典叢書』Ⅰ、図書刊行会、昭和五五（一九八〇）年、三六〜三七頁。

（2）「視話法について」（講習会の説明）、明治三七（一九〇四）年七月二一日〜二二日、『伊沢修二選集』信濃教育会、

(3) 昭和三三(一九五八)年、七六九頁。
(4) 同書。
(5) 「東北地方発音矯正法に就ての弁」明治三四(一九〇一)年、同書、七六〇頁。
(6) 同書、七六二頁。
(7) 伊沢修二『視話法』大日本図書㈱、明治三四(一九〇一)年、一頁。
(8) 「本邦語学ニ就テノ意見」(大日本教育会常集会における演説)、明治二一(一八八八)年一〇月一三日、前掲書『伊沢修二選集』六八四頁、資料二は同書、六八六頁。
(9) 前掲書『視話法』、六四〜六五頁。
(10) 同書、序Ⅱ〜Ⅲ。
(11) 「本邦語学ニ就テノ意見」(大日本教育会常集会における演説)、明治二一(一八八八)年一〇月一三日、前掲書『伊沢修二選集』六六四頁参照。
(12) 同書。
(13) 「視話法について」明治三七(一九〇四)年、同書、七七二〜七七三頁。
(14) 「台湾教育に関する今昔の感」(台湾教育会における講演)明治四一(一八〇八)年、同書、六五二〜六五三頁。
(15) 「楽石社規定」故伊沢先生記念事業会編纂委員『楽石伊沢修二先生』故伊沢先生記念事業会、大正八(一九一九)年、二四三〜二四八頁。
(16) 同書、二四四頁。ここで言う「正シキ日本語」とは、視話法の利用目的として「一定ノ国語ニ一定ノ標準音ヲ確立ス」と伊沢が言うように日本語の標準音を意味している。また、「正シキ」英語、「清国語」、台湾語とは「正確ナル発音」のことである。(前掲書『視話法』四頁)。
(17) 同書、二四八頁。
(18) 同書、二四九頁。
(19) 「日本吃音矯正法発明の由来」(『楽石叢誌』第五輯、明治四三(一九一〇)年一二月五日)、前掲書『伊沢修二選集』八五四頁所収。
(20) 「財団法人楽石社要覧」楽石社、大正一四(一九二五年)二月、四頁。
(20) 同書、五〜六頁。

（21）前掲書『伊沢修二先生』三〇二頁。大正五（一九一六）年に関しては『楽石叢誌』特別号、大正五年四月三日。大正六（一九一七）年に関しては『楽石叢誌』三五輯、大正六年七月九日。
（22）「財団法人楽石社要覧」昭和八（一九三三）年、四頁。
（23）「視話法について」明治三七（一九〇四）年、前掲書『伊沢修二選集』七七三頁。
（24）「日本吃音矯正法発明の由来」同書、八五三～八六六頁。
（25）『楽石叢誌』第六輯、明治四四（一九一一）年六月五日号、二四～二七頁。
（26）『楽石叢誌』初号～三七号、明治四一（一九〇八）年一月～大正七（一九一八）年七月。当初は年二回、明治四五年一月から月刊。
（27）『楽石叢誌』第六輯、明治四四（一九一一）年六月五日号、三四頁。
（28）故伊沢先生記念事業会『楽石伊沢修二先生』大正八（一九一九）年、三一一～三一二頁。
（29）上沼八郎『伊沢修二』吉川弘文館、昭和四四（一九六九）年、三一三頁参照。
（30）「伊沢先生建福寺に於ける吃音講習（受講生口述）」大正五（一九一六）年一〇月、上伊那図書館所蔵資料。
（31）内須川洸・神山五郎編『講座言語障害治療教育』第五巻：吃音、福村出版、一九八二年、一三九～一四〇頁。
（32）河西善雄『吃りの本質と克服――吃りの改善・克服への道程』宝文館出版、二〇〇一年、八二頁。
（33）伊藤伸二編『吃音者宣言――言友会運動十年』たいまつ社、一九七六年、五四～五五頁。
（34）同書、五五頁。
（35）同書、八二頁。
（36）吃音者のセルフヘルプグループ「神戸吃音教室『ほっと神戸』」の会長の伊藤照良氏にお会いして、「吃音と上手に付き合う」ことを目標とした活動や吃音者の置かれている状況を教えていただいた。
（37）上野益雄解説『吃音矯正の原理及び実際』伊沢修二編、大日本図書㈱、明治四五（一九一二）年、復刻版、日本児童問題文献選集三〇、日本図書センター、一九八五年、五頁。
（38）伊沢修二の中国語研究については朱鵬「伊沢修二の漢語研究（上）」（『天理大学学報』第一九六輯、二〇〇一年三月）と朱鵬「伊沢修二の漢語研究（下）」（『天理大学学報』第一九八輯、二〇〇一年一〇月）が詳しい。

おわりに

本書は京都精華大学による出版助成を受けています。

四〇年間、京都精華大学に勤めることができ、また定年を機にこれまでに書いた日本統治下台湾における初等教育に関する論文をまとめることになり、とても嬉しく思います。

私の両親は台湾出身ですが、私自身は岡山で生まれ、神戸で育ちました。台湾のことを研究し始めたのは大学院生のころからです。台湾の言語、文化、歴史をもっと知ろうと思い、最初に日本統治下台湾の教育、特に初等教育機関である書房および公学校のことに関心をもち、今もなお研究を続けています。多くの方々に、本書が読まれることを願っております。

研究を続けるにあたって、京都大学大学院の恩師本山幸彦先生、本山先生を紹介してくださった加藤秀俊先生、京都大学大人文科学研究所の古屋哲夫先生、国立教育研究所の阿部洋先生、国立台湾師範大学の呉文星先生には大変お世話になりました。深く感謝いたします。

また、この本の出版に関して京都精華大学の出版助成ご担当の桐山吉生氏、春風社編集部の山本純也氏、校正を引き受けてくださった近藤純子氏と塩見翔氏に改めてお礼を申し上げます。最後に亡き両親、私の家族に本書をささげます。

二〇一六年二月　呉　宏明

初出一覧

1. 「台湾における書房教育の一考察――その実態と変遷」（『木野評論』京都精華大学紀要、第一四号、一九八三年三月）
2. 「日本統治下台湾における書房と公学校――一八九五年から一九一八年までを中心に」（平成四・五年度科研費補助金研究成果報告書『戦前日本の植民地報告に関する総合研究』代表：阿部洋、一九九四年三月）【課題番号：04301034】
3. 「日本統治下台湾における書房と公学校――一九一九年から一九三二年までを中心に」（『郷土史研究学研討会論文集』国立中央図書館分館、一九九七年）
4. 「日本統治下台湾における書房と公学校――一九三三年から一九四五年を中心に」（平成二三年度～平成二五年度科学研究費補助金研究成果報告書『日本統治下台湾・朝鮮の学校教育と周辺文化の研究』代表：佐藤由美、二〇一四年）【課題番号：23330229】
5. 「植民地教育をめぐって――台湾・朝鮮を中心に」（本山幸彦編『帝国議会と教育政策』思文閣出版、一九八一年）
6. 「日本統治下台湾の日本人教員――台湾総督府講習員をめぐって」（本山幸彦教授退官記念論文集『日本教育史論叢』思文閣出版、一九八八年）
7. 「日本統治下台湾における民族教育の思想と運動――『台湾民報』・『台湾新民報』を中心に」（平成六・

七年度科学研究補助金（総合A）研究成果報告書『近代日本のアジア認識――その形成と展開』代表：阿部洋、一九九六年三月）【課題番号：06301037】

8. 「近代日本の台湾認識――『台湾協会会報』・『東洋時報』を中心に」（古屋哲夫編『近代日本のアジア認識』京都大学人文科学研究所、一九九四年）【緑陰書房から一九九六年に再出版】

9. 「日本統治下台湾における台湾人父兄の教育要求――『台湾民報』・『台湾新民報』を中心に」（『土曜日』第二号、一九九三年三月、教育文化研究会）

10. 「日本統治下台湾における台湾教育会について」（『土曜日』創刊号、一九九一年九月、教育文化研究会）

11. 「伊沢修二と視話法――落石社の吃音矯正事業を中心に」（『京都精華大学紀要』第二六号、二〇〇四年三月）

事項索引

【た】

人名索引

【著者】呉宏明（くれ・こうめい）
一九四六年、岡山県生まれ
京都精華大学名誉教授
京都大学大学院教育学研究科博士課程修了
主な著書・論文に、『こうべ異国文化ものしり事典』（編著、神戸新聞総合出版センター、二〇〇六年）、クリス・シュート『義務教育という病い――イギリスからの警告』（訳書、松籟社、二〇〇三年）、『南京町と神戸華僑』（共編、松籟社、二〇一五年）など。

日本統治下台湾の教育認識――書房・公学校を中心に

二〇一六年三月三〇日 初版発行
二〇二二年一一月一日 二刷発行

著者 呉 宏明（くれ こうめい）

発行者 三浦 衛
発行所 春風社 Shumpusha Publishing Co., Ltd.
横浜市西区紅葉ヶ丘五三 横浜市教育会館三階
〈電話〉〇四五・二六一・三一六八 〈FAX〉〇四五・二六一・三一六九
〈振替〉〇〇二〇〇・一・三七五二四
http://www.shumpu.com ✉ info@shumpu.com

装丁 矢萩多聞
印刷・製本 シナノ書籍印刷株式会社

乱丁・落丁本は送料小社負担でお取り替えいたします。

ISBN 978-4-86110-505-0 C0037 ¥3500E